중국 주식 투자 비결

중국 주식 투자 비결

초판 1쇄 인쇄 | 2022년 3월 21일
초판 1쇄 발행 | 2022년 4월 1일

지은이 | 이철, 신혜리
발행인 | 안유석
책임편집 | 고병찬
편집자 | 하나래
디자이너 | 이정빈
펴낸곳 | 처음북스
출판등록 | 2011년 1월 12일 제2011-000009호
주소 | 서울특별시 강남구 강남대로364 미왕빌딩 17층
전화 | 070-7018-8812
팩스 | 02-6280-3032
이메일 | cheombooks@cheom.net
홈페이지 | www.cheombooks.net
인스타그램 | @cheombooks
페이스북 | www.facebook.com/cheombooks
ISBN | 979-11-7022-240-8 03320

중국을 이해하는 단 하나의 바이블

중국 주식 투자 비결

이철·신혜리 지음

처음북스

서문 1

글로벌 주식 투자가 일상이 된 대한민국에서 중국 기업을 외면하거나 과도한 기대를 하는 것을 동시에 선택할 수 없다. 중국 주식에 투자를 하든 안 하든 우리가 중국을 객관적으로 이해해야 하는 시대가 왔다. 다음 한마디는 이 책을 관통하는 중국 시장에 대한 메시지이다.

"시장은 정책으로 결정되고 승자는 경쟁에 의해 결정된다."

이 책은 여러분들에게 실제 중국의 경제가 어떻게 움직이고 중국의 국가 전략과 정부 정책이 어떻게 영향을 주는지를 이해하는 데 도움이 될 것으로 믿는다. 그리고 그 이해는 여러분들에게 실제로 투자에 도움이 되는 결과로 이어질 수 있을 것이다.

필자가 처음 타이완에 가 본 것이 1981년, 처음 중국 출장을 갔던 것이 1994년이었다. 그리고 처음 중국 주재를 시작한 것은 1997년이다. 이럭저럭 20년이 넘는 세월을 중국과 같이하고 있다. 중국 옷을 입고, 중국 음식을 먹고, 중국말을 하고, 중국 사람과 만나며 살고 있다.

어떤 이는 필자처럼 중국에서 오래 사는 한국인을 '신선족'이라고 부르기도 한다. 중국몽(中國夢)까지는 아닐지라도 중국에서의 성공을 꿈꾸는 '새로운(新) 조선족'이라는 것이다. 일견 '신선'으로 불러 주어 기분 좋게 들릴 수 있지만 '현실을 모르는 사람'이라는 암시가 있는 말이기도 하다. 중국에는 필자처럼 중국에서 큰 성공을 꿈꾸다가 결국 뜻대로 되지 않아 좌절한 한국 사람들이 부지기수로 많기 때문이다.

그래서 중국에 관한 사업 기회나, 투자 기회를 이야기하면 한국 사람들은 대부분 두 가지 극단적인 반응을 보인다. 중국 시장에서 쉽게 성공할 것으로 여기거나 반대로 중국에 염증을 느껴 중국에서는 되는 일이 없다며 아예 듣기조차 거부한다. 필자 또한 중국에서 많은 프로젝트들을 시도했지만 대부분은 실패하였다. 그리고 이제는 그 이유를 어느 정도 안다. 과거에 우리가 중국에 진출할 때는 우리에게 돈과 경험, 기술이 있었다. 반면에 중국은 이 세 가지를 모두 갖추지 못했기에 우리가 경쟁 우위를 가지고 있다고 생각했다. 당연히 중국 시장에 들어가서 쉽게 성공할 수 있을 것으로 생각한 것이다.

하지만 중국에서 성공한 사람들은 극소수이다. 그리고 그 성공을 오래 유지한 사람은 더욱 적다. 그 이유는 우리가 중국을 제대로 모른다는 데 있다. 제대로 모르기 때문에 잘못된 의사 결정을 하고, 겪지 않아도 될 많은 시행착오를 거듭한다. 그리고 마침내 우리는 깨닫게 된다. 중국의 체제와 문화는 우리와 다르다는 것을 말이다.

지금의 중국은 과거의 중국이 아니다. 우리가 먼저 겪은 경험과 기술 그리고 자본이 더 이상 경쟁 우위가 되기 어렵다. 하지만 우리도 과거의 우리가 아니다. 이제 우리도 중국을 깊이 이해하기 시작했다. 그래서 과문한 필자도 이 책을 통해 경험과 깨달음을 공유하고자 한다. 나아가 독자들의 경험과 깨달음 역시 훗날 공유된다면 더할 나위 없겠다.

이 책에는 필자 한 사람의 경험이 아니라 중국의 각 산업 분야에 계신 전문가들의 의견도 있다. 중국의 반도체, 배터리, 셋톱박스, 충전기, 조명, 전기차, 온라인 게임, 농업 등 다양한 분야에서 오랜 경험을 가진 전문가분들이 도움을 주셨다. 중국에 와서 일하는 전문 인력들을 백안시하는 일부 우리 사회의 풍조에도 불구하고 이렇게 굳건하게 우리의 기술을 지키고 발전시키며 중국의 구석구석에서 일하고 계시는 모든 우리 대한민국의 일꾼들께 이 책을 통해 경의와 감사를 보낸다.

2022년 2월
수목란정에서 이철

서문 2

"올해가 중국에 투자할 적기다!"

2020년 코로나가 전 세계에 퍼지면서 미국 주식시장에는 기이한 일이 일어났다. 미국의 중앙은행인 연방준비제도가 돈을 풀면서 오히려 주식시장에 활기를 불어넣은 것이다. 미국인들은 정부로부터 받은 돈을 주식에 쏟아부었고 그 결과 S&P500 지수가 팬데믹 저점 대비 2배나 올랐다. 미국뿐 아니라 우리나라에서도 미국 주식 열풍이 불기 시작했다. 증권사들은 앞다퉈 미국 계좌 개설 이벤트를 하며 고객 모으기에 앞장섰다.

내가 글로벌 경제 뉴스 플랫폼인 '뉴스포터'를 시작한 것도 팬데믹이 한창이었던 2020년 4월이었다. 언론사 기자로 2009년부터 일했지만, 보다 더 빠르게 변화하는 글로벌 경제&주식시장 정보를 효율적으로 전달하고자 새로운 도전을 하게 된 것이다. 뉴스포터를 운영하면서 늘 고민했던 것은 '어떤 정보를 공급해야 독자들의 투자에 도움이 될 수 있을까'였다. 전 세계 시장을 제대로 읽어야 독자들에게 가장 중요한 엑기스를 전달할 수 있다. 그래서 필자는 하루에 10시간 이상 외신을 읽으며 중요한 기사를 추리기 시작했다. 미국 경제 뉴스에 가장 자주 등장하는 것은 미·중 무역 전쟁이었다. 도널드 트럼프 대통령의 임기가 끝나고 조 바이든 대통령의 임기가 시작된 이후에도 계속 중국과의 불협화음은 지속된다. 중국 외교전문가라던 바이든 대통령도 중국과의 갈등은 피할 수 없었다.

결국 염려하던 일이 터졌다. 미국에 상장한 중국 기업들을 중국 정부가 먼저 치기 시작했다. 그 결과 뉴욕 시장에 상장된 중국 기술 기업들은 결국 상장폐지까지 하게 됐고 주가는 반 토막이 났다. 투자자들은 당황했다. 알리바바뿐 아니라 막 상장한 디디추싱 같은 기업들을 매수한 투자자들의 손해는 막대했다. 투자자들은 중국 기업에는 다시는 투자하지 않을 것이라며 중국을 불신하게 됐다.

뉴스포터를 운영하면서 작년에 가장 많이 받은 질문 중 하나는 중국 주식을 지금이라도 팔아야 하나 였다. 상황이 좋아 보이지 않았다. 결국 투자자들은 눈물을 머금고 막대한 손실을 감수하며 중국 주식을 팔아야 했다. 고백하자면 필자도 결국 손실을 보고 팔아야 했던 중국 주식이 있었다.

필자는 투자자들의 과도한 매도로 지금 중국 기술주들이 저평가된 상황이라고 본다. 중국의 알리바바 시총이 무려 1/3 토막이 된 상태다. 중국 정부가 알리바바, 텐센트, 메이투완 등 유수의 기업들을 이대로 둘까? 정부가 가한 규제는 자신들의 바운더리 안에 기업들을 두려는 목적이지 아예 그 기업들을 죽이기 위한 것은 아니다. 그래서 지금이 저가 매수 기회가 될 수 있다. 지난 1999년 워런 버핏이 비즈니스 위크와의 인터뷰에서 한 말을 기억하는가?

"회사가 가장 어려운 시기에 있을 때가 그 회사를 사야 하는 가장 좋은 때다."

중요한 것은 꾸준히 매출을 내는 혹은 앞으로 성장 가능한 기업을 추리는 것이다. 이 책을 낸 이유는 독자들에게 관련된 인사이트를 제공하기 위함이다.

2022년 2월
뉴스포터 신혜리

목차

서문1 ··004
서문2 ··006

1장 왜 세계는 중국에 투자하는가?

1) 중국이 미워도 중국에 투자가 몰린다·················· 013
2) 중국 주식에 투자 가치가 있는가?·················· 018
3) 당신이 모르는 중국 주식의 장점 세 가지 ·············· 022
4) 차이나 리스크는 해결할 수 있는가? ·············· 027

2장 차이나 리스크를 이해하고 투자하라!

1) 차이나 리스크는 예측이 가능하다 ··············· 035
2) 거시경제로 본 차이나 리스크·················· 037
3) 중국의 법 제도 리스크·················· 044
4) ADR과 VIE 리스크 ·················· 052
5) 중국 기업 체계 리스크·················· 061
6) 중국 주식 정보 신뢰성 리스크·················· 074

3장 중국 주식 거래 전, 꼭 알아야 할 이야기

1) 중국의 거대한 4대 주식시장별 특성·················· 083
2) 외국인의 주식 거래 방법 ·················· 090
3) 중국 주식에 영향을 주는 주요 플레이어 ·············· 092
4) 공산당 정책에 반항한 기업 사례와 교훈 ·············· 097
5) 미·중 갈등 속 중국의 선택 ·················· 126
6) 정부가 개입한 부동산의 행방 ·················· 133
7) 조기 경보 시스템 만들기·················· 143

4장 중국의 국가 전략을 알면 유망 산업이 보인다

1) 중국의 정책을 이해하면 업종이 보인다·················· 149
2) 외순환 경제의 수혜······························· 154
3) 내순환 경제의 수혜······························· 177
4) 에너지 안보 유망 업종····························· 187
5) 사활을 걸다, 중국의 반도체 산업 ·················· 216
6) 제14차 5개년 정책 관련 업종 ···················· 252

5장 중국 주식 성공은 ETF가 답이다

1) 중국 투자를 원한다면? ETF를 추천한다·············· 295
2) 중국 본토 시장 대표지수 추종 펀드 ················ 298
3) 눈여겨볼 각 테마별 ETF ························· 313
3) 국내 ETF와 해외 ETF 세금 차이는?················ 327

6장 중국 주식의 미래 전망

1) 베이징 증권거래소는 새로운 기회일까?·············· 333
2) 중국은 기술 자립에 성공할 수 있을까?·············· 339
3) 공동부유와 부유층 위축························· 347
4) 부채로 쌓아 올린 부, 해소할 수 있는가? ············ 354
5) 인구 감소와 실업의 영향······················· 358
6) 디지털화를 꿈꾸는 농촌 경제···················· 367
7) 위안화의 국제화는 이루어질 것인가?·············· 369

발문 1 ·· 372
발문 2 ·· 374
참고 문헌 및 출처 ································· 376

1장

왜 세계는 중국 주식에
투자하는가?

1

중국이 미워도
중국에 투자가 몰린다

2021년에 저서 『중국의 선택』을 출간하면서 세계 각국이 중국에 가지는 혐오 감정이 나날이 고조되고 있다는 리서치(그림 1-1 참조)를 수록하였다. 2022년이 된 지금 다시 조사를 한다면 더 악화가 되었지 개선되지는 않았을 것이다. 굳이 전문가가 아니어도 미디어나 인터넷만 봐도 알 수 있다. 그만큼 중국과 주요 서방 국가 간의 관계는 악화 일로를 걷고 있다.

이를 두고 필자는 평생 외교부에서 일한 부인을 둔 한 중국 친구에게 '중국은 왜 전랑 외교[1] 같은 것을 해서 많은 나라의 반감을 사고 있지? 중국의 외교는 대인배 외교로 유명하지 않았나? 난 이해가 잘 안 돼.'라고 물었다. 그는 '외교부가 강경한 태도를 보이지 않으면 위와 옆에서 공격을 당한다네. 타 부처에 밀리지 않으려면 어쩔 수 없어. 공격으로 수비를 대신한다는 소위 이공위수(以攻为守)의 전략이라더군. 정통 외교관들은 모두 힘들어하고 있다고 하네.'라고 답하였다.

---

[1] 군사력, 경제력 등으로 보복, 강압적으로 하는 외교.

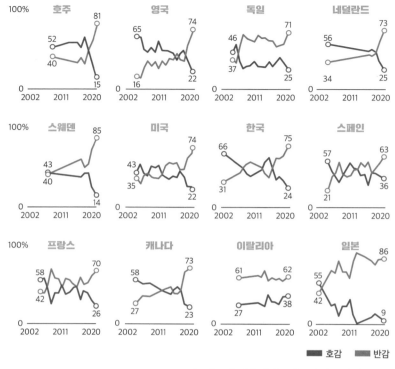

[그림 1-1] 선진 경제 국가들의 대중 반감도 평가

이유가 무엇이든 결과적으로 중국에 호감을 가지고 있는 국가나 사람은 이제 주변에서 찾아보기 어려워졌다. 이제 한국에서는 '친중'이라는 말이 비난의 의미가 되어 버린 것을 보면 어떻게 보아도 '중국의 외교에 큰 문제가 있지 않나?'라는 생각을 하게 된다. 그러면 이렇게 싫어하는 중국과 어떻게 하면 사이좋게 거래를 계속할 수 있을까?

브런치 : 중국 외교 풍향이 바뀌는가

미국의 바이든 행정부를 비롯하여 많은 국가들은 중국에서 자국 기업이 철수하기를 원하고 하이테크 기술 제품은 공급하고 싶어 하지 않으며 중국 기업이 자국 기업에 투자하거나 인수하는 것도 원하지 않는다.

하지만, 실상 세계 각국의 돈은 중국으로 들어가고 있다. 중국 기업이 미국에 가서 상장을 하면 엄청난 돈이 몰려온다. 그럴 리가 있냐고? 그림 1-2는 최근 몇 년간 중국에 외국인 직접 투자가 유입되고 있는 것을 위안화 기준으로 전년 동기 비율을 나타낸 것이다. 분기별로 나타낸 그래프를 보면 누가 보아도 2021년 비율이 치솟은 것을 확인할 수 있다. 물론 팬데믹으로 저조했던 2020년의 기저 효과일 수도 있다.

그러나 비율이 아닌 규모 기준으로 보아도 2021년 11월 중국 상무부는 현재 추세라면 2021년 중국의 외국인 투자 총액이 2020년보다 두 자릿수가 늘어날 것으로 전망했다. 상무부는 지난 10개월간 중국의 실제 외자 사용은 1,478억 달러로 전년 동기 대비 17.8% 증가하였다고 득의양양한 태도를 보인 것이다. 이렇게 글로벌로 움직이는

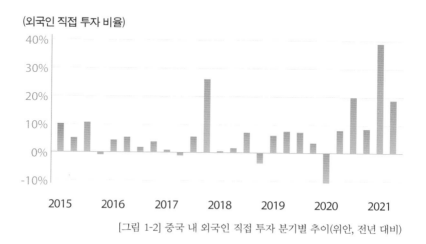

(외국인 직접 투자 비율)

[그림 1-2] 중국 내 외국인 직접 투자 분기별 추이(위안, 전년 대비)

큰돈의 흐름은 여러분이 감각적으로 느끼고 있는 것과 상당한 차이가 있을 수 있다.

또한 여러분이 아는 많은 기업들이 중국에서 철수했을 것이라며 고개를 갸우뚱할 수도 있다. 그렇다면 지난 2021년 11월 25일에 피치 레이팅스(Fitch Ratings)가 발표한 다음 글을 보자.

"우리는 2021년 들어 10개월 만에 최고 수준으로 중국에 유입되는 강력한 외국인 직접 투자(FDI)의 증가를 예상하고 있습니다. 굳건한 인수 합병과 증가하는 간역 간 협력에 따라 이 추세는 계속될 것입니다. 다만 저비용 국가나 본국으로 이전하는 제조업 분야의 외국 기업들로 인하여 제조업종의 FDI 증가세는 무뎌질 것입니다."

어떤가? 여러분도 알다시피 많은 제조 기업들이 중국을 떠나고 있다는 것은 맞지만, 그런데도 2021년 한 해 동안 중국에 대한 외국인 직접 투자는 기록적으로 증가하고 있었다는 이야기이다. 바로 기업 인수 합병과 증가하는 간역 간 협력, 즉 많은 글로벌 금융 자본이 중국 기업의 주식에 투자되었다는 말이다.

세계 최대 자산 운용사인 미국의 블랙록(BlackRock)의 예를 들어 보겠다. 중국은 2020년 4월 3조, 3천억 달러 규모의 뮤추얼 펀드[2] 산업을 외국 기업들에게 전면 개방했고 블랙록, 피델리티(Fidelity International), 노이버거 베르만(Neuberger Berman), 슈뢰더(Schroders) 등 세계적인 거물들이 뮤추얼 펀드 설립을 신청했었다. 당시 무려 147개 신청사가 몰렸고 신청한 뮤추얼 펀드 상품도 8,202개에 달하는 극심한 경쟁을 보였다. 이 중 블랙록은 2020년 8월 글로벌 자산 운용사 중 처음으로 뮤추얼 펀드에 대한 중국 당국의 승인을 받아 창업 준비 기간 6개월이 주어졌다.

---

2) 유가증권을 투자를 목적으로 중국과 외국 양쪽에서 자금을 조성하는 투자회사.

중국 주식 투자 비결

얼마 지나지 않아 블랙록은 중국건설은행(CCB) 및 싱가포르의 테마섹(TEMASEK)과 함께 자산 관리 벤처기업을 설립했다고 발표했고 이들이 판매한 중국 채권 상장지수펀드(ETF)는 막대한 자금 유입을 받아 2021년 1~7월간 유럽에 등록된 중국 펀드의 자산운용 규모가 25% 증가하는 기염을 토했다. 'iShares China CNY Bond UCITS ETF'는 이 기간 동안 가장 많이 팔린 중국 펀드로 45억 유로(한화 약 6조 1천억 원)의 순 유입을 유치했고, 두 번째로 'BGF 차이나 본드 펀드'가 36억 유로(한화 약 4조 9천억 원)의 순 유입을 보였다. 2021년 1월부터 7월까지 중국의 주식 및 채권형 펀드는 총 순 유입액이 거의 370억 유로(한화 약 50조 5천억 원)에 달했고 자산 운용 규모는 1,559억 유로(한화 약 213조 원)에 달했다.

이 200조는 참고로 우리나라 한 해 국가 예산의 약 1/3에 해당하는 금액이고, 한국인들이 그토록 자랑스러워하는 삼성전자의 절반을 살 수 있는 돈이다. 약 6개월간 '주식시장으로 유입된 돈'만 이 정도 규모다. 즉 서방과 중국 간의 갈등이 첨예화되던 2020년, 서방의 자본은 중국으로 대량 유입되고 있었던 것이다.

이러한 인기를 업고 블랙록의 중국 뮤추얼 펀드 자회사는 짧은 기간 동안 66억 8천만 위안(한화 약 1조 2천5백억 원)을 조달한 후 중국에서 첫 펀드를 설립해 투자자들의 뜨거운 호응을 받았다. 뮤추얼 펀드이니 외국 투자 규모에 해당되는 중국 내 투자도 끌어모아야 하는데 이 또한 전혀 문제가 없었던 것이다. 블랙록의 회장이자 APEC(아시아태평양경제협력체)의 책임자인 레이첼 로드(Rachel Lord)는 심지어 성명을 내고 '우리는 중국 펀드 관리 사업에서 이 이정표를 달성한 것을 매우 자랑스럽게 생각하며 투자자들의 압도적인 지원에 감사한다.'라고 말했다. 지금, 중국은 미워도 중국 투자에 돈이 몰리는 것을 무시할 수 없는 상황이다.

2
중국 주식에 투자 가치가 있는가?

중국에 글로벌 자본들이 몰리고 있는 현실을 부정할 수 없다. 그러나 과연 주변국 모두가 배척하는 중국, 회계 정보를 믿을 수 없는 중국 기업, 일상 생활에서 겪는 중국 제품들의 품질을 볼 때 중국 주식에 그만한 메리트가 있는지 의심을 하게 된다. 사실 미국과 서방의 지속되는 압박으로 중국 주식은 기세가 많이 꺾였다. 그림 1-3을 살펴보면 아시아의 금융 허브 역할을 하던 홍콩은 대륙의 관문 역할이 이제 많이 줄어들었고 민주화 이슈 등이 대두되면서 힘을 못 쓰고 있다. 반면 타이완 증시는 승승장구 중이다.

우리는 타이완을 아주 작은 나라, 중국과 우리나라 사이 어딘가에 위치한 나라, 중국에게 압박을 받는 불쌍한 나라로 생각하는 경향이 있는데 이는 엄청난 착각이다.

미국의 경제미디어 블룸버그는 매년 세계의 증시 규모, 그러니까 전 세계 주식시장에서 어느 나라가 제일 돈이 많고 적은지를 보도한다. 해당 보도(표1-1 참조)에 따르면 2020년에는 한국이 글로벌 증시 전체의 2.04%를 차지해서 타이완보다 컸으나 2021년에 들어서 역전되었음

■ 홍콩 주가　　■ 타이완 주가

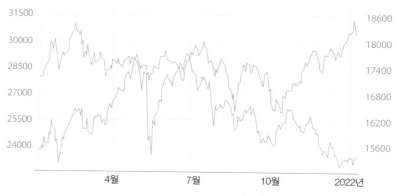

[그림 1-3] 홍콩·타이완 주가 추이

국가	2020년 비중(%)	2021년 비중(%)	증감(%)
미국	41.31	44.15	+2.84
중국	10.56	10.94	+0.38
홍콩	6.32	5.10	-1.22
타이완	1.73	1.85	+0.12
한국	2.04	1.81	-0.23

[표 1-1] 주요 관련국 주식시장 규모

을 볼 수 있다.

　타이완의 인구나 국토가 우리의 절반 수준이라는 점을 감안한다면 어쩌면 우리는 타이완에 이미 추월당하고 있는지도 모른다. 마치 일본이 아직도 한국을 얕보듯이 우리도 타이완을 얕보고 있는 것은 아닐까? 이제부터는 '중국 주식'이라는 말을 할 때 '타이완 주식'이라는 개념도 함께 넣어 생각하는 것도 나쁘지 않을 것이다.

　본론으로 돌아와, 중국 대륙의 상하이 증시와 선전 증시의 10년간 추이를 보면 다음과 같다.

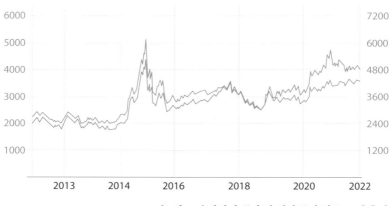

■ 상하이 증시　■ 선전 증시

[그림 1-4] 상하이 증시 및 선전 증시 최근 10년 추이

　그림 1-4를 살펴보면 2015년의 버블을 제외하면 전반적으로 우상
향임이 분명하다. 게다가 우리가 중국 주식을 논할 때 고려하는 것은
대부분 전 세계에 이름을 알리고 있는 유명한 대기업들이다. 예를 들
어 알리바바, 텐센트, 디디추싱(滴滴出行), 화웨이, 차이나 텔레콤, 건설은
행 등의 기업이 해당된다. 이들은 수많은 중국 기업들 중에서도 발군
의 기업들이며 어떤 의미로는 과대평가를, 또 다른 의미로는 과소평가
를 받아왔다고 할 수 있다.

　과대평가를 받았다는 것은 중국 대기업들이 외국 기업들의 진입이
금지된 영역에서 독점을 하고 있기 때문에 이들의 성과나 데이터가 지
표로는 대단히 우수해 보이지만 실제 글로벌 경쟁 시장에서도 그런 성
과를 보일 수 있을지는 의문이라는 점이고, 과소평가를 받았다는 것은
비록 폐쇄된 시장이라고 해도 아무런 경쟁 없이 중국 시장을 확보한 기
업들이 아니기 때문에 경쟁력을 얕잡아 봐서는 안 된다는 점이다.

결론적으로 주식시장에서 보여지는 중국 기업의 매출 규모, 이익, 성장률 등의 지표가 그 기업의 본질적인 핵심 경쟁력과 자산은 아니라는 것이다.

그럼 우리는 중국 기업의 핵심 경쟁력과 가치를 무엇으로 살펴볼 수 있는가? 그것은 기업 이해뿐 아니라 산업 이해를 필요로 한다. 그리고 결정적으로 해당 산업에 대한 중국 정부의 정책, 최종적으로는 정부 정책을 초래한 중국 공산당의 국가 전략에 대해 반드시 이해해야 한다.

주식투자는 해당 기업의 내재 가치 및 현시점에서 주식에 반영된 가치 그리고 이 두 가치가 미래에 어떻게 움직일 것인가에 대한 판단이 필수적으로 요구된다. 이 관점에서 보았을 때 우리는 중국 기업과 산업에 대한 가치 판단을 하기 위한 이해도가 매우 낮다. 이른바 '팩폭'을 하자면 우리 한국 투자자들의 중국에 대한 이해도와 서방 투자기관 및 중화권 투자자들의 이해도는 하늘과 땅 차이다. 한편으로는 여러분이 이 책을 읽고 중국의 전략 - 정책 - 산업 - 기업의 흐름을 이해하게 되었을 때, 여러분 또한 웬만한 중국 전문가들과 견줄 수 있을 정도로 중국 기업과 주식에 대해 이해할 수 있을 것이다. 그리고 이 점이 바로 이 책을 집필한 이유이다.

3
당신이 모르는
중국 주식의 장점 세 가지

　중국은 베트남, 북한, 쿠바, 라오스와 함께 전 세계에 다섯 개밖에 남지 않은 사회주의 국가 중의 하나이다. 그리고 사회주의 국가이지만, 북한과 같은 계획경제가 아닌 시장경제 체제도 취하고 있다. 그러나 여러 가지 제약이 있어 사실상 중국 시장과 세계 시장은 분리되어 있다. 우리나라는 자유무역주의를 받아들여 글로벌 시장 중 하나가 되었고 이로 인해 많은 수혜를 누리고 있다. 만일 국내 시장이 글로벌 시장으로부터 분리된다면 우리 기업들, 특히 대기업들은 경쟁력을 유지하기 어렵고 생존조차 문제가 될 것이다.

　하지만 중국은 그렇지 않다. 14억의 인구가 가져다주는 막대한 규모의 시장은 중국 기업이 세계 시장과 분리되어도 충분히 독자 생존, 독자 발전할 수 있게 해 준다. 실제로 대부분의 중국 기업들은 해외 시장을 별로 고려하지 않는다.

성장성

　중국 시장의 특징으로 우선 걸출한 성장성을 들 수 있다. 중국은 세계에서도 가장 빠른 성장세를 보이는 국가이다. 중국 시장에서 성공을 거둔 기업 역시 해당 분야에서 가장 빨리 성장하는 모습을 보인다. 예를 들어 2021년 11월 파이낸셜 타임즈(Financial Times)는 텐센트가 예상보다 3분기 실적이 좋지 않다고 보도했는데, 그 좋지 않은 실적이라는 것이 전년 대비 매출 성장률이 13%밖에 되지 않았다는 것이다. 만일 한국에서 동일한 성장률을 보인 기업이 있다면 '엄청난 성장세를 보이고 있다'라는 기사가 나오지 않았을까?

　이러한 중국 시장의 빠른 성장성의 원인은 시장 규모와 더불어 중국 경제 특유의 '압축 수요' 때문이다. 중국의 대중들에게는 서방 세계의 자유롭고 분방한 여러 상품과 서비스에 대한 선망이 깊이 자리하고 있다. 그러나 그러한 서비스나 상품들은 중국 내에서 찾기가 어렵고 설령 찾는다고 하더라도 그 품질이나 수준이 떨어지는 경우가 많다. 그러다가 대중의 눈높이를 돌파하는 상품이 나타나면 폭발적으로 소비가 일어나는 것이다. 풍선 안에 공기를 불어 넣으면 안에서 공기가 팽팽하게 차 있다가 한 군데 바늘구멍이 뚫리면 그쪽으로 맹렬하게 바람이 빠져나가는 것과 같은 이치다.

　다만 이제까지 중국의 압축 성장에 기여한 이 '압축 수요'는 이제 거의 소진된 상태로 보인다. 게다가 팬데믹으로 중산층이 급격히 감소하고 취약 계층이 급증하는 지금 형국으로는 압축 수요는커녕 소비가 급감하고 있다. 하지만 지금까지 성장해서 상장까지 성공한 대다수 중국 기업들은 이런 급증하는 시장 수요의 폭발에 기인하여 높은 성장성을 보여온 것이 사실이다.

독점성

　중국 주식시장의 또 다른 특징은 경쟁이 일단락되면 승리한 기업이 거의 대부분 독과점적 지위를 누린다는 것이다. 예를 들어 온라인 쇼핑 쪽에서는 알리바바와 징동이 지배적 사업자이며 음식 배달은 메이투완과 얼러마(饿了吗)가, 온라인 게임에서는 텐센트가, 차량 공유는 디디추싱이라는 식이다. 일단 해당 시장의 지배적 사업자가 되면 그 독점적 지위는 거의 흔들리지 않는다.

　우리나라에서 이런 독점적 지위의 기업이 나타나면 사방에서 난리가 나겠지만, 과거 장기간 사회주의 계획경제를 겪어야 했던 중국 사회에서는 경제 구조 각 분야에 독점적 지위를 가지는 국유 기업이 자리하는 것이 보편적 현상이었기 때문에 우리보다도 사회적 거부감이 적다. 게다가 외국 기업이 자유롭게 진입할 수 없는 시장이다 보니 경쟁이 일단락되면 새로운 도전이 일어나지 않는 것이다. 그 후에는 시장 수요의 증가는 그대로 해당 기업의 성장으로 이어지며 중국 경제의 성장은 다시 해당 시장의 수요 증가로 이어지는 반복이 계속된다.

유동성

　독점적 지위를 가진 기업이 많다는 것은 사실은 상장 기업이 상대적으로 적다는 의미로도 해석할 수 있다. 즉, 중국에서 주식 투자를 하려는 사람은 많은 반면에 주식이 상장되어 있는 기업의 수는 적다는 것이다. 생각해 보라. 업종별 시장에 한 줌밖에 안 되는 기업들이 장악하고 있는 시장이라면 누구나 주저 없이 이들 기업 주식에 투자하려 하지 않겠는가? 이 때문에 묻지마식 투자가 당연해지는 것이다.

필자가 이 글을 쓰고 있는 2021년 12월 31일 현재 상하이 증시에 상장된 기업의 수는 2,037개이다. 그리고 선전 증시에 상장된 기업 수는 2,614개이다. 그러니까 중국 증시에 상장된 기업은 합쳐서 4,651개이다. 미국 뉴욕 증시의 경우 2020년도 기준으로 약 2,800개이며 NASDAQ은 3,700개가 넘는다. 이 둘을 합치면 6,500여 개 이상이다. 일본 도쿄 증시는 2020년 10월 1일 기준 3,724개이다. 한국은 어떤가? 같은 일자에 코스피 820개사, 코스닥 1,525개사로 합쳐서 2,345개이다. 인구 천만 명당 주식 종목 수를 보면 중국이 33종목, 미국이 197종목, 일본은 296종목, 한국은 451종목이다. 그러니까 한국에 비해 10배 이상의 사람들이 해당 주식을 바라보고 있다고 생각해도 되지 않을까?

물론 자본주의의 성숙도가 다르기 때문에 단순 비교를 할 수는 없다. 반면 중국이나 미국 주식의 경우 중국 사람들만 주목하고 있는 것이 아니라는 것이 큰 차이이다. 미국 증시는 명실상부한 글로벌 자본 시장이고, 중국은 미국과 비교할 수 없을 정도로 차이를 보인다. 그러나 홍콩 사람들과 전 세계 금융기관이 밀접하게 반응하고, 싱가포르 사람들이 밀접하게 반응하고, 타이완 사람들이 매일매일 보드를 모니터링하고 있다는 점에서 우리나라 증시와는 다르다. 그만큼 우리 증시보다 중국 증시에는 외국인 투자자들이 많다는 뜻이다.

게다가 중국에서는 주식 투자가 의외로 보편화되어 있다. 2017년 CCTV에 소개되었던 한 농민의 이야기를 소개한다. 쑤저우(苏州)에 사는 한 농민은 2010년 당시 집값이 폭등하여 두 배 가까이 오르자 집을 팔고 주식 투자에 뛰어들었다. 중국의 농촌은 한 사람이 주식 투자로 큰돈을 벌면 너도나도 함께 투자해서 나중에는 온 마을이 다 같이 토론을 해 가며 투자하는 경우가 많다. 이 농민은 나름 큰돈을 벌기도 하고 잃기도 하면서 보냈는데, 결국은 투자금의 70% 이상을 날렸다. 보다 못한 부인이 남편을 말린 것이 아니라 투자에 합세하였다. 두 사람은 잠도 못 자고 낮에는 일을 하며, 한편으로는 주식 투자를 했다. 결국 이들은 거리전자(格力电子)에 '몰빵'을 하는 모험을 했는데 이것이 대박이 났다. 1년 사이에 5배가 된 것이다.

중국의 주식 투자는 이런 식이다. 운이 좋거나 종목 선택에 성공한 사례를 들으면, 다른 사람들도 투자 수익을 올릴 수 있다는 희망을 품고 수많은 사람들이 또 투자에 뛰어드는 것이다. 그리고 전 재산을 잃는 사람이 속출하지만, 이들의 이야기는 언론에 잘 보도되지 않는다. 좋은 소식은 전하고, 나쁜 소식은 숨기는 것이 중국 언론의 기본 자세이기 때문이다.

우리는 중국의 수많은 투자자들이 주식시장을 매일매일 보고 몰입하고 있음을 알아야 한다. 중국 주식의 동향은 필연적으로 정부 정책에 큰 영향을 받기 때문에 14억의 중국인과 타이완 그리고 홍콩 사람들을 비롯하여 셀 수 없이 많은 홍콩에 설립된 투자회사들이 매일 중국 정부의 정책을 분석하고 주가의 동향을 분석하며 기업에 대한 정보를 수집하고 있다. 더 많은 사람들이 관심을 가질수록 주식의 유동성은 커지기 마련이다. 즉, 상품의 가치가 더 올라간다는 이야기이다.

중국 주식 투자 비결

차이나 리스크는 해결할 수 있는가?

2021년 한 해 동안, 특히 외국인 큰손들이 기록적인 속도로 중국 자산을 사들인 결과 외국인 투자자의 중국 주식과 채권 보유량은 지난 1년간 약 40%나 급증했고, 그 금액이 8천억 달러(한화 약 958조 원) 이상에 달했다. 2021년 7월 기준 지금까지 역외 투자자들은 후술할 '상하이 - 선전 - 홍콩 주식 연결'을 통해 353억 달러(한화 약 42조 원)의 중국 주식을 구매했으며 이는 전년 대비 약 49%나 증가한 수치이다. 이렇게 중국 주식을 계속 사도 괜찮은 것일까?

바이든 미 대통령은 진작부터 월스트리트에 홍콩을 주의하라는 경고를 던졌다. 홍콩 투자에서 슬슬 손을 떼라는 의미인데 금융 회사들은 이 말을 무시하고 있다. 미 행정 관료들은 미국 금융기관들이 아직도 차이나 리스크를 제대로 파악하지 못하고 있는 것 같다고 우려하고 있다. 말을 안 듣는 것은 미국 회사들만이 아니다. 스위스의 크레딧 스위스(Credit Suiss)는 중국 사업의 확대를 가속할 것이라고 중국 법인장이 아예 공개 발표를 했다. 중국 법인장 재니스 후(Janice Hu)는 향후 5년간 조직을 3배 확대할 것이라고 말했다. 덕분에 필자의 친구도

이 회사에 들어갈 수 있었다. 아마 5년 동안은 별문제 없이 다닐 수 있지 않을까 싶다.

이들은 왜 미국 정부의 말조차 무시하고 중국 주식에 투자하는 것일까? 헝다(恒大, Evergrande)와 같은 초대 기업이 3천억 달러에 달하는 채무를 지고 무너져 내리는 이 시국에도 왜 달러는 중국으로 들어가는 것일까?

2021년 한 해 동안 세계의 기업들에 조달된 주식, 채권, 대출 계약 금액은 약 12조 1천억 달러(한화 약 15,220조 원)로 추정된다. 주요 시장의 상장 급증으로 글로벌 주식 발행량도 사상 최고치를 넘어 총발행량 1조 4천4백억 달러(한화 약 1,725조 원)를 기록, 2020년 대비 24% 증가했다. 하지만 미국 상장 이후 2/3의 기업이 주가가 상장 가격을 밑도는 현상을 보였다. 당연한 말이지만 미국 증시라 해도 잘못 투자했다가는 본전도 못 찾는다는 이야기이다.

그런가 하면 미국에서는 SPAC(특수 목적 인수 회사)이 조성한 자금이 역사상 처음으로 기존 상장 규모를 능가했다(그림 1-5 참조). 현재 550개 이상의 SPAC가 표적을 찾고 있다고 한다. 그리고 200개 정도가 2022년 결정될 것으로 예상된다. 그러니까 먼저 상장부터 해 놓고 인수 대상을 찾겠다는 돈이, 상장이 준비되어 이제 실행하는 회사에 투자하겠다는 돈보다 많은 것이다. 이런 모든 현상들은 기업의 자금 수요보다도 공급이 넘친다는 의미일 수 있다.

국제적인 큰손들로서는 넘치는 대규모 자금을 어딘가에 투자해야 하는데 투자할 곳이 마땅치 않은 것이다. 안전해야 하고 수익성이 좋아야 하면서 규모가 충분히 큰 투자처가 필요한 것이다. 그리고 지구상에 그런 투자처로 가장 적합한 선택지는 중국이다.

중국 투자의 리스크는 지금도 높지만, 미국과의 경제 분리가 가속

중국 주식 투자 비결

될 전망이니 그 리스크는 더욱 커져만 갈 것이다. 하지만 이들은 그 리스크가 무섭지 않다. 더구나 남들이 리스크에 당황할 때 자신은 모든 사태를 파악하고 있다면 오히려 더 큰 기회를 잡을 수도 있는 것이다. 마치 작전 세력이 개미들을 혼란스럽게 만들어 자기들의 이익을 도모하듯이 말이다. 큰손이 리스크를 피할 수 있다고 생각하는 이유는 필자의 전작인 『중국의 선택』에서 어느 정도 설명을 해 놓았으니 이 책에서는 중복하지 않겠다.

그러면 우리와 같은 일반인들, 개미들도 이 차이나 리스크를 피할 수 있을까? 금융권과 기업주가 짜고 치는 작전에 우리 같은 사람들이 피해를 당하지 않고 위험을 피해갈 수 있을까?

주식 투자라는 것에 위험이 아주 없을 수는 없다. 하지만 여러분이 중국이라는 나라를 조금 잘 들여다보고 이해한다면 그 리스크를 현저

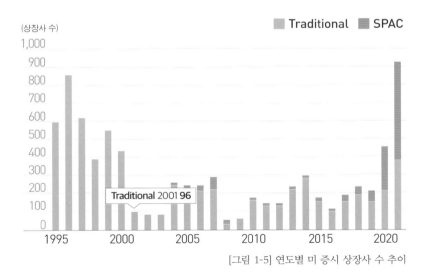

[그림 1-5] 연도별 미 증시 상장사 수 추이

히 줄일 수 있다. 그것은 중국의 경제, 중국의 주가는 자본주의 국가처럼 기업주나 금융기관이 좌우할 수 없다는 점이다. 왜냐하면 중국은 사회주의 국가이고, 사회주의 국가에서는 당과 정부의 힘이 강하다. 여기에는 그 어떤 세력도 감히 대항할 수 없다. 또한 당(黨)에겐 이미 다 계획이 있다. 공공연하고 중장기적이며 유기적인 국가 경제 목표와 전략이 있는 것이다. 당신이 만일 당의 국가 전략, 그에 따른 정부의 정책, 그에 따른 산업계의 영향을 이해한다면 해당 산업과 기업에 대한 재벌이나 금융권의 영향은 그야말로 미미하다는 것을 알 수 있을 것이다. 그렇다. 중국 주식 투자를 해도 좋은지 판단하려면 중국의 전략과 정책을 이해할 수 있는지 여부로 결정하면 된다.

여기까지 읽고도 '그래서 뭐 사요?'라거나 '사요, 말아요?'라는 질문이 나온다면 차분히 앞부분을 다시 읽어보기 바란다. 여러분은 지금 '무엇을 살지'가 아니라 '왜 살지'를 질문해야 한다.

2장

차이나 리스크를
이해하고 투자하라!

1
차이나 리스크는 예측이 가능하다

　필자의 첫 직장의 상사였던 K 팀장님은 돌아가셨지만, 지금까지도 필자가 존경하는 분이다. 20세기 당시 K 팀장님은 주가 동향을 기가 막히게 예상하셨다. '내일부터 주가는 상승이다!'라고 하면 틀림없이 주가는 상승 국면으로 돌아섰다. 그런데 대부분의 주식이 상승세가 되어도 그분이 사신 종목만은 하락했다. '내일부터 하락이다!'라고 예상을 하면 99.9%의 확률로 귀신처럼 맞추셨는데 그분이 매도한 종목만은 상승을 했던 것이다. 그 시절에 지금처럼 지수나 ETF같은 투자 상품이 있었으면 그 양반은 재벌이 되고도 남았을 것이다.

　우리는 K 팀장님보다 훨씬 많은 정보와 선택의 폭을 가지고 있다. 해외 주식 투자도 손안의 스마트폰에서 할 수 있는 세상이다. 그리고 중국 공산당의 전략을 알려 주는 전문가들에게도 쉽게 접근 가능하다. 중국 정부의 전략도 끊임없이 권위 있는 미디어들이 전달해 주고 해설도 해 준다. 만일 K 팀장님처럼 산업 동향에는 밝으나 개별 종목 선정이 어려우면 지수나 ETF 같은 상품을 선택하면 된다.

　게다가 가장 중요한 것은 중국은 예측이 너무나 쉽다는 점이다. 이게 무슨 망발이냐고 하실 수 있겠지만 사실이다. 다만 오늘 무슨 일이 일어날지 알 수 있다는 뜻이 아니다. 아마 시진핑 주석도 오늘 중국에 무슨 일이 일어날지 알 수 없을 것이다. 그러나 중국이라는 체제는 5개년 계획을 2년간에 걸쳐 토의와 학습을 하며 세워 나가고 이를 각급 정부별로 다시 지방과 시점의 상황에 맞게 폭 넓은 재량권을 행사하며 집행한다. 적어도 5년 동안은 정책을 바꾸지 않는다는 말이다. 그리고 당과 정부의 영향력은 가히 절대적이다. 그러니 중장기적 예측이 훨씬 쉽다. 다만 단기적 시야로는 보이지 않을 뿐이다.

그렇기 때문에 눈을 들어 5년, 10년, 심지어 50년, 100년의 중국 공산당 목표와 전략을 생각하면 지금 진행 중인 제14차 5개년 계획의 의도를 이해할 수 있게 된다. 이 계획을 이해할 수 있게 되면 매년 경제 정책 방향을 정하는 중앙경제공작 회의의 결과나, 쉬지 않고 발표되어 나오는 중국 정부의 정책을 이해할 수 있게 된다.

이렇게 정책을 이해할 수 있게 되면 중국이 어떤 산업에 어느 정도의 힘과 노력을 쏟고 있는지 알 수 있다. 그럼 당신은 벌써 중국 전문가가 된 것이다. 개별 기업까지는 몰라도 어느 업종이 유망한지는 알게 되었으니 말이다. 앞서 말한대로 이 단계면 이미 지수 투자나 ETF 투자가 가능해진다. 남은 것은 산업 동향을 모니터링하는 일이다.

개별 기업의 선택도 간단해진다. 앞서 지적하였듯이 중국 시장은 대체로 승자 독식의 세계이다. 많은 기업들이 싸우는 시장에서는 상장까지 성공하는 기업이 거의 나오지 못한다. 중국이라는 시장에서 싸우는 거대 기업들의 전쟁이 종식되면 손가락으로 헤아릴 수 있는 정도의 승자들만이 살아남는다. 이 승리자들의 소식은 뉴스와 미디어를 통해서도 쉽게 접할 수 있다. 어떤가? 해볼 만하지 않은가?

2
거시경제로 본
차이나 리스크

우리나라 대외경제정책연구원의 2022년 세계 경제 전망(표 2-1 참조)에 따르면 세계 경제는 2021년보다 1.3%p 하락한 4.6%의 성장률을 기록할 전망이라고 한다. 그러니 팬데믹으로 지금까지 고생해 온 2년보다 더 경제적으로는 암울한 한 해가 될 것이다. 하지만 전 세계가 성장률이 낮아도 그 와중에 높은 성장률을 보이는 국가는 있기 마련이다. 주식도 전반적인 하락세 중에도 상승하는 종

목은 있기 마련이다. 중국도 산업 규제로 인한 민간 부문 위축, 전력난으로 인한 생산 부진, 부동산 기업의 잠재적 디폴트 리스크, 미·중 갈등 재점화 등 경기 하방 요인이 많다. 대외경제정책연구원은 이 모든 하방 요인에도 불구하고 중국은 안정된 경기 정상화를 이루면서 2022년 5.5%의 성장률을 보일 것으로 예상했다. 대외경제정책연구원뿐만 아니라 전 세계의 싱크 탱크들이 향후 수년간 중국의 경제성장률을 5%대로 예상하고 있다. BBC는 아예 '5의 시대'라고 이름을 붙였다.

구분	2020년	2021년		2022년	
		[2021년 5월] (A)	[2021년 11월] (B)	[2021년 5월] (C)	[2021년 11월] (D)
세계	-3.3	5.9	5.9 (-)	4.3	4.6 (▲0.3)
미국	-3.4	6.6	5.9 (▼0.7)	3.3	3.8 (▲0.5)
유로 지역	-6.5	4.4	5.0 (▲0.6)	4.2	4.6 (▲0.4)
- 독일	-4.9	3.5	3.0 (▼0.5)	3.7	4.6 (▲0.9)
- 프랑스	-8.0	5.0	6.3 (▲1.3)	4.7	4.1 (▼0.6)
- 이탈리아	-9.0	4.3	5.9 (▲1.6)	3.9	4.2 (▲0.3)
- 스페인	-10.8	6.0	5.7 (▼0.3)	5.4	6.5 (▲1.1)
영국	-9.7	6.0	6.8 (▲0.8)	5.3	5.3 (-)
일본	-4.7	3.0	2.4 (▼0.6)	1.9	3.3 (▲1.4)
중국	2.3	8.6	8.1 (▼0.5)	5.6	5.5 (▼0.1)
인도	-7.0	9.0	8.8 (▼0.2)	6.3	7.9 (▲1.6)
ASEAN 5	-3.6	4.1	3.1 (▼1.0)	5.2	5.2 (-)
- 인도네시아	-2.1	3.5	3.5 (-)	5.0	5.0 (-)
- 말레이시아	-5.6	5.3	3.5 (▼1.8)	5.2	5.5 (▲0.3)
- 필리핀	-9.6	4.8	4.3 (▼0.5)	5.3	5.6 (▲0.3)
- 태국	-6.1	2.0	0.7 (▼1.3)	4.0	4.0 (-)
- 베트남	2.9	6.6	3.1 (▼3.5)	6.8	7.0 (▲0.2)
러시아	-3.0	3.3	4.7 (▲1.4)	3.3	2.9 (▼0.4)
브라질	-4.4	3.0	5.0 (▲2.0)	2.3	1.5 (▼0.8)

[표 2-1] 대외경제정책연구원의 세계 경제 전망(%)

2022년 중국의 경제 방향을 가늠하게 하는 중요한 정보는 '제14차 5개년 계획', 2021년 말의 '중앙 경제 공작 회의' 그리고 중국사회과학원이 출간한 '2022년 경제 블루 북'이다. 이는 차례로 5개년 계획, 1년 경제 정책 방침 그리고 심도 있는 정책 분석을 제공한다.

이박사 중국 뉴스 해설
중국 제14차 5개년 계획

중국 주식 투자 비결

제14차 5개년 계획은 기본 기조 자체가 이미 낙관적이지 않다. 이는 근본적으로 중국 정부가 향후 수년간의 경제 환경이 가시밭길이 될 것이라는 예측을 토대로 경제 운영을 하고 있다는 뜻이다. 그리고 2021년 말 1년간의 경제 운영 방침을 결정하는 중국 최고 권력자 7인이 참여하는 중앙경제공작 회의는 그야말로 해독하기 어려운 내용이라는 중평이다. 발표 내용에는 '안정'이라는 단어가 25번이나 반복되어 주의를 끌었고 홍콩 명보의 보도에 의하면 중앙경제공작회의는 중국 경제 발전이 '수요 위축', '공급 충격', '기대 약화'라는 3중 압력에 직면해 있다고 판단하고 있다.

월드뱅크는 2021년 중국의 GDP 성장률이 8.0%가 될 것으로 추정했고 2022년에는 5.1%로 낮아질 것으로 전망했다. 이는 블룸버그가 이코노미스트를 대상으로 한 설문 조사에서 나타난 중국의 4분기 GDP 성장률이 3.5%로 둔화하여 연간 8%에 그칠 것으로 본 것 그리고 2022년에는 5.4%로 약화될 것으로 예상한 것과 일치한다.

우리나라에서 GDP 성장률 5~6%라면 엄청나게 좋은 수치이지만 중국은 그렇지 않다. 학자에 따라 보는 바가 다르지만, 중국의 경제 구조가 안정적으로 유지되는 최하 성장률이 대개 5% 정도이기 때문이다. 대부분의 해외 학자들은 중국의 2022년 GDP 성장률을 4.5~5.5%로 추정하고 있다. 그러므로 많은 이코노미스트들과 기관들이 예상하는 5% 전후의 경제성장률은 중국이 안정적인 경제 구조를 유지하는 최저 경제성장률과 비슷한 수준이기 때문에 매우 미묘한 상황이라고 할 수 있다. 게다가 그림 2-1의 중국의 분기별 GDP 추세를 보면 2020년경부터 확실하게 하강하고 있다.

중국사회과학원 블루 북을 살펴보면 우선 첫 번째로 글로벌 공급망 리스트 대응을 꼽고 있다. 공급망이 단절되거나 미국의 반도체 등 전

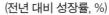
(전년 대비 성장률, %)

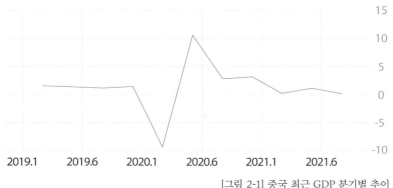

[그림 2-1] 중국 최근 GDP 분기별 추이

략 물자의 제재가 심해질 것을 상정하는 것으로 보인다.

두 번째는 물가 상승 억제이다. 중국의 경우 대규모 통화 완화를 한 것이 아니어서 그간 물가 상승이 제한적이었다. 그러나 2021년 장기간의 생산자 물가의 상승에도 불구하고 소비자 물가는 억제되어 왔는데 이제는 더 이상 방어하기 어려워진 것으로 보인다. 그러므로 금년에는 전반적인 상품 물가 상승 현상이 나타날 것이고 여기에 위안화가치 상승까지 겹치면 수출이 큰 타격을 입을 수 있다. 그렇게 되면 중국 경제의 삼두마차 중 유일하게 기여를 해 온 수출마저 꺾일 수 있는 것이다.

세 번째로 든 것이 저탄소 정책에 대한 이해도를 높이고 탄소 정책의 실행을 보다 섬세하게 보완을 해야 된다는 건의이다. 탄소 정책의 모니터링 시스템을 고도화해야 하지만, 2021년 일부 지방정부처럼 막무가내로 산업체에 대한 전력 공급을 일방적으로 중단해서는 안 된다는 뜻이다.

네 번째는 디지털 경제에 대한 국가 관리 능력의 제고이다. 여기에

중국 주식 투자 비결

서도 디지털 경제 장려 및 단순한 거버넌스 능력의 제고뿐 아니라 국가 관건 기술의 확보에 대한 언급을 하고 있다. 이것은 알리바바, 텐센트, 디디추싱으로 대표되는 중국의 테크 기업들에 대한 중국 정부의 규제와 압박이 지속될 것임을 시사한다.

다섯 번째로 든 것은 놀랍게도 자금의 해외 유출에 관한 우려이다. 미 연준의 테이퍼링과 핫머니의 유출을 지적하고 있지만, 사실 가장 큰 우려는 중국인 자산가들의 자산 해외 유출 우려임이 틀림없다. 필자와 친분이 있는 외국 금융기관 관계자들에 의하면 외국 금융기관을 찾는 대부분의 중국 자산가들의 첫 질문은 모두 자산 해외 도피 방법이라고 하니 말이다. 중국 당국은 그간 다액 현금 관리, 디지털 위안, 암호 화폐 제재, 도박장 불법 자산 반출 적발 등 자산가들의 불법 자산 축적을 압박해 왔다. 이렇게 날이 갈수록 자산을 숨기거나 이동하기가 어려워진 상황에서 2022년 하반기에 있을 다음 중국 공산당 지도부를 결정하는 제20차 전국인민대표대회(전인대)를 겨냥한 내부 권력 투쟁이 과열되면 사람들은 어떻게든 자산을 해외 반출할 방법을 찾으려 할 수 있다. 이 자산 반출을 우습게 보면 안 된다. 시진핑 주석이 보위에 오르고 나서 반대파들에 의해 1조 달러에 달하는 외화가 유출되어 중국 국가 경제에 큰 타격을 준 일도 있다.

이박사 중국 뉴스 해설
중국 다액 현금 관리 실시
- 현금 장사를 노린다

여섯 번째로 부동산 등 중점 영역의 리스크 해소이다. 사회과학원은 헝다(Evergrande) 같은 기업 외에도 다수의 부동산 기업, 특히 중소형 부동산 개발 기업들이 리스크에 노출될 가능성을 지적하고 있다. 지금까지 중국 당국이 부동산 기업들의 과다한 부채를 우려한 가장 큰 이유가 금융 산업에 끼칠 영향이었다는 점을 생각하면 중점 영역이라고 한 말은 부동산뿐만 아니라 금융 산업을 포함할 수 있다는 추론을 가능하게 한다.

마지막으로 공동부유(共同富裕)를 제대로 이해하고 고품질 발전 중 공동부유를 실천해 나가야 한다고 하였다. 공동부유는 시진핑 주석이 주창한 키워드이지만 그 구체적 정책이 아직도 선명하게 제시되지 않았고 지금까지도 해명에 가까운 해설이 나오고 있는 중이다. 필자는 이를 구체적인 정책화하지 않은 단계에서 선행적으로 시진핑 그룹에서 먼저 던져 버린 것이 아닌가 하는 의문을 가지고 있다.

이렇게 제14차 5개년 계획, 중앙경제공작회의, 중국사회과학원 경제 블루 북을 짚어 보면 2022년의 중국 경제는 큰 성장을 기대하기 어려우며 보수적인 경제 운영을 할 것이지만 경제성장률은 5% 이상을 목표로 하고 있으며 중국사회과학원이 권고한 대로 소비자 물가는 3% 선으로 억제하여 실질 성장 2%대를 달성하려 한다는 것을 알 수 있다. 참고로 팬데믹이 발생하여 경제가 어려웠던 2020년 중국의 경제성장률은 8.1%, 실질 경제성장률은 2.2%였다. 그러니 금년 중국의 경제 운영은 정말로 보수적 기조라는 것을 짐작할 수 있다.

브런치 : 북경의 한국인
2021년 8월에 공동부유에 대해 논한 중국재정과학원 원장인 류상시(劉尚希)의 글 소개

홍콩의 명보가 2021년 9월 게재한 다음 기사는 중국 경제의 앞날이 쉽지 않다고 하늘이 알려 준 것 같기도 하다.

"어제 아침 천안문 광장의 국기 게양식 후 검은 백조가 천안문 광장에 내려앉았다. 야생 동물 전문가에 따르면 검은 백조는 호주가 원산지이며 베이징의 모든 검은 백조는 사람이 사육하는 것이라고 한다.

중국 경제의 불확실성을 암시하는 '검은 백조'가 실제 나타난 이 일은 많은 사람들의 주목을 끌었다."

이런 차이나 리스크를 여러분들이 직접 정보를 입수하고 분석해야 한다면 그냥 포기하는 것이 낫다. 그러나 여러분에게는 다행히 이러한 중국 당국의 정보들을 직접 캐고 분석할 필요가 없다. 세상에는 많은 전문가들이 중국의 동향을 분석하고 해설해 준다. 필자는 가급적 미국과 중화권의 정보를 이용할 것을 권장한다. 우리나라에 비해 중국에 대한 이해도의 수준이 훨씬 높기 때문이다.

중국의
법 제도 리스크

중국의 회사 제도 리스크

필자는 중국에서 여러 번 기업 법인을 설립해 보았다. 일반적으로 우리나라의 주식회사에 해당되는 것이 중국의 유한회사(有限公司)다. 이 유한회사는 일반적인 기업 활동에 있어서 우리의 주식회사와 별 차이가 없지만 기업에 대한 투자, 인수, 매각 등 법 규정과 밀접하게 관계되는 부분에 있어서는 우리의 주식회사와 많이 다르다. 여러분들이 만일 중국 회사의 주식을 산다면 그 회사 법인이 어떤 권리와 의무를 가지고 있는지 대략은 알 필요가 있지 않겠는가?

중국의 법인 형식은 보는 시각에 따라 여러 가지가 있다. 소유 주체에 따른 구분으로는 전민소유제(全民所有制)기업, 집체소유제(集体所有制)기업, 연영(联营)기업, 공사제(公司制)기업, 중외합작기업, 중외합자기업, 외자기업 등이 있다. 외국 기업이 중국에 진출하게 되면 중외합작 또는 중외합자를 하게 된다. 그리고 사회주의 방식의 기업 소유제도가 전민

소유 또는 집체소유기업 등이다. 그래서 중국 기업에 투자하는 입장에서는 공사제기업만 투자의 대상이 될 수 있다고 보면 된다.

공사제에는 다시 무한공사(无限公司), 유한책임공사(有限责任公司), 양합공사(两合公司), 구분유한공사(股份有限公司), 구분양합공사(股份两合公司) 등이 있다. 머리 아플 필요 없다. 여러분들은 유한책임공사와 구분유한책임공사 두 가지만 알면 된다. 이 두 기업 형태가 우리의 주식회사에 해당되기 때문이다.

중국 기업들이 회사 설립을 할 때부터 외국인과 합자를 하는 경우는 거의 없다. 보통은 유한공사로 출발을 하게 되는데 이 유한공사로는 아직 '주식 매매'가 불가능하다. 아직 '주식(중국말로 '구분')'이 발행되지 않은 기업이기에 그렇다. 이 유한공사의 규모가 커지고 자격을 확보하면 '구분유한'으로 승격할 수 있다. 이 상태가 되면 그제야 회사가 주식을 매매할 자격이 생긴다. 이렇게 매매 자격이 있는 '구분'을 다시 정부가 자격을 심사해서 매매해도 좋다고 허가를 하면 특정인에게 매매를 할 수도 있게 되고 아니면 장외 시장에서 매매를 할 수 있게 된다.

이 장외 시장을 중국에서는 속칭 신삼판(新三板)이라고 하는데, 중국 유망 기업의 비상장 주식을 거래할 수 있는 곳이라고 볼 수 있다. 신삼판에는 '전국 중소기업 구분 매매 시스템(全国中小企业股份转让系统)'이라는 국가가 통제하는 플랫폼이 있다. 한국 주식시장과 비교하면 장외라기보다는 정식 시장에 가깝다. 기업 입장에서 이 신삼판에서 장외 주식 매매가 되는 것이 나름대로 혜택인 이유는 바로 이렇게 주식의 발행과 매매 절차가 까다롭기 때문이다. 2022년 1월 4일 6,932개의 기업이 이 신삼판에서 2,833억 주를 거래하고 있다. 이 중 일부 우량 기업은 나중에 베이징 증시까지 정식으로 상장을 추진할 가능성이 크기 때문에 올챙이 시절인 신삼판에서 눈여겨보는 것도 괜찮을 것이다. 물론 일반 한국인 투자자가 직접 이 중소기업 주식을 사고팔 순 없으나 중국 정부는 향후 외국인에게 개방할 것을 검토 중이라고 한다.

정부 규제 리스크

또 다른 하나, 많은 사람들이 착각하는 부분이 중국의 기업 활동이 우리 기업 활동의 영역과 유사할 것이라고 생각하는 것이다. 그런데 중국의 기업이라는 것은 그 태생이 우리와 다르다. 우리나라의 주식회사는 기본적으로 법을 준수하는 이상 독립 경영이다. 다시 말해 외부로부터 도움을 받을 일도 없고 외부에 지고 있는 의무도 없다. 직접 생각하고 실행한 후 그 결과가 좋든 나쁘든 수용한다. 그리고 새로운 사업 아이디어가 있으면 특별히 규제가 되는 사항이 아닌 이상 자유롭게 그 사업을 할 수 있다.

그러나 중국의 경우 각 기업이 펼칠 수 있는 사업 영역이 관점에 따라 좁거나 넓게 느껴질 수 있다. 법적으로 따지면 중국의 기업이 활동할 수 있는 영역은 영업집조(营业执照)라는 문서로 정의되는데 당국은 가능한 좁은 영역으로 허가를 해 준다. 그래서 일반적으로 중국 기업이 법률상으로 할 수 있는 사업 범위는 좁다. 하지만 일정 규모 이상의 중국 기업은 대개 이런 제한에 구애받지 않고 사업을 진행한다. 그리고 현실적으로 별문제가 되지 않기도 해서 중국 기업들이 법 규제 환경에 잘 주의하지 않는 경우가 많다.

문제는 기업과 정부의 관계가 틀어질 때 생긴다. 마윈의 앤트 그룹을 보자. 앤트 그룹의 대표적인 서비스가 소액 대출이다. 소비자가 물건값을 지불할 때 돈이 부족하거나 월 할부로 나누어 지불하고자 할 때 앤트 그룹이 먼저 비용을 지불하고 소비자에게는 이자를 붙여 원금을 나눠 받는다. 마윈의 주장에 의하면 이는 인터넷 서비스의 일종이다.

그러나 중국 정부 입장에서 볼 때 이는 엄연한 금융 서비스이다. 결국 앤트 그룹의 이러한 금융 서비스에 대해 당국이 규제의 칼을 빼 들게 된다. 계기가 된 것은 그 유명한 상하이 포럼에서 마윈이 한 말이다.

"중국의 금융에 시스템이라고 할 만한 것은 있지도 않다."

"마을버스 정류장을 관리하던 방식으로 국제공항을 관리하겠다는 발상이다."

'금융의 시스템성 위기 방지'를 역설하는 정부 고위급들 면전에서 마윈은 금융 당국을 향해 강도 높은 비난을 퍼부은 것이다. 그 후 앤트 그룹이 추진하던 인류 역사상 최대 규모의 상장이라던(약 3조 달러, 한화 약 3,600 조 원) 앤트 그룹 상장은 중국 당국에 의해 중지되었다. 중요한 것은 중국 정부의 규제가 사전에 고지되거나, 기업이 판단할 수 있도록 기준을 명확하게 제시하는 경우가 거의 없다는 것이다. 이것은 중국 정부가 제대로 일을 안 해서 그런 것이 아니다. 국가 통치 체계의 구조 때문이다. 여러분은 우선 중국이 서구식 법치체계가 아니라는 것을 이해해야 한다. 그래야 중국에선 왜 '사전적 예방', '명확한 기준 제시'가 어려운지 알 수 있고, 국가정책을 이해하는 것만이 최선의 대응임을 알 수 있다.

중국식 법치 리스크

그럼 중국의 법규에 대해 짚어 보자. 우선 중국은 법치국가가 아니다. 법치국가를 '지향'하는 국가이다. 중국은 삼권분립이 되어 있지 않으며 사법부는 정부 조직뿐이다. 그리고 각급 인민 정부는 상당한 재량권이 있다. 그래서 중앙정부에서 법령을 반포해도 실제 실시함에 있어서는 대개 성 정부가 실행 일시와 세칙을 다시 정하는 경우가 많다. 그러다 보니 성에 따라서는 시행을 아예 수년간 연기하는 경우도 있다. 세칙은 말할 것도 없다. 그래서 베이징이나 상하이처럼 법규에 기민하게 대응하는 지방정부들은 수개월 내에 실시하지만 변두리 지역에서는 수개월에서 수년 정도 유예하거나 연기되는 일이 비일비재하다. 중국 사람들에게 법규를 물어보면 가끔 서로 다른 답변을 듣는 경우가 있는데 이렇게 지방에 따라 다른 면이 있다는 것을 주의해야 한다.

중국의 경우 법규가 매우 자주 새로 만들어지기도 하고 변경되기도 한다. 급격히 발전하는 정치 경제 상황에 대응하다 보니 이런 역동적인 변화가 있는 것이다. 게다가 이런 법규의 변화는 해당 산업에 있는 기업 활동에 지대한 영향을 주기 때문에 중국 주식에 투자를 하거나 관심이 있는 사람이라면 응당 주의를 기울여야 한다.

'법치국가'는 사회상의 규칙을 법으로 정하고, 사회상의 모순이 있을 때 '법을 적용하고', '법을 만들며', '법을 집행한다'. 그러나 중국의 경우 법치국가가 아니고 '법치를 지향'할 뿐이다. 잘 생각해 보면 입법기관도 있기는 하다. 그러나 우리는 뉴스에서 중국에서 민의를 대변하는 사람들이 갑론을박 토론이나 논쟁을 하는 것을 본 적이 없다.

중국은 중국 공산당 일당 전제 정치 체계로 규정되어 있어 모든 권력은 중국 공산당에서 나온다. 비유나 설명이 아니라 헌법을 비롯해 국가권력이 그렇게 만들어져 있는 것이다. 그래서 정권 교체라는 것은 있을 수 없다. 다만 중국 공산당 내의 파벌 교체가 있을 뿐이다.

법은 전국인민대표회의, 약칭 전인대에서 정하는 것으로서 입법기관의 역할을 하고 있지만 인민 대표의 일정 부분을 공산당이 지정하게 되어 있어 인민대표회의가 공산당의 방침을 거스를 가능성은 없

중국 주식 투자 비결

다. 최근 국가안전법이 선포된 후 선거가 이루어진 홍콩의 경우 90명의 입법 위원 중 70명을 사실상 중국 공산당이 지명하고 나머지 20명은 당과 국가에 충성한다는 애국자 맹세를 해야만 출마 자격이 주어지는 체계이다. 즉, 입법 행위는 공산당이 수행하고 전인대의 승인을 받는 요식 행위를 거치는 것이다. 그래서 중국 정부는 중앙정부인 국무원을 비롯하여 각급 인민 정부가 있지만 이 모두 중국 공산당의 지휘하에 있다. 이것은 마치 우리나라에서 재벌 그룹이 있어 사업을 하지만, 실제 모든 권력은 오너 일가가 가지고 있는 것과 유사하다. 대표이사가 있지만 오너의 지시를 따르듯이 정부에는 총리가 있지만 공산당 총서기의 지시를 따라야 하는 것이다.

국유 기업의 경우 설립 주체가 정부이다. 우리나라의 경우 공공기관이 영리를 목적으로 기업을 설립할 수 없다. 하지만 공유제를 경제 기초로 삼고 있는 사회주의 국가 중국에서는 정부가 기업을 설립한다. 바로 국유 기업이다. 중국은행, 공상은행 같은 금융기관, 국제항공, 남방항공 같은 항공사, 중국이동, 중국전신 같은 통신사, 중국석화, 중국석유 같은 에너지 기업 등이 그 예이다. (그림 2-2 참조)

대부분의 기업들은 지역 인민 정부에 허가를 받아 영업을 하게 되

[그림 2-2] 소유제에 따른 중국 기업 구분

는데 이는 해당 기업을 하나의 단위(單位, unit)로 등록하여 해당 인민 정부의 통제를 받게 되는 것을 의미한다. 이 단위라는 말은 특별한 의미를 가지는데 뒤에 다시 설명하겠다.

설립 허가를 받은 중국 기업의 명칭에는 맨 앞에 허가를 내준 인민 정부의 이름이 들어가게 의무화되어 있다. 시안에 설립된 삼성의 반도체 공장의 경우 회사명이 삼성반도체 시안 유한공사(三星半导体西安有限公司)이다. 즉, 이 회사는 '유한공사'이며 '시안 인민 정부'에 등록되어 통제를 받는 기업인 것이다. 일반적으로 기업의 자본 규모가 클수록 상위 정부의 인가를 받는다. 삼성 반도체의 경우 중앙이나 적어도 산시성(陝西) 정부의 관할이 되어야 마땅하지만 삼성의 반도체 공장이 이렇게 기업명에 '시안'을 넣게 된 것은 산시성과 시안시가 삼성 반도체 공장에 공동 투자하면서 시안 시 정부가 지분을 가진 주관할 인민 정부가 되었기 때문이다. 이렇게 중국 기업 이름에는 규정이 있기 때문에 이름만 보아도 기업의 소재지, 사업, 규모 등을 짐작할 수 있다.

그렇기에 관할 인민 정부가 어떤 수준과 어떤 스타일의 정부인지가 중국에서는 큰 변수 중의 하나이다. 상하이나 선전처럼 세련된 인민 정부는 일 처리가 깔끔하고 신속하며 규정이 상대적으로 잘 지켜지는 반면 변두리로 갈수록 일 처리는 엉성하고 부조리가 많으며 인간관계에 의거한 일 처리가 많다.

큰 재량권은 관료의 부정부패를 막기 어려운 면이 있다. 사실 중국 관료의 부패는 이미 세계에 알려져 있다. 하지만 중국의 관료가 모두 부패한 관료라는 선입견을 가지면 실상을 왜곡된 해석하는 일이 많아질 것이다. 그리고 왜곡 해석은 중국에 투자하는 사람에게는 자칫 판단 착오를 일으켜 손해로 돌아갈 수 있다.

중국은 최근 '법치'를 강조하고 있는데 이는 동전의 양면과 같이 바

깔쪽에 보여지는 모습과 안쪽의 사정이 있다. 외부로는 보다 서방 세계와 같이 법체계를 정비하여 투명하고 공정한 사회 질서를 만들어 간다는 방침으로 보인다. 그리고 이러한 법치 지향의 개선은 틀림없이 많은 기업들에게 보다 나은 사업 환경과 예측 가능성을 제공한다. 그러나 안으로는 시진핑 그룹을 중심으로 하는 중앙의 정책에 반발하는 지방 관료 그룹의 저항을 무너뜨리기 위한 것이다. 넓은 재량권은 지도부의 정책에 반발하는 관료들에게 강력한 저항 수단이 된다. 시진핑 지도부는 이러한 관료들의 반발을 무너뜨리기 위한 수단으로 '법치'를 추진하고 있는 것이다.

그래서 우리는 중국의 기업을 평가할 때 차이나 리스크를 고려해야 한다. 차이나 리스크의 요인으로는 기본적으로 국가 법률 및 행정 체제, 즉 거버넌스 리스크가 있다. 그리고 그 리스크를 회피하는 방법은 중국 정부의 정책을 잘 이해하는 것 외에 다른 방법은 없다. 중국 정부의 정책 기조라는 것도 늘 유동적이니 말이다.

4
ADR과 VIE
리스크

2021년 9월 기준 한국 투자자들이 보유한 중국 주식 규모는 상하이 홍콩 증시를 연계해서 2조 원 넘게 보유하고 있다고 한다. 우리나라의 혐중 정서를 고려할 때 의외로 큰 규모라고 할 수 있다. 그리고 미국 증시에 상장되어 있는 많은 대형 중국 기업들의 주식에 투자한 사람들도 있다는 것을 고려하면 한국 사람들의 돈이 수조 원 이상 중국 기업에 투자되어 있을 것이다. 이 책을 읽고 있는 당신도 중국 회사 주식을 가지고 있을지 모르겠다. 텐센트나 왕이(NetEase) 그리고 디디추싱 같은 '주식' 말이다. 그런데 미 증시 웹 페이지를 보면 이들 '주식'은 뒤에 ADR이라는 말이 붙어 있다. 텐센트 ADR, 왕이 ADR, 이런 식이다. 당신은 혹시 이게 무슨 뜻인지 알고 있는가? 만일 모르고 있었다면 이 책을 펼친 것은 탁월한 선택이라고 하겠다.

미국에 상장되어 있는 중국 기업들을 잘 살펴보면 상장되어 있는 것이 주식, 즉 주권이 아니라 생소한 ADR이라는 물건임을 알 수 있다. 이 ADR은 '미국 예금 영수증(American Depositary Receipt)'이라는 낯선 말인데, 쉽게 말해 외국 회사 주식을 대신하는 증서이다. 예를 들어 디디추싱 ADR 한 개는 디디추싱이라는 기업의 한 주 또는 일정 수의 주를 나타내는 보관증(보통은 ADR 한 개가 주식 하나)이다. 즉, ADR은 주식이 아니고 주식을 보관하고 있다는 보관증이다. 그게 그거 아니냐고 할 수 있지만 엄연히 다르지 않은가?

GDR이라는 말을 알면 ADR은 더 이해하기 쉽다. GDR, 즉 U.S. Global Depositary Receipts는 한 기업이 여러 나라의 주식시장에 자사의 주식을 상장할 때 사용하는 방법이다. 예를 들어 영국의 한 기업이 발행 주식의 반을 런던 시장에 상장하고 반은 미국에 상장하는 경우다. 이는 대개 자국 주식시장에 상장하고 나서 다시 해외 시장에 상장하는 경우에 발생한다.

예를 들면 우리나라 증권거래소에 상장되어 있는 삼성전자가 미국 뉴욕 증시에도 상장하려 하면 바로 이 GDR이라는 방법을 사용하게 된다. 삼성전자의 주식은 한국에 있지만, 삼성 주식 보관증은 미국에서 거래하는 개념이다. 이 방법은 주로 유럽 기업들이 자국 상장 후 더 큰 자본과 유동성을 얻기 위해 미국에도 상장하는 방법으로 이용되어 왔다. 역으로 이 방법이 있기 때문에 미국의 투자자들은 아주 쉽게 해외 기업의 주식에 투자할 수 있는 것이다.

그러면 ADR과 GDR의 공통점과 차이점은 무엇일까? ADR은 GDR과 기본적으로 같지만 GDR처럼 복수의 주식시장에 상장되는 것이 아니라 단 하나의 시장에 상장되는 것이라는 점에서 다르다. 즉, ADR은 중국 기업이 중국이나 홍콩에서는 상장하지 않고 오로지 미국에서 상장할 때 사용된다. 따라서 ADR은 다른 국내 주식들처럼 미국 주식시장에서 자유롭게 거래된다. GDR과 마찬가지로 ADR은 미국 투자자들에게 다른 방법으로는 구할 수 없는 해외 회사 주식을 구입할 수 있는 방법을 제공한다. 해외 기업들도 ADR을 통해 미국 증권거래소에 상장하는 번거로움과 비용 부담 없이 미국 투자자와 자본을 유치할 수 있기 때문에 이익을 얻는다.

그러나 ADR은 상장하는 것이 아니다. 상장이라고 하면 주식이 거래되어야 한다. 하지만 ADR은 주식이 아니라 보관증이다. 왜 주식이 아니라 주식 보관증인가? 주식과 주식 보관증은 무엇이 다른가? 여러분들이 중국 주식에 관심을 가지고 투자를 고려하거나 이미 하고 있다면 가장 먼저 해야 할 일이 미국 증시에 상장된 중국 기업들이 주식이 아니라 ADR을 거래하고 있다는 것을 이

이박사 중국 뉴스 해설
당신이 산 중국 주식은 사실은 페이퍼 컴패니 일 수 있다

해하는 일이다. 그리고 왜 이 ADR을 팔고 사는지 이해해야 당신의 주식 투자에 대한 리스크와 가치를 제대로 산정할 수 있다.

여러분들 모두 중국 기업인 알리바바라는 회사를 알고 있을 것이다. 이 알리바바를 예로 ADR을 설명하겠다. 마윈은 창업 당시 통역 일을 하면서 인터넷 닷컴이 폭발적 인기를 얻고 있었던 것과 벤처 투자를 받으면 거액의 돈을 좋은 조건으로 얻을 수 있다는 것을 알았다. 그래서 외국 정보에 비교적 밝고 영어가 가능했던 마윈은 여러 서방 벤처 투자 기업에 접촉하고 손정희의 소프트뱅크 투자를 유치하는 데 성공한다.

그런데 문제가 있었다. 당시 중국은 인터넷 닷컴에 대한 외국인 투자를 금지하고 있었기 때문에 소프트뱅크가 거액의 투자를 하고 싶어도 투자를 받을 수가 없었던 것이다. 당시 벤처 기업을 창업한 대부분의 중국 기업인들은 모두 동일한 문제에 당면하고 있었다.

하지만 중국 사람들이 어떤 사람들인가? 중국에는 '위에는 정책이 있고, 아래에는 대책이 있다.'라는 말이 있다. 중국 기업인들과 서방

투자자들은 이 상황을 해결할 수 있는 변통책을 찾았고 당시 그 방법으로 많이 시도되었던 것이 '중외중(中外中)', '중중외(中中外)' 등인데, 이들 방법은 내용은 달라도 모두 외국인이 지분을 소유하는 것이 불가능한 중국 기업이 해외 법인 설립을 통해 소유권 문제를 해결하려 한 것은 동일하다. 결국 이들은 외국 기업과 중국 기업을 각각 만들어 이들 간의 계약을 통해 자신들의 목적을 달성

하고 중국 당국의 규제를 피하려 것이다. 이렇게 이들이 찾아낸 최종 방식이 VIE라고 하는 것이다.

VIE란 무엇인가? VIE는 Variable Interest Entities의 약자로 중국어로는 가변이익실체(可变利益实体)라고 부른다. VIE는 약 20년 전에 중국 기업인들이 외국인 투자를 금지하고 있는 산업에 속한 중국 기업이 미국 증시에 상장하려 하면서 고안된 일종의 편법이다.

중국이 외국인의 진출을 막은 산업으로는 교육, 통신, 전력, 에너지 등이 있었고 후에 부분적으로 허용한 유통이나 교통, 운수 등도 당시에는 외국인의 진입을 완전히 막고 있었다. 인터넷의 경우도 통신으로 분류하여 외국인의 진입을 막았다.

이렇게 외국인의 진입을 막으면 당연히 외국인이 중국 법인을 세워 현지에 진출할 수도 없지만, 중국 회사에도 투자할 수가 없다. 외국인 지분이 생기기 때문이다. 그런데 외국인에게 권리는 주고 싶지 않고, 외국인의 돈은 받고 싶은 중국 기업이 생각해낸 편법이 VIE이고 알리바바도 이런 방법을 사용했다. 실전에 들어가면 각 기업마다 자기 형편에 따라서 다양한 방법을 사용하기 때문에 어떤 방법을 사용한다고 딱 집어서 이야기하기는 어렵다. 그러니 가장 일반적인 VIE는 어

떻게 하는지 알아보도록 하겠다. (그림 2-3 참조)

　여러분이 마윈이라고 하자. 여러분은 해외, 예를 들어 케이먼 아일 랜드 같은 조세 회피 지역에 지주회사를 설립한다. 이 지주회사는 100% 중국인 소유이며 자본은 바로 당신이 가지고 있는 알리바바의 주식이다. 100% 중국인 지분이면 해외 법인 설립을 중국 정부가 허 락한다. 이게 가능한 것은 중국이 자본금으로 부동산이나 증권 같은 자산도 인정하기 때문에 해외 투자의 경우 자국 기업에게 유리한 조 건을 주기 위해 실제 외화 현금을 사용하지 않고 해외 법인을 설립할 수 있게 했기 때문이다. 경우에 따라서는 해외 법인을 설립하기 위한 중국 내 법인을 또 만들기도 하는데 복잡하니 생략하겠다. 그러니까 이 회사는 당신 소유의 알리바바 주식을 보유하는 기능을 하는 지주

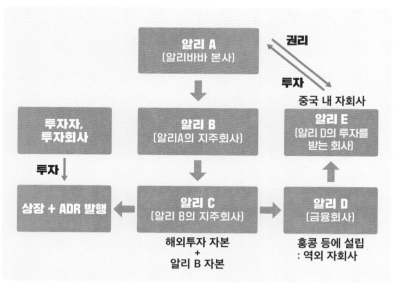

[그림 2-3] VIE(가변이익실체)를 통한 중국 외 자본 유입 방법

　　　　　　　　　　　　　　　　　　　중국 주식 투자 비결

회사인 것이다. 편의상 당신의 지주회사를 알리바바 B, 진짜 중국에서 사업을 하는 알리바바를 알리바바 A라고 부르자.

이제 손정희의 소프트뱅크로부터 투자를 받아 보자. 당신은 열변을 토하여 손정희를 설득하는 데 성공했다. 그런데 돈을 받을 길이 없다. 외국인 지분은 불법이기 때문이다. 그래서 손정희의 투자금과 당신의 알리바바 B 주식을 투자하여 또 다른 지주회사를 만든다. 알리바바 C다. 이 알리바바 C는 해외 법인이다. 그러니까 중국 법의 적용 대상이 아니다. 당연히 실제 소프트뱅크의 투자금은 이 알리바바 C라는 외국 기업의 계좌에 들어 있다. 이제 이 돈을 중국으로 가져와야 한다. 알리바바 C는 케이먼 아일랜드에 있는 기업이고 실제 사업을 하는 곳이 아니다. 돈을 중국의 알리바바 A에 주려면 거래가 있어야 한다. 일반적으로 이 자금은 한 번에 다 주지 않으며 필요에 따라 나누어 지급한다. 그리고 투자자는 그 사용처를 감시해야 한다.

그래서 이제 홍콩 같은 곳에 사업을 위한 금융 회사를 만든다. 그리고 전문적인 관리자들을 고용한다. 바로 알리바바 D다. 이 알리바바는 실제 돈을 쥐고 앉아서 알리바바의 경영 진행에 따라 돈을 공급해야 한다. 하지만 돈을 줄 방법이 없다. 그래서 이 알리바바 D가 투자하는 중국 내 기업을 다시 설립한다. 알리바바 E다. 알리바바 E는 알리바바 D가 주는 자본금으로 알리바바 A 옆에 사무실을 두고 알리바바 D에 있는 돈을 알리바바 A가 쓸 수 있게 조달한다. 그러나 아무 이유 없이 돈을 줄 수가 없다. 그래서 내가 이만큼의 돈을 이렇게 줄 테니 당신은 이 정도로 나의 권리를 보장해야 한다는 계약을 하고 이 계약에 따라 돈을 지불한다. 일종의 가짜 매매를 만드는 것이다. 일반적으로 돈을 빌려주는 형식이 많고 담보로 알리바바 A의 지분을 잡는 형태가 많다고 한다.

그러면 여러분이 알리바바 주식이라고 생각하고 산 것은 무엇인가? 알리바바 C의 주식, 더 정확하게는 주식 보관증이다. 알리바바 A부터 알리바바 E까지의 상황을 다 꿰고 있어야 여러분이 피눈물 나게 번 돈으로 산 알리바바 C 주식의 가치를 제대로 알 수 있다. 그리고 만일 어느 날 중국 정부가 이런 방식은 불법이라고 선언하면 당신의 ADR은 하루아침에 휴지가 될지도 모를 일이다.

실제로 미 SEC의 게리 겐슬러(Gary Gensler) 의장 같은 사람은 '당신은 중국 기업에 투자하고 있다고 생각하겠지만 실제로는 케이만 아일랜드나 아니면 지구 어딘가 모를 곳에 있는 껍데기 회사에 투자하고 있는 것에 가깝다.'라고 경고했다.

미국인들이 보유하고 있는 중국 기업들에 대한 투자 규모는 약 1조 달러에 달한다고 SCMP(South China Morning Post)는 보도를 한 바 있다. SCMP는 골드만삭스를 인용하여 이 1조 달러 중 절반이 ADR이고 뮤추얼 펀드나 헤지 펀드 계정이 86%에 달한다고 하였다. 그러니까 앞에 나온 블랙록의 뮤추얼 펀드를 사면 그 돈은 대체로 이런 ADR을 사게 되는 것이다.

문제는 이 ADR의 권리가 불확실하다는 것이다. 심지어 SEC에서도 이렇게 걱정하고 있는데 정작 소유주들은 큰 회사에서 어련히 알아서 하는 일이겠거니 하면서 안심하고 있다.

그럼 중국 측에서는 합법일까? 중국의 입장은 이 VIE는 '회색 지대'에 속한다는 것이다. 중국의 검색 엔진 바이두(百度)의 백과사전을 보면 'VIE는 중국의 법규에 따르면 여전히 회색 지대에 있다.'라고 되어 있다. 중국 법원이 아직 이런 방식의 적법성을 확인하지 않았다는 것이다. 관련 정부 부처의 태도는 '여전히 불확실하고 유보, 제한, 금지 등의 목소리가 공존한다.'라고 되어 있다.

중국 정부는 왜 이런 태도를 보이는 것일까? 상하이 소재 로펌 링클레이터(Linklaters)의 변호사 알렉스 로버트(Alex Roberts)는 중국 정부가 2015년 VIE를 규제하려고 시도했다고 말했다. 간단히 말하자면 VIE를 불법이라고 낙인찍기에는 VIE를 이용해서 얻는 이익이 막대하기 때문이다. 중국 기업의 미국 상장이 중국에 막대한 경제적, 사회적 이익을 가져왔기 때문에 보류되었다는 것이다.

그런데 2021년 8월 미국 증권거래위원회(SEC)가 투자자들의 위험 인식을 강화하기 위해 뉴욕 상장을 희망하는 중국 기업에게 새로운 공시 요건을 요구하기 시작했다. 바로 VIE 구조를 이용하여 상장한 중국 기업들에게 기존의 회계 감사 정보에 덧붙여 VIE 구조 내역과 이에 따른 지배 구조 내용을 명확하게 제공할 것을 명시한 것이다.

이어서 2021년 12월 초 미 SEC는 시행 규칙을 발표하여 미국에 상장된 외국 기업이 3년 연속 회계법인에 대한 상장기업 회계감독위원회(PCAOB)의 검사 요건을 충족하지 못하면 해당 증권이 미국에서 거래되는 것을 금지한다고 명시하였다. 미국에 상장된 중국 기업 90%가 대상이 되고 시가 총액은 2조 달러로 미국 주식 시가 총액의 4%에 달한다. 최악의 경우 2조 달러에 달하는 중국 주식들이 상장폐지를 당할 위험에 처한 것이다. UBS의 데이비드 친(David Chin) 대표는 홍콩의 상장 요건을 충족하는 미국 상장 중국 기업이 50개 이상 있다고 했다. 이는 달리 말하면 미국에서 상장폐지 당하면 홍콩에서 재상장할 수도 없는 중국 기업이 150개 정도 된다는 의미이기도 하다.

그동안 미국에 상장한 중국 기업들은 SEC에 회계 감사 정보를 제공하는 것을 거부해 왔다. 그들이 제출해야 하는 정보에는 중국의 국가 안보에 영향을 주는 내용이 포함되어 있다는 것이 그 이유였다. 사실 일반 상식으로는 이해할 수 없는 말이 아닐 수 없다. 하지만 SEC

에 제공하는 회계 감사 정보는 회계 처리의 매우 세부적인 내용까지 제공해야 하는 것으로 알려져 있다. 화웨이의 CFO 명완저우(孟晚舟)가 체포된 근거가 바로 이 회계 감사 정보에 의한 것이었음을 생각해 보면 중국 기업이나 중국 정부가 자료 제출을 꺼리는 이유를 알만하다.

중국 정부는 이를 매우 중시하여 2021년 8월에는 잠재적인 보안 위험을 제기하는 것으로 간주되는 자국 인터넷 회사의 해외 상장을 금지하는 규칙을 중국 정부가 마련하고 있다는 말이 흘러나왔다. 그리고 VIE 지분 구조에 대한 철저한 공개도 요청할 것이라고 하였다. 하지만 중국 당국은 수개월 후인 12월 이를 부인했다. 이어서 중국이 차세대 기술 기업에 대한 외국인 주주의 영향력을 제한하기 위하여 VIE 블랙리스트를 만들고 있다는 말이 나오기도 했다.

최종적으로 2021년 말 공포된 중국 정부의 '중국 기업의 해외 증권 발행 및 상장 관리에 관한 규정 초안'에 따르면 해외 상장하려는 기업은 중국의 증권감독관리위원회에 상장 계획을 제출해서 승인을 받아야 한다. 중국 당국이 데이터 안전법 등을 검토하여 문제가 없으면 신고 후 해외 상장을 허가하겠다는 것이다. 데이터 안전법을 검토해서 통과시킨다는 말은 미국 SEC가 요구하는 데이터를 제공해도 된다는 의미이므로 중국 기업들은 이후 ADR 방식을 사용할 이유가 없고 직접 해외에 상장할 수 있게 되었다. 따라서 여러분들의 중국 기업 ADR에 대한 리스크도 사라지고 있는 셈이다. 더불어 지금 현재 미국 증시에 상장되어 있는 기업들은 중국 정부의 승인을 받아야 하니 현재 진행형인 리스크라고 하겠다.

5

중국 기업
체계 리스크

중국 기업의 지배 구조

　필자는 종종 독자들로부터 중국 회사의 지배 구조에 대한 질문을 받는다. 그 질문의 이유를 물어보면 해당 회사의 주식에 투자를 하려하는데 중국 정부의 통제를 받는 기업인지 또는 중국 정부 산하 기업인지, 민간 기업이라면 주주가 중국 정부와 얼마나 연결되어 있는지 궁금해서라고 한다.

　중국의 기업은 출발점이 앞서 거론한 '단위'이다. 이 단위라는 말을 중국의 사전에서 찾아보면 '기관, 단체, 사업, 기업 등 자연인이 아닌 실체 또는 그 하부 부문'이라고 되어 있다. 실생활에서 중국인들은 단위라는 말을 직장, 기관, 부처 등의 의미로 사용하고 있다. 예를 들면 '저기 보이는 건물은 아파트인가 아니면 단위인가?'라는 말을 쓰는데 저기 보이는 건물이 주거용인지 아니면 기업이나 기관이 사용하는 건물인지를 묻는 의미이다.

역사적으로 이 단위라는 말은 의미가 변해 온 것으로 보인다. 공산주의 혁명 후 모든 자산을 공유화하고 나서 중국 공산당은 모든 곳을 운영해야 했다. 정부도, 교통도, 아파트 관리사무소도, 심지어 동네 라면가게도 국가가 운영해야 했던 것이다. 이 방대한 국가를 어떻게 모두 중앙에서 통제하고 운영할 수 있겠는가? 하지만 계획경제 시스템 하에서는 국가가 통제하고 운영해야만 했다. 국가가 모든 것을 시시콜콜한 것까지 하나하나 보고 받고 지시할 수가 없으니 어느 정도 적당한 수준에서 자율권을 부여해서 알아서 돌아가도록 해야 했다. 바로 이렇게 일정 수준 이하에서 자율권을 가지는 국가 하위 조직을 단위라고 불렀다. 그리고 단위보다도 하위의 조직은 자율권이 없으며 모두 상급 단위의 허락을 받아서 결정해야 한다.

그래서 우리들은 잘 이해할 수 없는 중국어 표현으로 '당신 직장은 단위입니까?'라는 질문이 있다. 이 질문의 뜻은 당신 직장은 자율권을 행사할 수 있는 국가 기초 단위냐는 의미이다. 예를 들어 베이징 대학은 단위이다. 그래서 베이징 대학에는 고등학교, 중학교, 초등학교는 물론 유치원도 있다. 그뿐 아니라 택시 회사도 가지고 있고 아파트도 가지고 있으며 회사들도 가지고 있다. 이렇게 단위인 대학 중 칭화대학 같은 경우는 산하에 수만 개의 기업을 거느리고 있다. 중국의 반도체 개발을 주도하던 칭화유니도 칭화대학 산하 기업이며 칭화통팡(清华同方), 칭화즈광(清华紫光) 같은 상장 대기업도 칭화대학 산하 기업이다.

단위는 자율권이 있다. 그래서 필요하면 단위는 여러 사업을 자체적으로 결정하여 할 수 있다. 예를 들어 앞서의 베이징 대학은 택시 회사를 가지고 있다. 왜냐고? 택시가 필요하니까. 학교 예산 부족으로 택시를 탈 돈은 없지만, 택시 회사를 만들면 베이징 대학 사람들은 할

인된 가격으로 택시를 이용할 수 있고 경우에 따라서는 무료로 이용할 수도 있다. 이런 할인을 중국어로 요우회이(优惠), 즉 혜택이라는 말로 표현한다. 그리고 이 요우회이는 확장되어 다른 단위와도 상호 교환하게 된다. 예를 들면 베이징 대학은 호텔이 필요하고 호텔의 구성원은 자녀를 좋은 학교에 보내고 싶은 수요가 있다. 베이징 대학 부설 유치원, 초등학교, 중학교, 고등학교는 모두 명문이기 때문에 입학 가점을 받는 것은 요우회이에 해당된다. 그래서 베이징 대학은 호텔 임직원들에게 자녀 입학의 요우회이를 제공하고 호텔은 베이징 대학 임직원들에게 가격 할인을 제공한다. 사실 이 요우회이는 소득 수준이 낮은 시절 중국인들이 나름대로 일정 수준 이상의 생활을 할 수 있게 해 주는 방법이라고 할 수 있다. 그런데 실력이 있고 잘나가는 단위는 이런 요우회이를 사방의 단위들과 체결할 수 있지만 별 볼 일 없는 단위는 이런 협력을 할 기회가 없다. 바로 이런 것이 '우리 단위는 꽌시가 좋아.'라는 표현을 하게 된 유래이다. 꽌시는 나중에는 개인 간의 관계를 주로 지칭하게 되었지만 이렇게 원래는 단위 간의 관계를 표현하는 말이었다.

국가가 인민의 모든 생활, 즉 의식주는 물론 직장까지 배정해 주던 사회주의 체제 시절 중국은 국가 재정이 심각하게 부족하여 이러한 부담을 더하기가 어려웠다. 그때 덩샤오핑이 선언한 것이 모든 단위는 자급자족하라 였다. 여기서 대상 단위가 된 것은 예산이나 물자 지원의 최종 대상이기도 했고 동시에 단위야말로 자율권을 행사하는 조직이기 때문에 '알아서 먹고살라.'의 대상이 될 수 있었던 것이다. 이 조치로 가장 좋았던 것은 생산 활동을 하거나 수출 활동을 하는 기업 단위들이었고 가장 낭패를 본 것이 군대, 경찰 같은 곳이었다. 나중에는 중국 정부가 군대나 경찰 같은 조직은 국가가 예산을 배정해 주기로 하였지만, 이들은 상당 기간 고생을 하였다. 그 흔적으로 중국 여기저기에는 경찰이나 군대가 먹고살기 위해 만든 호텔, 음식점 같은 것들이 지금도 남아 있다.

그렇기 때문에 기업은 '단위'일 수도 있지만 반대로 아닐 경우도 있다. '단위'의 하부에 소속된 것일 수 있는 것이다. 그래서 이 점을 아는 사람들은 '귀사는 단위입니까?'라는 질문을 통해 상대방이 결정권이 있어 자율적인 결정이 가능한지를 가늠해 보는 것이다. 반면 이런 복잡한 배경을 잘 모르는 일반 중국인들은 그냥 '기업'이면 '단위'려니 하고 혼용하기도 한다. 그렇지만 이들도 손가락으로 셀 만한 수의 직원들만 있는 소기업에 대해서는 '단위'라는 말을 사용하지 않는다. 어렴풋이 '단위'는 큰 곳이라는 인상이 있는 것이다. 중국의 기업은 이 단위의 전통을 승계하고 있다. 국유 기업의 경우 자회사 등 계열사는 자신의 소속을 모회사, 즉 '단위' 이름을 대는 경우가 많다. 이는 모회사가 유명하고 커서이기도 하지만 실제 중국식 개념으로는 그 사람의 소속 '단위'가 그 모회사이기도 하다. 나중에 명함을 받아 확인해 보면 모기업 소속이 아니라 자회사, 손회사 소속인 경우가 비일비재하다. 이를 오해한 한국분들이 모 국유기업 회장을 만났다고 해서 확인해 보면 계열사 사장인 경우도 심심찮게 발생한다. 민간인이 개인적으로 창업한 기업이라면 '단위'라는 개념이 작용하지 않는다. 그러나 기업이 성장해서 공산당 위원회가 설치되는 정도가 되면 '단위'의 개념이 작용하게 된다.

중국의 기업 체제를 보면 서방의 기업 체제를 기본으로 하고 있다. 우선 기업에는 주주, 경영진, 직원의 세 요소가 있고 여기에 우리나라의 노동조합에 해당되는 공회 그리고 장쩌민의 3개 대표 이론에서 출범한 기업 공산당 위원회가 있다. 이 공회와 공산당 위원회는 일정 규모 이하의 기업에게는 설치 의무가 면제된다.

투자자의 이익을 대변하는 것이 동사회이다. 동사회는 우리나라 기업의 이사회에 해당이 되며 소유 - 경영 분리 원칙상 지분 소유자의 권리를 대변한다. 중국의 경우 영리, 비영리 조직의 소유권을 대변하는 것을 '이사회'라는 말로 그리고 기업 이사회의 경우 주로 '동사회'라는 말을 사용한다. 바로 단위 시절의 상급 기관의 역할을 한다.

기업 경영을 책임지는 사람을 총경리라고 한다. 우리의 CEO에 해당한다. 총경리는 동사회에 고용된 전문 관리인이라는 위상을 가진다. 최근에는 서방의 기업 문화를 받아들여 총경리와 동사회의 동사(우리나라의 이사에 해당)나 동사장(이사회 의장, 통상 회장으로 번역이 되는 경우가 많음)을 겸하는 일이 늘고 있다. 이 총경리가 바로 단위의 책임자 역할을 한다.

노동조합인 공회는 일정 규모 이상에서 의무적으로 설치하게 되어 있다. 이 공회의 권리와 의무를 보면 노동자의 권익을 위해 노력하게 되어 있는 것은 우리와 마찬가지이지만 경영 성과에 대한 책임도 함께 지게 되어 있는 것이 우리와 다르다. 이것은 사회주의 체제의 영향으로 생각된다. 오늘날 중국의 현실 세계에 있어서 공회의 역할이나 영향력은 크지 않다.

기업에 설치하도록 되어 있는 공산당 위원회는 최근에 와서 시진핑 주석의 좌경화 강경 노선과 함께 자주 중국의 사회주의 회귀와 기업 통제 강화 수단으로 여겨지고 있다. 그것은 모두 사실이기는 하지만, 시진핑 주석이 만든 제도가 아니다. 이 제도 자체는 이미 20년도 훨씬 전에 장쩌민의 3개 대표 이론 발표와 함께 만들어진 것이다. 다만 사실상 집행이 제대로 되지 않고 있다가 시진핑 주석이 발동시킨 것으로 이해할 수 있다.

이 기업 공산당 위원회는 과거에는 사실 별 영향력이 없고 할 일도 없었기 때문에 주로 기업의 대관 업무를 수행하였다. 공산당의 시각에서 기업을 통제하기보다는 기업의 시각에서 공산당과 정부에게 부탁을 하거나 정보를 얻는 채널이었던 셈이다. 지금의 기업 공산당 위원회는 아직은 불안정하지만 시진핑 주석의 권력 기반이 강화된다면 기업의 큰 전략에 개입하여 사회주의 가치의 구현과 공산당 중앙의 정책을 전달하고 감시하는 역할이 될 가능성이 크다.

　중국 법은 단일 법정대리인 제도를 시행하고 있으며 일반적으로 법인의 최고 경영 책임자(동사장이나 경리 등)가 유일한 법정대리인으로 간주되고 있다. 증권거래소에 상장된 기업의 법정대리인은 총경리이다(증권법 제107조). 법정대리인의 권리와 의무는 표 2-2와 같이 규정되어 있다.

권리	의무
• 대외적으로 회사를 대표하고 법적 문서에 서명할 권리 • 회사를 대신하여 계약을 체결할 권리(계약을 체결하는 과정에서 법정대리인의 서명이 계약의 성립 조건인 경우가 많으며, 법정대리인이 계약을 체결하면 계약이 성립) • 회사가 사채 또는 주식을 발행할 때에는 법정대리인의 서명과 회사의 날인을 받아야 함 • 법령, 행정 법규 및 회사의 정관이 정하는 기능 및 권한(예를 들어 주주 회의 의장, 이사회 의장 등)	• 민사 활동에서 기업의 법인을 대표 • 기업의 생산, 운영 및 관리를 책임 • 기업의 모든 구성원과 관련 기관을 수용 • 법령에서는 법정대리인이 타인에게 위임할 수 없는 업무를 수행하도록 규정 • 기업의 법정대리인은 일반적으로 다른 기업법인의 법정대리인을 겸임할 수 없음 • 특별한 필요로 인한 비상근 인사는 계열사, 합작 투자 또는 투자 지분이 있는 기업의 시간제 일자리만 가능하며 기업의 주관 부서 또는 주관 등록 기관의 엄격한 심사를 받아야 함 • 법정대리인의 서명은 등록기관에서 하여야 함 • 법정대리인이 서명한 문서는 기업의 법인을 대표하는 법적 효력을 가짐

[표 2-2] 중국의 법정대리인 제도

여기까지가 기업의 거버넌스 구조이며 일반 민간 기업의 경우에 해당된다. 그러나 만일 당신이 관심을 가지고 있는 주식이 국유 기업이라면 이야기는 많이 달라진다. 그리고 민관 지분이 혼재되어 있는 혼합소유제 기업도 많이 있는데 이런 경우 대부분 형식이 어떠하든 실제로는 정부의 통제 속에 있게 된다.

국유 기업은 당연히 중국 정부, 더 정확하게는 중국 공산당의 통제 속에 있다. 국유 기업은 소속에 따라 중앙정부 산하의 국유 기업과 지방정부 산하의 국유 기업으로 구분할 수 있다. 예를 들어 차이나 텔레콤 같은 기업은 중앙정부 산하의 국유 기업이다. 이렇게 산업 기초가 되는 산업 가치 사슬의 업스트림에 위치하는 산업은 대부분 국유기업이다. (그림 2-4 참조)

이들 국유 기업들은 각급 정부의 국유자산감독관리위원회(国有资产监督管理委员会)에 소속된다. 이 국유자산감독관리위원회, 약칭 국자위는 자산 관리의 관점에서 이들 국유 기업들을 관리한다. 국유 기업은 일

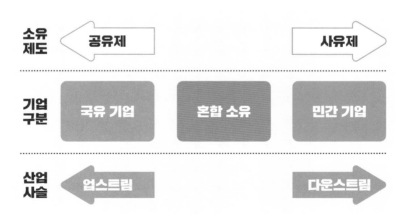

[그림 2-4] 중국의 국유·민간 기업 통제 현황

정 규모 이상이 되면 '단위'로 인정이 되며 성 정부나 시 정부 산하의 일반 규모의 국유 기업들은 '단위'로 인정되지 않는다. 단위로 인정되지 않는다는 것은 자율적으로 의사 결정을 할 수 없다는 뜻이며 신규 사업을 추진하는 데에도 한계가 크다는 의미이다. 단위가 아닐 경우 소속 인민 정부의 지시에 따라서만 움직인다고 보아도 무방할 것이다. 여러분들의 귀에까지 들어가는 국유 기업들은 대부분 '단위'이다. 그러나 여러분들의 친구가 중국 출장을 갔다가 국유 기업의 높은 사람과 친구가 되었다고 자랑하면 아마도 십중팔구는 '단위'가 아닐 가능성이 크다.

다운스트림의 소비자 시장에도 국유 기업이 다수 존재하는데 예를 들면 담배로 유명한 홍타산(红塔山) 그룹 같은 기업은 윈난성 산하의 국유 기업이며 '단위'이다. 이런 국유 기업은 해외에 자신이 국유 기업이라는 사실을 굳이 드러내고 싶어하지 않는 경우가 많다. 예를 들어 가전으로 유명한 하이얼의 경우는 칭다오시 정부 산하 국유 기업이고 KONKA의 경우는 광둥성 후이저우(惠州)시 정부 산하 국유 기업이다. 하지만 이들이 국유 기업이라는 것을 인지하고 있는 사람은 많지 않다.

국유 기업의 경우 해당 정부 부처의 통제를 받지만 여기에는 또 미묘한 점이 있다. 국유 기업이 발전해서 규모가 커지면 자연스럽게 영향력도 커지고 국유 기업의 수장 자리도 직급이 올라간다. 여기서 직급은 중국 공산당 내의 직급을 말한다. 이렇게 되면 경우에 따라 국유 기업 수장의 직급과 정부 수장 직급이 동일해지는 현상이 나타나게 되는데 예를 들면 윈난 홍타산 회장의 직급은 윈난 성장과 동급이다. 레노버의 회장 자리도 장관급인 것으로 알고 있다. 여기에 중앙 부처 고관들과의 관계가 긴밀해지면 국유 기업 쪽에서 지방정부를 무시하는 일도 발생한다.

　　　　　　　　　　　　　　　　　중국 주식 투자 비결

예를 들어 지금 중국에서는 레노버(lennovo)로 유명한 렌샹 그룹의 창업자 류촨즈에 대한 논쟁이 한창이다. 원 소속 '단위'인 중국과학원을 무시하고 자기 사욕을 채웠다는 공격자와 1세대 렌샹을 창업하여 중국 테크 산업 발전에 이바지한 공로자라는 방어자 간의 격한 논쟁이 인터넷에서 벌어지고 있는 것이다. 그 배경에는 해당 기업의 통제권을 행사하던 '단위'와 이제는 장성해서 독립

이박사 중국 뉴스 해설
렌샹 그룹 류촨즈 회장
공개 저격

한 '단위'의 심리적 갈등도 있다. 그런가 하면 훙타산 동사장 중에는 중앙정부와의 친분이 강해지면서 소속 지방정부에 거만한 태도를 보였다가 결국 괘씸죄에 걸려 부정부패 혐의로 구속되어 처벌받은 사람도 있다. 높은 사람이 될수록 조심하는 것은 어느 나라 공직 사회든 마찬가지다. 가끔 필자에게 자기가 아는 중국 관리가 매우 힘이 있다며 중국 인맥을 자랑하는 사람이 있는데 이런 관리는 오래가지 못한다는 것을 그간의 경험으로 알 수 있다.

중국 기업 회계 제도

중국의 회계 체제는 기본적으로 국제 표준 GAAP(The Generally Accepted Accounting Principles)와 일치한다. 모든 나라가 마찬가지로 세무 회계의 경우는 각국의 법규에 따라 만들어지기에 이 부분에서 다소 차이가 있지만 큰 틀에서는 일치한다고 볼 수 있다.

문제는 이런 회계 규정보다도 실제 업무 적용 시 지나친 편법이 상당히 광범위하게 이루어진다는 것이다. 이것은 꼭 기업만을 탓할 일

은 아니다. 중국 정부의 규정을 곧이곧대로 하다 보면 불합리하고 비효율적인 일들이 많아서 어느 정도의 일탈은 거의 모든 중국 기업에서 일어나고 있다고 봐도 된다.

그러다 보니 중국 기업의 회계 장부는 정부에게 보여 주는 장부와 실제 장부가 별도로 존재하는 경우가 많다. 우리나라도 과거에는 A 장부, B 장부라고 누구나 일반 명사처럼 부르곤 했었다. 중국의 경우 보다 광범위하게 퍼져 있다고 할 수 있다. 그래서 중국 정부 또한 우리와 마찬가지로 외부 감사제도를 도입해서 실행하고 있는데, 회계사 또는 회계 법인에 지불하는 주체가 기업이다 보니 회계 법인 또한 기업의 이익에 따라 일하는 것이 보통이다. 즉 회계 법인의 서비스는 '기업의 장부가 정부에게 지적당하지 않게 작성하면서 기업의 요구에 따라 숫자를 크게 또는 작게 만드는 일'이라고 할 수 있다.

일반적으로는 세금을 내지 않거나 덜 내기 위해 매출을 축소하고 비용을 크게 계상하려 애쓰지만 상장 기업의 경우 또는 상장을 하려는 기업은 실적을 부풀리려 애쓴다. 과거 수주 금액 부풀리기 의혹을 받은 중국의 항공 드론택시 제조업체인 이항(EHang, 亿航)이 바로 이런 경우이다. 당시 공매도 업체인 울프팩(Wolfpack Research)은 이항의 재무 데이터에 의문을 제기했고 가짜 매출을 만드는 사기를 하고 있다는 주장을 하였다. 이항의 주가는 곧바로 63%가 폭락했고, 중국 공매도자의 주장을 부인했다. 이항 사태는 중국 기업에 대한 신뢰도가 얼마나 낮은지를 보여 주는 사례이다.

또 회계 데이터를 조작한 혐의로 미국 증시에서 쫓겨난 루이싱 커피(瑞幸咖啡, Luckin Coffee)도 대표적인 케이스이다. 루이싱 커피는 2019년 회계 사기 스캔들로 인해 회사가 이전 재무 결과를 다시 검토해야 했는데 2021년 총 운영 비용은 66억 위안 중 4억 7,500만 위안을 날조

거래 조사 및 구조조정과 관련하여 지출해야 했다.

　이렇게 많은 중국 기업들은 상장을 하기 위하여 과감한 시도를 많이 한다. 이윤을 거의 남기지 않거나 손해를 보면서도 매출을 올려 소위 매출 부풀리기를 하는 것은 기본이고 경우에 따라서는 가짜 계약을 만들어 재무 데이터를 조작하기도 한다. 중국의 회계 사무소들은 이를 막기보다는 돕는 역할을 많이 하는 것으로 알려져 있다.

　중국 정부는 2021년 5월 회계 감사법을 만들어 회계 사무소의 이러한 행위에 대한 벌칙을 강화하고 적발을 엄격히 할 것임을 천명하였다. 엉터리 회계가 대외적으로만 문제가 되는 것이 아니라 중국 내에서도 국가사업을 망치고 예산을 헛되게 만드는 일이 많이 일어났기 때문이다. 특히 미국의 기술 압박으로 국산 반도체 기술을 개발하는 회사들이 우후죽순으로 생겨났는데 대부분 국가 지원금을 노린 회사들이었다. 이들의 회계 장부가 많은 경우 조작투성이로 엄청난 세금 손실을 끼치기도 하는 등 국가 전략적으로도 문제가 된 것이다.

　하지만 이제부터는 중국 기업들, 특히 상장 법인들의 회계 보고서가 획기적으로 달라질 것으로 보인다. 바로 2021년 핫 이슈가 된 중국의 제약 회사 캉메이 약업(康美药业)과 주주들 간의 소송 때문이다. 이 소송은 중국 최초의 집단 소송이다. 사건의 개요는 이렇다. 한때 전통 중국 약품 제조 1위 업체로 불렸던 캉메이는 2018년 5월 기준으로 시총 1,300억 위안(한화 24조 원)이 넘는 의약 주식 분야의 '천억 위안 클럽' 일원이었다.

　그런데 2018년 하반기 캉메이가 분식회계를 했음이 밝혀졌다. 증권감독위원회가 캉메이를 조사했고 결국 착오로 현금 자산에 299억 위안을 더 계상했다고 발표한다. 그러면서 '회계 착오'와 '회계 조작'은 다른 것이라는 한국에서도 많이 들어본 것 같은 내용의 발표를 한다. 그러니까 고의로 회계 부정을 저지른 것이 아니라 실수를 했다는 변명을 한 것이다. 하지만 증권감독위원회는 곧바로 캉메이의 재무보고서에 중대한 허위가 있으며 299억 위안(한화 약 5조 5천6백억 원)을 허위로 늘렸다고 발표했다.

2020년 5월 14일 저녁, 증권감독위원회는 캉메이에 대해 시정 명령과 경고를 할 뿐만 아니라 60만 위안의 벌금을 부과하고 21명의 책임자에게 90만 위안에서 10만 위안의 차등 벌금을 부과하였다. 그리고 주모자 6명에 대해서는 10년에서 종신까지 증권시장 출입 금지 조치를 취했다. 또 범법 사실에 대해서는 해당자들을 사법기관에 이첩, 즉 받은 공문이나 통첩을 다른 부서로 다시 보내어 알리는 일을 하였다. 중국에서는 이런 식으로 사법기관에 이첩되면 중형을 받는 것이 일반적이다.

이에 11명의 투자자들이 광저우 중급 법원에 캉메이에 대한 소송을 제기하게 된다. 그런데 새 증권법과 최고인민법원의 관련 규정 해석에 따라 중국 증권 중소투자자 서비스 센터가 5만 5천여 투자자들의 특별 대표인으로서 집단 소송에 참여하였다. 정부가 개입한 것으로 볼 수 있다. 2021년 11월 12일 1심 판결이 나온 결과 판결은 회사 경영진들이 24억 5천9백만 위안에 상당하는 손실을 투자자들에게 끼쳤다는 내용이었다. 결국 회사는 투자자들에게 배상금을 모두 지급하였다.

이러한 판결에 경악을 한 곳이 캉메이의 연도 보고서를 심사한 회계 사무소이다. 제대로 회계 감사를 하지 않았다는 이유로 100% 연대 책임을 떠맡게 된 것이다. 그리고 24억 5천9백만 위안은 절대로 회계 사무소가 예상할 수 있었던 금액이 아니다.

회계 사무소 외에도 생각지도 않게 타격을 받은 사람들이 있다. 바로 사외 이사들이다. 중국법에 따르면 상장사는 적어도 1/3 이상의 이사를 사외 이사로 구성해야 한다. 그런데 이 캉메이 사건이 터지자 선전과 상하이에 상장되어 있는 기업 중 적어도 20개 이상에서 사외 이사들이 줄줄이 사표를 던졌다. 왜냐하면 캉메이의 판결 결과 사외 이사에게도 5%의 연대 배상 책임을 물렸기 때문이다.

이 캉메이 사건은 당연하게도 중국 사회에 큰 충격을 주었다. 그리고 부도덕하게 부를 쌓은 민간 기업주와 그들과 결탁했던 정치적 반대 파벌을 노리는 시진핑 그룹의 정책 방향을 볼 때 이런 사례는 앞으로 중국에서 또다시 나타날 가능성이 높다. 그러므로 과거에는 신용하기 어려웠던 중국 회계 법인들의 상장 기업 감사 보고서가 앞으로는 전폭적으로 개선될 가능성이 높은 것이다.

이박사 중국 뉴스 해설
캉메이 약업 사건 - 중국의 회계법인과 사외이사들 큰일 났다

그 후 민감한 사안에 대해서 회계 법인들이 보고서 작성을 거부하는 일들이 드디어 발생하기 시작했다. 2021년 3월 회계 보고서 작성에 실패한 화룽(华融) 같은 경우가 대표적이다. 금융 기업인 화룽의 경영자인 라이샤오민(赖小民)은 엄청난 규모의 부정을 저지른 것으로 알려졌고 자산 운영 또한 고위험 프로젝트에 주로 투자한 것으로 알려졌다. 화룽에 대한 당국의 태도가 심상치 않자 회계 법인들이 화룽의 회계 장부에 대한 평가서를 거부한 것이다.

현재까지도 대부분 중국 기업의 회계 장부는 곧이곧대로 믿기 어렵다. 그래서 서방의 금융 회사들은 주로 현금 흐름을 분석하는 기업 분석 기법을 적용하기도 한다. 실물과 현금을 위주로 추적하여 기업이 보고하는 내용과 대조하는 것이다. 일반 투자자가 이런 일까지 하기는 어렵다. 다만 중국 기업들의 회계 보고서는 반만 믿는 것이 현명한 태도일 것이다.

6
중국 주식 정보 신뢰성 리스크

신뢰성 떨어지는 정부 통계

중국의 정부 통계의 신뢰성 여부는 논란의 여지가 많다. 문제는 중국 정부 통계를 제외하면 중국의 계량 데이터를 얻을 수 있는 방법이 좀처럼 없다는 것이다. 만일 정말로 실제 데이터를 얻으려면 중국 내에 있는 여러 조사 기관에 의뢰해야 한다. 그 비용이 적어도 수억에서 수십억이 든다. 그 기관들은 리포트나 데이터 시트의 형태로 판매를 하는데 보통 전문 리포트 한 부에 수천만 원이고 적어도 수백만 원 이상이다. 그리고 수백만 원 이하 가격의 리포트는 대개 그 질이 높지 않다. 중국은 사회주의 계획 경제적인 측면이 강하고 관공서가 개입하지 않는 곳이 없는 만큼 각종 데이터가 많이 축적되어 있다. 그래서 이를 빅데이터로 구축하고 사회 동향을 예측하는 데 실제로 적용하고 있다. 여기에 한 걸음 더 나가서 AI를 개발하여 다양한 분석을 하기도 한다. 그리고 그 결과를 정책에 반영하고 있는 것이다.

중국 통계에 대해 우리가 신뢰하지 못하는 이유는 중국 정부가 조사한 내용을 신뢰할 수 없는 것이 아니라 중국 정부가 그 데이터를 자신의 필요에 따라서 조작한다고 생각하기 때문이다. 그도 그럴 것이 누가 봐도 말이 안 되는 통계 데이터를 내놓은 일이 여러 차례 있었다. 물론 중국 정부가 통계에 손을 대는 것은 사실이겠지만 가장 많이 사용하는 방법은 사실 통계를 조작하는

이박사 중국 뉴스 해설
중국의 GDP 통계 조작? 한 유튜버의 증명

것보다는 통계를 숨기는 것이다. 통계를 조작하게 되어 지적을 당하게 되면 국제적 망신이다. 차라리 통계를 밝히지 않으면 그런 창피는 안 당하게 된다.

그럼 데이터를 왜 숨기는가? 그 데이터가 공포되면 중국의 입장이 난처해지고 부끄럽기 때문이다. 그래서 역으로 만일 중국 정부가 데이터를 숨기면 '아! 이 부분에서 뭔가 중국 정부에게 불리한 데이터가 나왔구나!'라고 생각할 수 있게 된다. 필자는 이것을 '여(余)의 분석(complementary analysis)'이라고 마음대로 이름 붙여 사용하고 있다. 방법은 간단하다. 지루하고 재미없는 중국 정

이박사 중국 뉴스 해설
중국 국가 통계 읽는 법 - 국영 기업 자산 현황 사례

부 통계를 지속적으로 모니터링하는 것이다. 그러다가 항상 발표하던 데이터가 이번 발표에서 빠지면 '옳거니, 여기 뭔가 있다!'라고 판단하여 그 부분에 대한 관련 자료를 찾아 규명하는 것이다.

이런 현상은 그 역도 성립한다. 예를 들어 중국 정부 통계보다 더 신뢰성이 있다고 하는 중국의 대표적인 경제 미디어 CAIXIN의 경우, 중국 정부와는 별도로 제조 PMI 등 경제 지표를 독립적으로 조사하여

발표하고 있다. 서방에서는 중국 정부 발표보다는 이 CAIXIN 쪽을 더 신뢰하고 있다. 그러나 CAIXIN도 가끔 종전에 공개하던 데이터를 발표하지 않을 때가 있다. 바로 중국 정부 통계와 모순이 발생할 때이다. 그러니까 중국 매체의 경우 중국 정부 통계와 싸울 수 없는 것이다. 상황이 이러한데 중국의 데이터 조사 기관이 중국 정부 통계와 모순되는 결과를 제공할 것이라고 기대하기 어렵다. 역시 가장 좋은 방법은 중국 정부의 여러 통계를 참고하되 그냥 받아들이지 말고 의심을 전제로 비교 분석을 하여 자신만의 판단을 하는 것이다.

형식적인 기업 공시

상장된 기업 공시에 대한 규정은 각 증시마다 다르다. 중국의 경우는 증권감독관리위원회에서 정한 '상장사 정보 공개 관리 방법(上市公司信息披露管理办法)'이라는 것이 있다. 여기서 상장사는 연차 보고, 중간 보고, 분기 보고서 등의 정기 보고서를 공개해야 하고 기타 투자자의 투자 결정에 중대한 영향을 끼치는 모든 정보는 공개되어야 한다고 적시하고 있다. 그중에서도 특히 영업 실적에 손실이 발생하거나 중대한 변화가 예상되는 경우 적시에 실적 예측을 해야 한다든가 정기 보고서 공시 전 실적 누설, 실적 루머, 회사의 유가증권 및 파생 상품 거래의 비정상적인 변동이 발생한 경우 상장회사는 보고 기간 동안 관련 재무 자료를 지체 없이 공개하여야 한다 등의 규정만 놓고 보면 큰 문제가 없다.

그러나 중국 기업들이 제대로 기업 공시를 하는지에 대해서는 부정적인 의견이 많다. 대개의 경우 의무 사항을 지키기 위한 최소한의 공시를 하는 데 그친다. 반면 주가는 공시가 나오기 전에 이미 움직이기 때문에 공시를 보고 투자 의사 결정을 하는 것은 그렇게 추천할 만하지가 못하다. 중국 기업들의 회계 정보는 물론 기업 공시 또한 깊은 내용을 담을 리 없고 투자자가 원하는 정보를 담을 리도 없어 보인다. 이 역시 회계와 마찬가지로 반만 믿는 것이 현명한 처사이다.

뉴욕 증시	홍콩 증시	상하이 증시	선전 증시	베이징 증시

어떤 정보 채널을 선택할 것인가?

중국에서는 미디어의 특징을 한마디로 표현하는 말이 있다. 바로 '기쁜 소식은 보도하고 우울한 소식은 보도하지 않는다(报喜不报忧).'라는 것이다. 중국 공산당은 예로부터 칼과 펜 두 가지 모두 강력한 수단으로 이용해 왔다. 선전전, 사상전이라는 것이 무력 못지않게, 아니 어쩌면 더 중요하다고 여겨온 것이다. 그러다 보니 중국의 미디어들은 기본적으로 '선전'이라는 공산당의 개념 하에 위치하고 있다. 심지어 광고의 경우에도 중국은 이 사상과 선전의 관점에서 관리하고 있다.

중국 미디어들이 보도하는 중국의 뉴스는 언제나 밝고 희망차다. 허나 세상에 좋은 일만 있을 수는 없는 법이다. 중국에도 주식 투자, 금융을 위한 여러 전문 미디어가 있고 이들은 기업의 나쁜 소식, 즉 주가가 하락할 소식보다는 상승을 기대할 수 있는 소식을 위주로 전한다. 하지만 주가 하락 요인이 이미 알려진 경우에는 얼마나 하락할지, 얼마나 오랜 기간 영향을 줄지 등을 분석하여 보도한다. 이런 중국의 미디어들은 태생의 한계를 극복하기 어렵기 때문에 조금 더 깊이 있게 리서치를 하는 사람들은 대개 중국 내 외국계 금융기관이나 홍콩의 리서치 리포트를 주로 참고한다. 그들이라고 해서 중국 정부의 심기를 불편하게 하는 내용을 제공하지는 않지만 상당히 명확한 암시를 하기 때문에 조금만 해독해 보면 무엇을 말하고 있는지 알기 쉽다.

증권이나 펀드 계열의 정보는 선정적인 내용이 많은 편이고 침착하고 깊이 있는 정보를 제공하는 것은 의외로 은행이 많다. 서방 투자자들은 역시 블룸버그, 노무라 등의 글로벌 메이저 정보 미디어들을 선호하는 반면 중화권 투자자들은 홍콩, 싱가포르, 타이완 등 중화권 정보를 선호한다. 특히 홍콩에는 전 세계에서 수천수만 개의 투자 관련 기업들이 몰려와 있고 중국 내 커넥션이 풍부하면서도 서양 금융 체계에 속해 있어 중국 미디어들과는 달리 위험에 대한 직접적인 경고와 의견 제시가 많아 참고할 만하다.

서양 정보는 객관적 수치와 데이터 위주인 반면 중화권 정보는 현장과 내부의 정보를 더 많이 포함하고 있다고 보는 것이 일반적인 것 같다. 그리고 거액을 움직이는 사람들 쪽으로 가면 역시 블랙록 같은 중국 지도부와 밀착 관계에 있는 기관들의 비공개 리포트를 선호한다.

필자 같은 일반인 입장에서는 이런 권력 밀착형 금융기관들은 자신들의 리스크 방지책을 이미 준비한 상태에서 투자하기 때문에 적극적인 의견을 내지만, 만일 정작 사태가 발생한다면 우리는 그들과 달리 보호받을 수 없다는 것이 문제다. 예를 들어 이들 기관들은 상하이 자유무역 지대에 법인을 설립하고 권력자의 지원 속에 자유롭게 자금을 중국 안팎으로 움직이지만 일반 투자자들은 그럴 수 없다. 위험이 발

중국 주식 투자 비결

생하면 그들은 회피가 가능하지만, 우리는 불가능한 것이다. 우리는 이것을 감안하고 그들의 리포트를 읽어야 한다.

3장

중국 주식 거래 전
꼭 알아야 할 이야기

1

중국의 거대한
4대 주식시장별 특성

중국 기업들은 자국 시장은 물론 역외인 홍콩 시장이나 국외인 미국 시장 등을 큰 장애물 없이 기업 형편에 따라 선택하고 있다. 따라서 중국 기업 투자자들은 기본적으로 중국 국내 시장인 상하이, 선전, 베이징 증시와 함께 홍콩 시장과 뉴욕 시장을 고려할 수 있다. (표 3-1 참조)

시장	상하이	선전	베이징	홍콩	뉴욕
상장 기업수	2,037	2,614	82	2,205	6,100
시총 합계	519,698억 위안	396,390억 위안	2,723억 위안	427,628억 HKD	26.2조 USD

[표 3-1] NYEX와 나스닥 합계 (출처: 각 시장 홈페이지, 2021년 12월 31일 기준)

미국에 상장되어 있는 중국 기업의 주식 또는 ADR은 미국의 금융기관이나 국내 금융기관의 서비스를 이용하여 직접 매매가 가능하다. 원하는 증권사 영업점을 방문하여 해외 거래, 특히 미국 상장 주식의 매매 서비스를 신청하면 된다. 홍콩에 상장된 주식의 경우도 국내 증권사의 서비스를 이용하면 된다. 요즘은 스마트폰 어플이 있어, 언제 어디서나 주식을 매매할 수 있다. 다만 해외 주식 매매의 경우 세금이나 수수료 그리고 환율 등의 영향을 받으므로 잘 확인해야 한다.

만일 여러분들이 중국 상황, 중국 기업들에 대해 상당한 이해가 없다면 시스템과 견제 기능이 잘 되어 있는 미국 증시의 중국 기업들부터 관심을 가지라고 권하고 싶다. 왜냐하면 가장 크고 유명한 대형 주들이 포진되어 있기 때문이다.

2021년 11월 17일 기준으로 미국 증시에 상장되어 있는 중국 기업은 251개사이다. 매매 주가 총액 기준으로 TOP10 기업은 표 3-2와 같다. 등수 안에 들지 못한 곳 중에도 쟁쟁한 기업들이 많다. 예를 들어 중국석화, 웨이보, 중국남방항공, 이번에 코로나 19 때문에 자주 이름을 듣게 된 시노백(Sinovac) 등이 있다.

기호	회사명	증권 형태	발행 형태	소재지	분야	Market cap (백만 달러)	평균 볼륨 (천)
BABA	알리바바	ADR	미국 단독		소매	453,419	17,386
JD	징동	ADR	미국 단독		소매	133,669	
PDD	핀둬둬	ADR	미국 단독		소매	110,438	
NTES	왕이	ADR	미국 단독	케이먼	미디어	74,580	
NIO	니오	ADR	미국 단독		소매	66,519	
BIDU	바이두	ADR	미국 단독	케이먼	미디어	59,410	
DIDI	디디	ADR	미국 단독		산업	41,406	
BGNE	BeGene	ADR	홍콩 증시		의료	35,363	
XPEV	XPeng	ADR	미국 단독	미국	소매	31,584	
BILI	빌리빌리	ADR	미국 단독		미디어	29,724	

[표 3-2] 미국 증시에 상장된 중국 기업 Top 10

중국 주식 투자 비결

이들 기업들은 필자가 앞에서 지적한 ADR이라는 원죄를 지니고 있지만 변경된 중국 정부 규정에 따른 심의를 받고 미국 SEC의 요구에 조만간 응할 것이므로 가장 체계가 갖춰져 있는 시장에 있다고 할 수 있다. 그것은 여러분이 익숙하게 접할 여러 정보, 기업 공시, 뉴스, 전문 미디어들의 평가 보고서 등이 풍부하다는 뜻이므로 그만큼 안전하게 거래할 수 있는 것이다.

하지만 역으로 이들 기업의 정보는 상당히 많이 공개되어 있고 글로벌 큰손들이 다루는 주식이다 보니 우리와 같은 일반인들 입장에서는 항상 정보에서 뒤쳐지기 쉽다. 시차가 있어 매매할 타이밍을 맞추기도 불편하다.

홍콩 증시는 개방성이 좋고 특히 개장 시간도 한국과 1시간밖에 차이가 나지 않아 시차 없는 거래를 할 수 있는 면이 장점이다. 거기에 홍콩 증시는 중국 내지의 상하이 증시와 선전 증시에의 거래 수단도 제공하고 있다. 홍콩 증시에서 매매할 수 있는 중국 주식은 이에 따라 몇 가지로 구분이 되는데 먼저 이에 대해 이해할 필요가 있다.

우선 A 주가 것이 있다. 바로 기업 소재지가 중국이어서 중국 정부에 등록된 기업, 그러니까 중국 기업을 말한다. 이런 기업들의 주식은 원칙적으로는 해외에서 또는 외국인이 매매할 수 없다. 특별히 허가된 범위 내에서만 살 수 있는 것이다. 그리고 매매가 가능하게 하려면 우선 해당 주식이 상장되어 있어야 한다. 그러니까 중국 내에 설립된 중국 기업이 중국 내의 증시에 상장되어 있어야 매매를 하기 위한 전제가 성립한다.

그리고 이 A 주의 매매는 위안화 거래를 해야 한다. 이것은 중국의 외국 자본 통제와 관계있다. 앞서 지적했지만 중국은 외국 자본의 중국 내 진입에 여러 제한을 두고 있다. 외국 자본의 유입을 통제하기 위하여 중국 정부가 택한 방법이 위안화 거래이다. 그러면 만일의 경우가 생겨도 위안화로 되사거나 대가를 지불할 수 있다. 지나친 외화의 유입이나 유출도 막을 수 있다. 그래서 외국 투자자의 경우 정해진 규모 이내의 외화를 위안으로 바꾸고 그 위안화로 거래한 후 다시 외화로 바꾸어 가지고 나갈 수 있도록 하고 있다.

그렇다면 B 주는 무엇인가? A 주와 달리 처음부터 외국 투자를 겨냥해 만들어진 주식을 의미한다. B 주는 일반적으로 외국인이 살 수 있는 주식이라고 알려져 있지만 좀 더 정확히 말하면 '외국인도 투자한 중국 기업의 외국인 지분을 매매할 수 있도록 한 주식'을 말한다. 그래서 엄격히 말하면 중국 기업의 주식을 외국인이 매매할 수 있도록 한 것이 아니다. 외국인 소유 지분을 외국인들이 매매할 수 있게 한 것이다. 가격도 외화로 표시한다.

이런 B 주는 당초에는 외국의 투자를 이끌어 내기 위한 과정에서 만들어진 것이어서 ADR에 의한 미국 상장이 본격화된 후에는 발행되는 일이 줄어들었다. 그리고 이론적으로는 동일 기업이라면 A 주든 B 주든 가치가 동일해야겠지만 다소간의 격차도 발생한다. 아무튼 여러분들이 매매할 수 있는 중국 주식은 기본적으로는 B 주이다. 지금은 A 주 매매의 길도 열렸지만 말이다. 홍콩 증시에 등록된 B 주는 상하이 증시 B 주가 54개, 선전 증시 B 주가 55개로 109개이다. A 주 종목 4천여 개에 비해서 B 주는 매우 가짓수도 적고 갈수록 중요성이 하락하고 있다.

그리고 H 주가 있다. H 주란 중국에 설립된 중국 기업이지만 홍콩 증시에 상장된 주식을 말한다. 홍콩법은 중국 내륙과는 달리 국제적인 주식 거래 체계와 법률 체계 하에 있다. 거래는 홍콩 달러를 사용한다. 그러니까 소재지가 중국 내인 중국 기업이라 하더라도 홍콩 증

중국 주식 투자 비결

시에 상장을 하면 H 주가 된다.

2022년 1월 31일 기준으로 홍콩에 상장된 중국 기업은 281개사이다. 중국의 국유 기업들이 많이 진출해 있는데 대표적인 기업이 건설은행, 핑안 보험, 공상은행 등 은행과 금융기관들이 많고 전기차로 유명한 BYD, 가전의 하이얼, 장성 자동차, 칭다오 맥주, 차이나 텔레콤 등 쟁쟁한 기업들이 포진해 있다. 대체로 국유 기업이거나 홍콩과의 연계가 강한 기업들이다.

그리고 앞으로 홍콩에 상장할 중국 기업은 미국 상장의 경우와 마찬가지로 중국 당국에 의한 데이터 보안 규정을 통과해야 한다. 중국 정부 규정의 주요 사항을 보면 안보 및 공익과 관련된 데이터를 수집하는 인터넷 플랫폼은 합병, 분사 및 구조조정 전에 보안 승인을 받아야 하고, 상장 후에도 데이터에 대해 매년 보안 평가를 수행해야 한다. 그리고 해외 데이터 전송을 할 때는 반드시 정부가 만드는 해외 전송용 보안 게이트웨이를 통해야 한다. 특히 활성 사용자가 1억 명에 달하는 인터넷 플랫폼은 주요 업데이트에 대해 정부 승인을 받아야 하고, 사용자는 개인화된 권장 사항을 쉽게 거부할 수 있어야 하며 데이터를 삭제하도록 회사에 요청할 권리가 있다. 또 인공지능, 가상현실 및 기타 새로운 기술을 사용하여 데이터를 처리하는 인터넷 회사도 보안 승인을 받아야 한다.

또 하나 홍콩 증시와 뉴욕 증시의 차이는 큰 자금 규모 등으로 인하여 유사한 기업들의 주가가 홍콩에서는 뉴욕만큼 잘 형성되지 않는다는 것이다. 그래서 그림 3-1에서 보듯이 홍콩의 중국 기업에 대한 가격도 뉴욕 증시의 중국 기업만 못한 것을 볼 수 있다.

중국에서도 란초우구(블루칩, 蓝筹股)라는 개념이 있다. 해당 업종에서 종종 시장 지배적 기업이 나타나기 때문에 어떤 의미로는 주요 중국

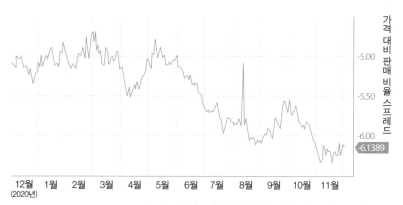

-5.00

-5.50

-6.00
-6.1389

12월 1월 2월 3월 4월 5월 6월 7월 8월 9월 10월 11월
(2020년)

[그림 3-1] 컴퓨터 지수에 대한 항생 기술 지수 포워드 P/S

기업의 주식들은 대다수가 블루칩이라고 볼 수 있다. 그런데 이와 비슷한 이름으로 홍초우구(레드칩, 红筹股)라는 것이 있다. 이는 중국 주식이지만 해외에 설립되었고 홍콩 증시에 상장된 회사의 주식을 일컫는 말이다. 기업이 외국 기업이고 상장된 장소는 홍콩이지만 기업의 사업 영역상 주 영업 지역이 중국이거나 중국 자본으로 설립한 경우를 말한다. H 주와 다른 점은 H 주 기업의 소재지는 중국인데 레드칩은 소재지가 외국이다. 비록 외국이라고 하지만 대부분 홍콩이어서 역외라는 표현이 더 맞을지도 모르겠다. 지금은 홍콩과 대륙의 차이가 날이 갈수록 없어지고 있지만 이전에는 완전한 일국양제 하에 있었기 때문에 외화 투자를 받고 싶었던 중국 기업들은 홍콩에 지주회사를 만드는 등의 방법으로 홍콩 기업으로 국적을 세탁하고 상장했던 것이다. 대표적으로 중국항톈(中國航天), 바오리(保利置業), 자오샹쥐(招商局), 중신(中國中信), 타이핑양보험(中國太平保險) 등이 있다. 이들 기업들은 어떤 의미로는 과도기적 상장을 한 것인데 다시 중국 내륙으로 들어가 재상장하기도 한다.

그리고 홍콩 증시의 경우 미국 증시와는 매우 다른 특징이 있다. 그것은 중국 내륙에 거주하는 일반 중국인들도 홍콩 증시에 투자할 수 있다는 점이다. 홍콩 증시에서 상하이 증시나 선전 증시의 주식을 매매할 수 있는 것과 마찬가지로 상하이 증시나 선전 증시에서 홍콩 주식을 매매할 수 있다. 이렇게 상하이 증시를 통해 홍콩 주식 매매를 할 수 있게 한 것을 후강통(沪港通), 선전 증시를 통해 홍콩 주식 매매를 할 수 있게 한 것을 선강통(深港通)이라고 한다. 선후라는 표현 때문에 선후(先後)로 오해하는 사람도 종종 있다. 선강 = 선전(심천) - 홍콩, 후강 = 상해 - 홍콩 간의 교차 거래라고 알아두도록 하자. 일반적으로 중국 기업에 대한 정보는 역시 중국인들 쪽이 빠르기 때문에 홍콩에 상장된 중국 기업들의 주가가 이유 없이 오른다면 중국 내륙에서 무엇인가 정보가 돌았다고 의심해 볼 수 있다. 그러나 근거 없는 소문이 심하게 퍼지는 곳 또한 중국 내륙이니 정말 판단에 주의해야 한다.

2
외국인의
주식 거래 방법

전술한 바와 같이 중국에 상장된 주식은 개인이 직접 살 수는 없다. 그러나 수년 전부터 중국 당국은 B 주와 유사한 개념으로 A 주에 대해서도 자격을 갖춘 외국 금융기관이 제한된 규모 내에서 주식을 매매할 수 있도록 허가하고 있다. 이러한 자격 보유 기관 투자자를 QFII(Qualified Foreign Institutional Investor)라고 하며 이 제도는 2002년부터 시작되었다. 그리고 위안화로 투자하는 자격 보유 기관 투자자를 RQFII, RMB Qualified Foreign Institutional Investor라고 하며 이 제도는 2011년부터 시작되었다. 이 QFII와 RQFII를 합쳐서 QFI(the Qualified Foreign Investor)라고 하는데 2020년 11월부터 이 양자를 하나의 체계로 통합하였다. 그리고 투자 허용 범위도 확대되어 기존 주식 외에 장외주식인 신삼판, 자산 담보 증권, 환매조건부채권, 금융 선물, 상품 선물, 옵션, 마진 거래, 증권 대여 등까지 범위가 넓어졌다.

증권감독관리위원회의 2019년도 10월의 QFII 리스트에 있는 자격 보유 기관 중 우리나라 기관을 찾아보면 미래에셋, 삼성 자산운용, 한화, 산업 은행 등 25개 기관이 등록되어 있다. 이렇게 상당수의 우

중국 주식 투자 비결

리나라 금융기관들이 QFI로서 중국에 들어가 투자를 하고 있는 것이다. 여러분들은 이런 한국 금융 회사를 통하여 거의 모든 중국의 투자 상품을 매매할 수 있다. 그러나 각 기관이 허용받은 규모 안에서 매매가 허용되고 우리나라 기관 투자가들의 규모는 중국에서 활동하는 다른 주요 국가들에 비해 상당히 적다는 것은 유념해야 한다. 각 기관의 허용 한도는 상대적으로 크지 않기 때문에 좋은 투자 기회가 있을 시에 선점하는 세력이 나타나게 되면 여러분에게 오는 기회는 줄어들 수 있다.

그리고 중국 A 주는 기본 거래 단위가 100주이고 거래 시간 또한 중국 시장 시간에 종속된다는 점을 알아야 한다. 미국에 상장된 ADR 같은 경우도 대부분 1 ADR이 1주이지만, 알리바바처럼 8주가 1 ADR로 되어 있는 것도 있으니 주의해야 한다. 또 가격을 볼 때도 중국 A 주는 위안화, B 주는 달러, H 주는 홍콩 달러 등 화폐에 차이가 있는 점을 고려해야 한다. 하지만 만일 당신이 중국 내에 거주하고 소득세를 내는 직업을 가지고 있으면 중국인과 같은 자격, 같은 방법으로 위안화를 사용한 주식 투자를 할 수 있다.

3
중국 주식에 영향을 주는 주요 플레이어

　중국의 주가를 춤추게 하는 것은 미국이다. 미국이야말로 중국 경제에 가장 큰 영향 요인이 되었기 때문이다. 미·중이 서로 충돌하고 압박하는 것은 이제 누구나 다 아는 상식이 되었다. 미국이 중국을 압박하고 있음에도 불구하고 중국의 경제는 예상과 달리 아직 굳건히 버티고 있다. 미국의 힘이 부족한 것인가?

　필자는 항상 미·중의 충돌은 유방과 항우가 천하를 다투는 초한지 같은 것이 아니라 유비, 조조, 손권이 다투는 삼국지 같은 것이라고 주장하고 있다. 그리고 세 번째 참여자는 바로 월스트리트, 즉 글로벌 금융 기업들이다. 그 세 번째 참여자가 미국의 의사에 반해 중국의 계획대로 움직이는 한 중국의 경제는 큰 문제가 없어 보인다.

　예를 들어 보자. 2021년 9월 바이든 행정부의 고위 경제 각료들이 중국에 무역 압박을 가하기 위해 지난 11일 중국의 보조금과 미국 경제에 미치는 피해에 대한 새로운 조사를 논의하기 위해 만났다. 이 비공개회의에는 지나 라이몬도 미국 상무장관, 캐서린 타이 무역대표부(USTR) 대표 등이 참석했다.

그런데 같은 해 9월 로이터의 보도를 보면 글로벌 금융 회사, 예컨대 블랙록 같은 회사가 2021년 1월부터 7월까지 중국의 주식 및 채권형 펀드는 총 순 유입액이 거의 370억 유로에 달했고 자산 운용 규모는 1,559억 유로에 달했다는 것이다. 이것은 중국 투자에 열을 올리는 것이 비단 미국뿐만 아니라 유럽도 마찬가지라는 이야기이다. 미·중 간의 갈등이 한참이던 2021년 8월 블랙록은 중국 자본 시장의 규모와 발전 수준이 크게 향상되어 투자자들이 더 이상 중국을 신흥 시장으로 간주해서는 안 된다며 투자자들이 중국 주식과 채권의 할당을 늘릴 것을 권장하였다.

　결론부터 말하면 중국 공산당에게는 블랙록 같은 서방 금융 자본처럼 도움이 되는 존재가 없다. 중국에게 가장 무서운 것은 월스트리트의 욕심쟁이들이 중국에서 돈을 빼서 다른 곳으로 줄행랑치는 사태이다. 이들 서방 금융 자본이 떠나면 중국의 외화 보유고가 무너지며 이는 다시 중국의 금융 체제를 붕괴하게 만들고 곧바로 산업이 정지하게 된다. 중국에게는 미군보다 월스트리트가 더 무서운 존재인 것이다.

　중국에 진출한 서방의 금융 회사들은 셀 수 없이 많다. 이들은 지난 세기에는 주로 홍콩에 진출하여 간접적으로 중국에 투자하는 등 금융 서비스를 제공했지만 점차 내륙으로 진출하면서 이제는 중국에 직접 진출하는 경우가 일반화되었다. 일반 펀드들도 당연히 대규모로 중국에 진출하고 있다. 페이스북의 공동 창업자 에두아르도 세베린(Eduardo Saverin)의 B 캐피털 그룹도 2021년 3월에 중국에 진출했다.

　중국에서 영향력이 크고 성공적으로 사업을 영위하는 대표적인 금융기관으로는 골드만삭스와 블랙록이 있다. 따라서 중국에서 금융 영역에 무슨 일이 일어나고 있는지를 이해하려면 이들의 리포트를 구해보는 것이 가장 좋은 방법이라고 할 수 있다.

이런 수많은 역내 금융 회사들의 움직임을 모니터링하는 것은 쉽지 않은 일이다. 그래서 우리 같은 사람들이 보다 쉽게 외국 금융기관들의 움직임을 파악하는 방법 중 하나가 지수에 투자하는 방법이다. 전세계에 걸쳐 투자를 하고 금융을 제공하는 메이저 국가들은 관심 주제에 맞는 지수를 만들고 이를 투자에 응용하고 있다. 즉 개별 단위의 주식에 투자하는 것이 아니라 여러 기업들을 포함한 포트폴리오를 지수로 만들고 이 지수에 투자하는 것이다. 따라서 영향력이 큰 지수에 선정이 되면 자동적으로 상당한 글로벌 머니가 해당 국가에 들어오게 된다. 중국으로서는 글로벌 지수에 중국 기업들이 많이 포함될수록 외국인 투자와 외환 안정성이 증가하니 유치하고 싶을 것이다.

이들 글로벌 대표 지수 중 하나인 FTSE[3] 러셀은 FTSE WGBI 지수를 운영하고 있다. 그리고 이들은 투자자 및 중국 규제 당국과 글로벌 지수에서 중국 국채 가중치를 높이는 방안을 적극적으로 협의해 왔다. 중국 당국은 지수에 보다 많은 중국 국채가 편입되기를 바라는 것이고 FTSE 러셀 쪽은 투자자들의 우려를 종식시키기 위한 여러 조치를 당국이 취해 줄 것을 요구하는 협의를 해온 것이다.

FTSE WGBI 지수 투자의 규모는 2.5조 달러라는 천문학적인 규모이다. 중국 정부 채권은 이전에도 JP 모건과 블룸버그 버클레이(Bloomberg Barclays)의 지수에도 편입되었지만 WGBI의 규모는 더 크다. 따라서 더 큰 규모의 자금이 중국에 따라 들어온다. 이들은 2021년 말부터 중국 국채가 주력 채권 지수 WGBI에 포함된다고 결정했는데 이렇게 되면 중국으로 수십억 달러가 유입되게 된다. 중국의 개별 기업을 선정하여 투자하기에는 중국 기업에 관한 정보가 너무 부족하다

---

3) FTSE의 세계 국채 지수, 여러 국가의 국채로 구성된 시가 총액 가중 채권 지수. 편입되는 국가의 자격은 시가 총액 및 투자 가능성 기준에 따라 결정된다.

고 생각되는 경우, 이런 지수 투자의 방법도 있다.

FTSE가 중국을 예정과 달리 1년이 아니라, 3년에 걸쳐 편입해 나가기로 했는데 이는 차이나 리스크라는 지정학적 인수를 고려한 것으로 보인다. 172조 엔(약 1조 5600억 원) 규모의 일본 정부 연금 투자펀드(GPIF) 등 일본 투자자들이 WGBI를 가장 많이 이용하는데 이들이 중국을 대하는 태도가 강경하다. 투자 대상이 중국 국채이다 보니 지정학적 요인이 영향을 주는 것이다.

홍콩 금융은 시진핑 주석의 GBA(Great Bay Area) 프로젝트 추진에 의해 광둥, 마카오를 포함하는 경제권을 수립해 가고 있다. 그 일환으로 홍콩의 일부 주요 은행들은 GBA에서 국경을 넘나드는 자산 관리 상품을 판매할 것이라고 한다. 광둥성 저주자들은 '남행 링크'를 통해 자격을 갖춘 홍콩 마카오 금융 상품을 구입하는 반면, 홍콩 마카오의 주민들은 '북행 링크'를 통해 GBA에서 운영되는 본토 은행이 판매하는 금융 상품을 구입할 수 있다. 이 GBA 금융 연계가 성공하면 중국은 이를 다시 세계 각 지역으로 확대하려 할 것이다.

국제적인 큰손들도 당연히 진작에 중국에 진출한 상태다. 이들은 미·중 무역 전쟁 과정에서 중국이 금융 시장을 개방하자 가장 먼저 달려가 허가를 받았다. 이들 금융기관들은 진출 초기에는 주로 펀드로서 진출을 하고 조건을 갖추어 자산 관리 사업에 집중하고 있다. 중국의 수많은 부자들의 돈을 관리해 주려는 것이다. 최근 중국의 내정이 복잡한 것은 중국 부자들이 유동성이 큰 금융 자산을 선호하게 만들고 있어 큰 시장이 형성되고 있기 때문이다.

물론 이들이라고 해서 아주 안심하고 있는 것은 아니다. 2022년 1월, 중국 증권감독관리위원회(CSRC)가 서방 최고 금융기관들을 만나 2021년 규제 단속 이후 중국의 경제 전망에 대해 재확인했는데 팡싱

하이(方星海) 부주석이 12개 이상의 외국 금융기관과 가상 회의를 주최하면서 중국이 2022년에 괄목할만한 성장을 달성할 것이라고 회의 참가자들을 안심시켰다. 이런 일은 미·중 갈등이 심화되고 헝다 사태 같은 부동산 경기를 보면서 월스트리트 사람들도 불안감이 커졌다는 의미이다.

이어서 2022년 2월에 중국 정부는 블랙록에게 두 개의 주요 중국 도시에서 '퇴직 자산 관리 제품(WMP)' 판매를 시작할 수 있도록 승인을 해 주었다. 이 상품은 퇴직 소득 증대를 목표로 하는 시범 연금 프로그램이며 이제까지 외국인에게는 개방되지 않았던 영역이다. 시기상으로 볼 때 중국이 월스트리트의 자본가들을 달래는 모양새이다.

이렇게 미국과 서방의 금융기관들은 미국 정부나 기타 정부의 정책이나 전략 의지와는 관계없이 자본을 운영하고 있다. 따라서 중국의 주가에 대한 영향도가 백악관이 더 큰지 아니면 월스트리트가 더 큰지를 묻는다면 대답이 쉽지 않다. 하지만 종합적인 판단력과 자본 투자의 결과를 예측하기 위해 영향도를 이야기하는 것이라면 백악관보다는 월스트리트 사람들의 판단을 더 중시할 수밖에는 없을 것이다. 마땅치는 않지만 말이다.

중국 주식 투자 비결

공산당 정책에 반항한 기업 사례와 교훈

최근에 와서 특히 중국 공산당의 정책에 거스르는 기업과 흐름에 올라타는 기업의 명암이 극명하게 엇갈리고 있다 보니 공산당의 정책은 무엇이고 여기에 거스르게 되면 어떻게 되는지, 어떻게 하면 공산당 정책을 잘 수용하면서도 이용하는 기업을 찾아낼 수 있는지에 대한 관심이 부쩍 늘고 있다. 먼저 중국 공산당에 밉보인 기업들은 어떤 일을 당했는지부터 확인해 보자.

이박사 중국 뉴스 해설
중국은 왜 자국 기업을
압박하나

권력을 시험한 기업 사례

우선 중국 공산당의 권력에 직접 거스른 기업과 순응한 기업의 차이를 살펴보자. 가장 대표적인 사례로는 밍톈(明天, Tomorrow Group)이라는 금융 그룹을 들 수 있다. 중국 정부는 2021년 7월 금융 기업 밍톈 그룹 산하 9개 기업을 이어받는다고 발표하였다. 이 '이어받는다'라는 것은 정부가 관리한다는 의미가 될 수 있겠지만 그 결과는 대부분 국유화되기 때문에 과정상의 구체적인 방법이 무엇이든 간에 사실상 밍텐은 국유화된 것으로 해석된다. 무엇 때문에 밍텐 그룹을 중국 정부가 관리하게 되었는지에 대해서는 아무 설명이 없다. 그저 보험법, 은행업 감독관리법, 신탁 공사관리방법에 근거하여 관리하게 되었다는 짤막한 보도가 있었을 뿐이다. 그리고 중국의 뉴스는 짧을수록 중요한 것이 많다.

신차이푸(新财富)라는 중국의 잡지가 2019년 5월 26일 보도에서 중국의 10대 금융 재벌을 소개한 바 있는데 여기서 1위를 차지한 것이 바로 밍텐 그룹이다. 산하 기업은 경영 기업 23개, 투자 기업 21개 등 44개 기업으로 17개 은행, 9개 보험 회사, 8개 증권 회사, 4개 신탁 회사, 3개 펀드, 2개 선물 회사, 1개 금융 리스 회사를 소유하고 있다. 보유 자산 규모는 약 3조 위안(한화 약 514조 원)으로 평가된다. 한국의 어지간한 은행 규모의 10배 정도 규모이다. 이 밍텐 그룹의 창업주인 샤오젠화(肖建华)는 과거 쩡칭홍(曾庆红) 전 국가 부주석, 주룽지(朱隆基) 전 총리 등 권력층과 가깝게 지내며 이들에게 좋은 일을 많이 했다는 말이 전해진다. 당시만 해도 중국의 수뇌부는 금융에 무지했고 월스트리트와의 인맥도 없었기에 샤오젠화는 매우 귀중한 자원으로 여겨졌다.

샤오젠화는 어떻게 중국의 고위층과 사귀고 또 큰 사업을 일구어낼 수 있었을까? 놀랍게도 샤오젠화는 태산으로 유명한 산둥성 타이안(泰安)시 페이청(肥城)이라는 산골의 한 중학교 교사의 6남매 중 하나로 태어난 그야말로 촌놈이었다고 한다. 하지만 불과 14세에 베이징 대학 입학시험에 합격한 천재였다. 게다가 그는 정치적 야심이 매우 큰 인물이었고 베이징 대학에 들어가서는 학생회장이 되었다.

2014년 6월 14일 NYT의 보도에 따르면 천안문 사건 당시 민주화 운동을 주도했던 베이징 대학의 학생들과는 달리 당시 불과 17세였던 샤오젠화는 학생들과는 반대로 정부 당국에 협력을 하였다고 한다. 구체적인 내용은 알 수 없지만 베이징 대학으로부터 자금을 받아 사업을 시작한 것으로 보아 이것이 샤오젠화가 고위직 사람들과 인연을 맺고 사업을 지원받게 되는 출발점이었을 것이다. 그 후 금융 시장에서 샤오젠화는 승승장구하였다.

중국 경제의 급속한 성장과 함께 샤오젠화의 밍텐 그룹은 폭발적인 성장을 하였고 이 과정에서 샤오젠화는 2013년 시진핑 주석 누나 부부의 회사를 하나 인수하였다. 인수 규모는 3억 달러 정도였다고 하는데 사실상 뇌물이었다. 시진핑 주석이 권력을 잡은 후 상하이방을 압박하자 샤오젠화는 위협을 느꼈다. 결국 샤오젠화는 NYT와의 인터뷰에서 시진핑 주석 누나 부부의 이야기를 누설했는데 바로 이 NYT의 보도 때문에 시 주석은 샤오젠화가 자신의 가족들의 비리를 폭로한 것으로 보고 매우 분노했다는 것이다.

시진핑 주석의 심기를 건드린 결과 샤오젠화는 그의 금융 왕국을 잃고 말았다. 그리고 그의 금융 왕국은 중국 정부의 손으로 돌아갔다. 한때 중국 금융계의 별과 같았던 밍텐 그룹은 이렇게 마지막을 맞이했다. 그럼 샤오젠화는 어떻게 되었을까? 샤오젠화는 홍콩의 한 호텔로 도피하고 보디가드들을 여럿 고용해서 같이 머물고 있었는데 어느 날 괴한들이 난입하여 납치해 가 버렸다. 그

이박사 중국 뉴스 해설
중국 최대 민영 금융 그룹의 종말 - 빙산의 1각

들은 누구였을까? 샤오젠화는 지금 중국 대륙에 감금되어 있다고 한다. 그러니 사건의 전말이 충분히 짐작되지 않는가?

권력에 도전한 기업 사례

밍텐 그룹이 중국 공산당 또는 시진핑 주석에게 직접적으로 저항한 경우라면 마윈의 앤트 그룹이나 마화텅의 텐센트는 중국 정부의 시책에 거스른 경우라고 할 수 있다. 중국 당국이 2020년 11월 합동으로 알리바바 그룹의 실질적 소유주 마윈, 동사장 징셴동(井贤栋), 총재 황샤오밍(胡晓明) 등을 소환하여 조사하였다. 중국 당국은 이들을 소환한 이유를 밝히지 않았다.

이는 2020년 10월 26일 상하이에서 열린 포럼에서 마윈이 금융 당국의 발표에 반발하고 특히 금융 시스템으로 인한 리스크, 금융 위기의 가능성을 들며 이를 방지해야 한다는 왕치산 부주석의 발언 내용을 정면으로 반박한 일이 문제 되었다는 추론이 무성했다. 당시 마윈의 발언이 비아냥을 하는 등 공격성이 강해 필자 같은 경우 '마윈이 제정신이 아니구나'라고 생각할 정도였으니 말이다.

이날 중국 당국 관료들의 발표 내용으로는 류허 부총리가 금융 리스크를 방지해야 한다고 했고 재무부 차관인 저우자이(邹加怡)는 핀테크가 승자의 독점을 가속하는 것을 막아야 한다는 말도 했다. 정협 경제위원회 주임인 창푸린(尚福林)은 핀테크 개발이 금융 운영의 기본 법칙을 위반해서는 안 된다고 했다. 핀테크로 큰돈을 벌고 있던 마윈으로서는 당국의 이러한 발언들을 자신을 공격하는 의미로 생각했을 수도 있다.

그날 마윈이 발표한 내용을 살펴보면 시작할 때부터 심상치 않았다. 그는 비전문가이지만 전문적인 내용을 이야기하겠다고 하면서 전문가들은 이미 전문적인 내용을 이야기하지 않는다고 했다. 마윈은 중국에는 금융 시스템이 없으며, 따라서 금융 리스크도 없고 오히려 금융 리스크가 필요하다고 했다. 개발도상국에서 리스크를 회피하면 무슨 기회가 있느냐고 했고 국가가 리스크를 회피하면 젊은이들에게는 무슨 기회가 있는지 물었다. 그래서 그는 중국에는 거대 은행들이 있으니 이제는 좁고 작은 영역에 금융을 제공하는 서비스가 필요하다고 했다. 즉, 앤트 파이낸싱 같은 회사가 필요하다고 한 것이다.

그는 중국 정부가 P2P의 폐단을 들어 모든 인터넷 금융을 부정하고 있다고 열변을 토했다. 그는 어제의 방식으로 오늘을 통제해서는 안 되고 기차역을 관리하는 방식으로 공항을 관리하려 해서는 안 된다고 했다. 마윈의 이어지는 열변은 누가 들어도 금융 당국을 비판하는 것이었다. 심지어 중국이 필요한 것은 정책 전문가이지 문서 작성 전문가가 아니라고 했다. 그러면서 규제를 하나 만들면 기존 규제 세 개를 없애는 '가1감3'의 방식을 적용해야 한다고도 했다. 산업의 리스크를 없앤다지만, 사실은 정부 부서의 리스크를 없애고 있다고 인신공격성 발언까지 했다. 마윈은 이렇게 정부 당국을 공격하면서 일일이 시진핑 주석의 발언을 자기 말의 근거로 인용하기도 했다. 중국의 현실에서 정말 무모한 행동이었다.

이박사 중국 뉴스 해설
앤트 그룹이 총칭으로 간 까닭은?

많은 사람들이 마윈이 어째서 이렇게 공격적인 발언을 했는지, 그것도 왕치산의 발언 다음에 공격했는지 이해하지 못했다. 그 이유는 아마도 같은 날 은행 보험 감독관리위원회가 발표한 인터넷 소액대출 업무 관리 잠정 방법(网络小额贷款业务管理暂行办法)에 대해 마윈이 분노했기 때문이라는 추측들이 많다.

마윈의 앤트 그룹은 두 개의 자회사가 인터넷 금융 서비스를 하고 있으며, 모두 충칭에 있다. 그런데 이 새 규정에 따르면 모든 인터넷 금융 회사는 해당 지역 내에서만 영업이 가능하여 충칭 외의 지역과는 거래가 불가능하다. 이를 위해서는 3년마다 당국의 특별 허가를 받아야 한다. 그리고 대출 규모의 일정 비율 이상의 자기 자본 투입이 의무이다.

　마윈이 이렇게 공개적으로 중국 공산당을 비난한 결과는 앤트 그룹의 상장 중지로 나타났다. 인류 역사상 최대 규모의 상장이라고 불렸던 앤트 그룹의 상장은 이렇게 허망하게 막을 내렸다. 결국 앤트 그룹의 지분에 중국 국유 지분이 들어오게 되었고 정부 규정대로 금융 지주회사도 설립하게 되었다. (표 3-3 참조)

　이렇게 혼합 소유상의 국가 소유분 비중을 올렸으니 마윈의 독주를 견제할 장치를 충분히 만든 것으로 보인다. 그렇다면 앤트 그룹의 재상장 조건은 갖추었다고 보겠다. 하지만 상장 가격은 전과 같지 않을 것이다. 그간 마윈이 앤트 그룹의 지분 약 50%를 들고 있지만 실제 주인

주주	전	후
앤트 그룹	50.000%	50.000%
재정부 산하 난양(南洋)상업은행	15.010%	4.003%
타이완의 궈타이세화(国泰世华)은행	10.000%	2.667%
민간 기업 CATL	8.000%	2.133%
민간 기업 치엔팡(千方)	7.010%	
민간 기업 위타오(鱼跃医疗)	4.9990%	4.9990%
재정부 산하 화룽(华融)	4.990%	
재정부 산하 신다(中国信达)		20.000%
민간 기업 슌위(舜宇光学)		6.000%
왕이(网易) 이의 보관(博冠科技)		4.407%
총칭 정부의 위푸(渝富资本)		2.6000%

[표 3-3] 앤트 그룹 인터넷 금융 회사 지분 변화

이 따로 있다는 설은 끊이지 않았다. 정치권, 권력자들과의 조우, 정치 동향의 파악은 중국의 민영 대기업 경영자라면 누구나 깊게 파악하고 있고 누구보다도 고급 정보를 많이 가지고 있을 터였다. 그래서 마윈의 발언은 단순히 자신의 회사에 대한 불이익 때문이 아니라는 설도 있다. 마윈이 이제까지 인내해 온 것과는 달리 반발한 것 그리고 중국 정부가 전무후무한 조치를 한 것에는 중국 내부의

이박사 마윈의 앤트 그룹 상장 중지 배경

정치 권력 투쟁이 있다는 것이다. 마윈의 뒤에는 상하이방이 지금 시진핑 그룹에게 도전하고 있다는 설도 그래서 힘을 얻는다.

새 규정이 나온 것을 순수한 정책 목적 외에 이렇게 권력 투쟁과도 연계하여 해석하는 사람도 많은데 이 글에서 그 내용을 다루지는 않겠다. 다만 이런 규제가 시행되면 앤트 그룹은 지금보다 수백 배 많은 자금을 투입해야 되는 규제를 받게 된다는 점만 알면 될 것이다. 결국 마윈이 이에 대해 격분하여 포럼에서 불만을 쏟아낸 것으로 보는 것이다. 이런 경과를 보면 중국 정부가 마윈 때문에

이박사 마윈의 출현과 앤트 재상장

앤트 그룹을 압박하는 것으로 보이는데, 이는 나무만 보고 숲을 보지 못하는 것이다. 중국 정부가 앤트 그룹을 가장 먼저 선택하여 시범을 보인 것은 마윈이라는 인물의 언행이 영향을 주었겠지만 중점은 중국이 반농단·반독점이라는 정책을 추진하게 되었다는 것이다. 마윈의 앤트 그룹이 중국 정부의 반농단, 반독점을 엄격하게 실행하는 계기가 되었다고 보는 것이 맞다.

돌이켜 보면 중국은 시장경제를 받아들였지만 국유 경제를 포기한

것이 아니다. 산업 가치 사슬의 상류에 있는 핵심 자원들은 모두 국유
화되어 있으며 핵심 자원들은 국유 기업들만이 수입권을 가지고 있다.
예를 들면 석유, 가스와 같은 에너지 그리고 곡물과 같은 식량 등이다.
반면 산업 가치 사슬을 따라서 내려가며 소비에 가까울수록 시장 메커
니즘에 의존한다. 통제 경제와 시장경제가 이렇게 산업 가치 사슬에
따라 점점 비중이 바뀌는 것이 중국의 경제 구조이다.

　여기서 하류에 있는 시장경제, 민간 기업, 소상공인들의 흐름이 몇몇
소수의 민간 대기업에 의하여 왜곡되면 중국 경제 운영의 큰 틀이 무너
진다. 산업 가치 사슬의 시작과 끝이 모두 통제되고 시작은 정부가, 끝
은 대기업이 서로 바른 방향으로 작용하면 그 사이에 있는 대부분의 경
제 주체들이 정상적으로 돌아가기 어려울 것이다. 중국 정부에게 있어
민간 대기업의 시장 농단은 중국 경제 구조를 망치는 행위다. (그림 3-2 참조)

　그렇기에 앤트 그룹으로 시작한 중국 정부의 반농단 정책 실행은 일
정 기간 행사하고 사라지는 것이 아니라 새로운 현실로 받아들여야 할
것으로 보인다. 앤트 사건 이후 중국 국가 시장 감독관리국은 텐센트

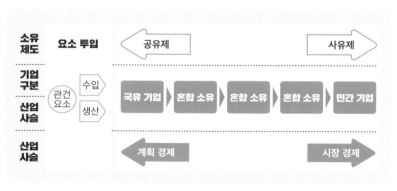

[그림 3-2] 산업 가치 사슬을 따라 달라지는 소유제와 경제 체제

　　　　　　　　　　　　　　　　　　중국 주식 투자 비결

계열사인 후야(虎牙直播)가 도우위(斗鱼)를 인수하는 것을 허가하지 않았다. 이유는 이 인수합병으로 텐센트가 활성 사용자 기준 시장의 80% 이상을 차지하게 되기 때문이다. 텐센트는 음악도 장악하고 있어 중국 당국은 왕이(NetEase)로 하여금 소니 뮤직으로부터 처음으로 직접 라이센싱을 하게 하였다. 이 역시 중국 음악 스트리밍 서비스를 독과점하고 있는 텐센트의 영향력을 약화하려는 노력의 일환으로 보인다.

가장 시장 농단 행위가 심하다고 알려진 인터넷 쇼핑몰에서는 당국이 인터넷에서의 부정 경쟁 행위를 금지하는 규제안을 발표했다. 가짜 실적으로 정보를 과장하여 소비자를 기만하거나 입주 판매자가 경쟁 플랫폼에서는 판매를 하지 못하게 하고 경쟁 플랫폼 사이에서 양자택일을 강요하는 행위 등 구체적인 규정들을 지속적으로 발표하고 있다. 따라서 지금까지와 같이 중국 내 경쟁에서 승리하면 승자독식 하는 중국식 경제 메커니즘이 앞으로는 점차 바뀔 것으로 보인다. 그리고 대자본의 문어발식 유망 스타트업 쇼핑몰에도 제동이 걸릴 모양새이다.

텐센트가 징동의 보유 지분을 포기하고 주주들에게 나누어 준 일이나 싱가포르의 Sea 지분을 30억 달러에 매각한 것 등은 모두 이러한 정부 방침에 따른 결과로 보인다.

이런 중국 당국의 반농단 정책의 추진은 비록 해외 대부분의 미디어들에게 민간 기업을 탄압한다는 비난을 받고 있지만, 필자의 눈에는 중국이 자국 경제를 구조조정하고 있는 과정으로 보인다. 그리고 그 구조조정의 궁극적인 목표는 미국의 기술 제재, 경제 분리에 대한 준비다. 몇몇 민간 대자본이 혁신 스타트업을 장악하고 쥐고 흔들면 정부가 추진하는 거국 체계의 기술 자립이 이러울 수 있기 때문이다.

투자자의 입장에서는 국내 경쟁에 성공한 민간 기업을 선호하는 것은 당연하다. 하지만 이제부터는 시장 점유율이 지나치게 높은 기업은 성장 가능성은커녕 축소 가능성을 염두에 두어야 할 것이다. 반면 특정 업종에 당국의 반농단 우려가 커지고 있다는 신호를 읽으면 경쟁사 쪽의 점유율의 확대를 예상해도 좋을 것이다.

중국의 정보 보호 정책을 과소평가한 경우

디디추싱이 미국 상장을 강행한 후 중국 정부가 디디추싱을 압박하고 있는 것이 큰 화제가 되고 있다. 서방의 매체들은 중국 정부가 정부의 권고를 무시하고 미국 상장을 강행한 디디추싱에게 강력한 대응을 하는 것이라고 해석하고 있다. 중국 금융 당국은 디디추싱에게 미국에 상장하게 되면 SEC의 요구에 따라 회계 감사 정보를 제공해야 하고 이 경우 국가 안보와 유관한 데이터가 유출되게 된다는 이유로 미국 상장을 반대했었다.

사실 미국에 상장한 중국 기업들은 국가 안보 데이터가 포함되어 있다는 이유로 SEC가 규정하고 있는 회계 감사 정보 제공을 거부해 왔음은 이미 지적한 바 있다. 또 중국 정부의 국가 안보와 관련된 데이터가 포함되어 있다는 입장도 그저 핑계에 지나지 않는다는 인식이 널리 퍼져 있었다. 솔직히 말해 필자도 한 기업의 회계 감사 정보를 놓고 중국 정부가 국가 안보 운운하는 것을 그대로 믿을 수 없었다. 그러나 그 후 진행되는 일련의 과정을 보면 중국 정부가 정말로 이들 민간 대기업들의 회계 감사 정보 제공이 국가 안보에 위협을 줄 수 있다고 생각한다는 것을 믿게 되었다.

소문으로는 디디추싱의 상장 보고를 듣고 시진핑 주석이 격노했다고 한다. 심지어 측근이며 금융을 담당하고 있는 류허 부총리에게 지도부

성원들 앞에서 공개 자아비판을 하도록 했다는 소문도 있다. 디디추싱의 상장 후 중국 금융 당국은 어플에 문제가 있다며 디디추싱의 어플 25개를 앱 스토어에서 삭제했다. 그리고 디디추싱이 문제점을 수정했다며 제출한 어플은 반년이 넘는 지금까지 인가해 주지 않고 있다.

당연히 디디추싱의 영업 실적은 고꾸라지기 시작했다. 2021년 12월 기준 디디추싱의 이용량은 동비 30%나 감소했다. 힐 하우스(Hillhouse Capital Group)를 비롯한 여러 기관 투자자들도 보유하고 있던 디디추싱 지분을 매각했다. 2021년 1월에서 9월까지 디디추싱은 63억 달러의 영업 손실을 보여 상장에서 모금한 44억 달러를 소진한 것으로 알려졌고 주가는 60% 이상 하락했으며 시총은 280억 달러가 증발했다. 9월 말 기준 현금 보유고도 95억 달러에 불과하다고 한다.

피상적으로 이해하면 디디추싱이 중국 정부의 말을 거스르고 상장을 하여 중국 정부가 보복하는 것이다. 그러나 중요한 것은 중국 정부의 국가 안보를 고려한 데이터 보안에 대한 관심이 매우 높다는 것을 이해하는 것이다.

이 사안은 구체적으로는 중국 정부의 국가 인터넷 정보 판공실이 디디추싱에 국가안전법(国家安全法, 2015년 7월 1일 통과 및 시행), 네트워크 보안법(网络安全法, 2016년 11월 7일 통과, 2017년 6월 1일 시행)을 적용한 것이다. 네트워크 보안법 31조에 의하면 주요 인프라 및 산업 분야 데이터 유출을 국가 안보 위협으로 볼 수 있다고 되어 있다. 중국 당국은 디디추싱뿐만 아니라 이어서 미국에 상장한 다른 기업, 칸준(看准)

이박사 중국 뉴스 해설
디디추싱과 중국의 데이터 보안

이나 만방(满帮集团)에 대해서도 동일한 조치를 취했다. 그렇기에 이런 조치는 디디추싱에 대한 조치가 아닌 정보 보안을 위한 정책 집행이라고 보아야 한다.

중국은 미국이 미국에 상장한 중국 기업들을 위협하여 중국의 국가 기밀을 빼 갈 수 있다고 주장한다. 실제로 디디추싱은 수년 전에 차량 공유 데이터를 가지고 정부 각 부처에 이들 차량들이 도착하고 떠나는 시간을 분석하여 어느 부처가 가장 바쁜지를 발표한 적이 있다. 그리고 중국의 군 시설, 안보 시설들은 지도에 나타나지 않는다. 그러나 디디추싱의 데이터를 분석하면 아무것도 없는 곳에 사람들이 출몰하는 상황을 분석해 낼 수 있고 이 지점을 위성 등으로 확인하면 중국의 안보 시설들을 찾아낼 수 있다. 어떤 중국 전문가는 국가 안보를 책임지는 인사들 본인의 데이터는 없겠지만 주변 인물의 동선을 분석하여 안보 관계자들의 소재지를 파악할 수 있다고도 하였다. 그러니 중국 정부가 디디추싱의 데이터가 국가 안보에 관계있다고 주장하는 것도 아주 근거가 없는 것이 아니다.

디디추싱이 위축되자 경쟁을 포기했던 중국의 기타 사업자들이 부활했다. 지리(吉利) 자동차 산하의 차오차오추싱(曹操出行)이 대대적인 가격 할인과 혜택 제공에 나섰고 이치 그룹(一汽集团) 산하의 T3추싱(T3出行)도 15개 도시에 서비스를 확대한다고 했으며 음식 배달 서비스 메이퇀(美团)도 가입하는 기사들에게 100위안씩 리베이트를 제공하기 시작했다. 즉 남의 불행은 나의 행복이 된 것이다. 결국 디디추싱은 2021년 6월에 690억 달러 규모의 상장을 한 지 반년이 지난 12월에 미국 시장에서의 상장폐지를 결정하였다. 디디추싱은 홍콩에서 재상장을 할 계획인데 무사히 재상장이 이루어질지는 미지수이다.

그리고 중국 기업들은 알아서 갈 길을 바꾸기 시작했다. 중국 의료 데이터 기업인 링크닥(LinkDoc Technology)이 미국 상장 계획을 보류한 것이 한 예이다. 중국 당국은 기업들이 판단을 못 하고 혼란스러워하자

백만 명 이상의 사용자 정보를 보유한 운영자는 해외 상장 시 검토를 받아야 한다는 내용의 '네트워크 안전 심사 방법'을 만들었다.

이어서 중국은 세계에서 가장 엄격한 데이터 개인정보 보호법을 통과시켰다. 중국 인민들이 대부분 사용하는 알리바바, 텐센트, 메이퇀 등 인터넷 대기업들이 사실상 사용자의 데이터를 강제로 확보하고 심지어 연락처 정보나 금융 정보 등을 입수하는 것을 막은 것이다. 이 보호법은 정보 안보라는 측면과 소비자 보호 그리고 민간 대기업의 반독점 등 여러 목적에 기반하고 있다. 따라서 앞으로는 플랫폼 대기업들의 사업 확장이 과거처럼 쉽지 않을 전망이다. 그리고 그 결과가 중국 정부가 바라는 대로 새로운 혁신 기업들이 백화만발하는 결과가 될지는 두고 볼 일이다.

무산계급을 보호하는 공산주의 정책 사례

리커창 총리가 2021년 7월 국무원 상무 회의에서 새로운 취업 형태에 따른 노동자 권리 조항을 지시했다. 세부 내용은 다음과 같다.

- 새로운 노동 형식에 맞는 노동자 보장 제공
- 기업이 제때 급여 지불
- 배달 노동자들에 대한 탄력적 상해 보장
- 새로운 변화에 맞는 직업 교육 실시
- 양로 및 의료 보험의 호구 제한 폐지

여기서 말하는 새로운 취업 형태라는 것은 택배 기사, 음식 배달 기

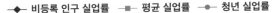

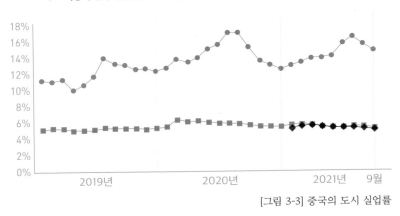

[그림 3-3] 중국의 도시 실업률

사와 같이 기존의 고용 형태가 아니지만 고용이 아니라고 할 수도 없는 이들을 고려한 것이다. 그리고 리커창 총리의 지시는 현실이 그렇지 못하다는 것을 반증하는 내용이어서 중국에서 이들 택배원들은 급여도 제때 받지 못하고 상해 보장도 없으며 새로운 커리어로 나갈 탈출구도 없다. 그리고 일이 있는 곳에 외지에서 온 사람들이 많아 일하는 지역의 사회보험의 혜택도 받을 수 없는 것이다.

그림 3-3을 통해 중국사회과학원의 2022년 경제 블루 북에서 발췌한 것인데 청년 실업률이 12~16%에 이르는 매우 높은 비율을 보이고 있음을 알 수 있다. 그래서 택배원들 중에 대졸자가 제법 있다거나 공장 조립 라인의 작업자를 구하는데 대졸자나 석사 졸업자들이 몰려온다는 뉴스가 나오는 것이다.

국가 시장 규제 관리국은 플랫폼 기업에 고용된 이들 택배원들도 사회 보험에 가입해야 한다고 밝혔다. 이에 따라 중국 음식 배달 회사는 최저 급여 수준 이상의 택배 수입을 보장해야 하고 배달 마감 시간

중국 주식 투자 비결

을 완화하도록 하였다. 중국의 음식 배달 서비스 메이퇀(美团) 그리고 얼러마(饿了吗)는 코로나 19라는 초유의 사태를 맞이하여 단시간에 전세계 최대의 음식 배달 업체가 될 수 있었다. 원래 음식점을 평가하여 사람들이 음식점을 선택할 때 평점과 평가 내용을 볼 수 있도록 하는 서비스로 시작한 메이퇀은 음식 배달, 우리나라의 배달의 민족과 동일한 서비스를 시작했는데 이것이 대박을 쳤다. 코로나 19가 등장하면서 사람들은 모두 격리된 생활을 해야 했고 이 기간 동안 거의 대부분의 중국 사람들이 음식 배달을 메이퇀을 통해 이용하게 되면서 상상을 초월하는 스피드로 시장을 장악하였다.

그러나 사업이 성공할수록 메이퇀이 가맹점에 횡포를 부리고 배달 기사들을 착취하는 행태를 보이면서 문제가 시작되었다. 우리나라에서 배달 기사들이 목숨을 내놓고 일해야 하는 것처럼 중국의 수많은 배달 기사들도 목숨을 걸고 일해야 했던 것이다. 가맹점에는 지나치게 높은 서비스 수수료를 강요했다. 마윈도 뒤이어 얼러마(饿了吗)라는 경쟁 회사를 인수하고 사업에 뛰어들고는 알리바바에서 하던 짓, 소위 얼러마와 메이퇀 둘 중 자사만 선택하라고 강요하였다.

이런 업체들의 횡포는 중국에서는 찾아보기 어려운 음식점 업주들의 가두시위를 낳았고 배달 기사가 길거리에서 분신자살을 시도하며 항의하는 사태까지 나타나게 되었다. 중국의 법규에 따르면 이들 플랫폼 기업이 택배원들을 고용하지 않는 것은 명백한 중국 고용법 위반이다. 무산 계급, 프롤레타리아가 주인이 되는 국가를 지향하는 공산주의 국가에서 이런 일들이 발생하는 것은 있을 수 없는 일이다.

이박사 중국 뉴스 해설
플랫폼 경제 반농단 가이드라인

중국 국가 시장 감독관리국은 2021년 10월 메이퇀에 행정 처벌을 부과하고 가맹점에게 강요한 독점 협력 보증금 전액을 반환하도록 명령하였다. 또한 반농단 벌금으로 매출의 3%에 해당되는 벌금 34억 4,200만 위안을 부과하였다. 배달원들에 대해서도 최저 임금 이상의 소득과 사회 보험 그리고 살인적인 배달 시한을 완화하도록 하였다. 디디추싱도 시진핑 주석의 정책 방향에 따라 노동조합을 만들었다.

이런 중국 정부의 일련의 조치는 비난 일변도인 한국 매체들의 논조와는 달리 중국 인민들의 지지를 얻고 있다. 어떤 이들은 중국이 이들 최하위 노동자들에게 보다 권력을 주려고 한다며 과거 공산주의로의 회귀라고 해석하지만 대부분의 학자들은 중국 당국의 궁극적인 목적은 '통제력 강화'라고 말한다. 그림 3-4에서 보듯이 중국 당국은 국가 경제의 산업 가치 사슬을 모니터링 및 통제하고 있는데 가장 하류인 민간 시장 부분에서 일부 대기업들의 독점과 농단 행위가 도를 넘으면 전체 구조를 해치는 것이다.

게다가 앞에서 지적했듯이 실업 문제가 심각하고 팬데믹으로 민생

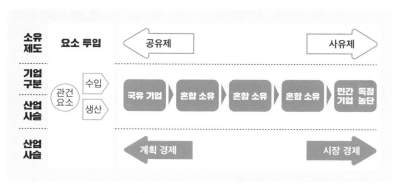

[그림 3-4] 중국 경제 구조를 해치는 다운스트림 가치 사슬 독점

이 한계에 접근하고 있는 이 시점에 이런 식으로 하층 노동자들을 몰아세우면 사회 안정까지도 문제가 될 수 있다. 메이퇀과 얼러마가 고용하고 있는 음식 배달 노동자의 수만 천만 명이 넘는다. 이런 식으로 생존 문제에 몰리는 인민이 늘어나면 미국 및 서방과의 대결에 나설 힘도 비축할 수 없는 것이다. 따라서 중국 당국이 취한 차량 호출 플랫폼이 요금에서 가져갈 비율에 상한을 정한다든가 임의 가격 책정, 운전자 피로 및 과도하게 긴 승차 시간과 같은 문제에 대응하여 기관 및 기타 당국이 운전자의 작업 조건을 개선하기 위한 지침을 발표하는 등의 조치는 디디추싱과 같은 차량 호출 플랫폼 기업의 매출을 제한할 수 있지만 민생을 개선하려는 의도라고 볼 수 있다.

중국 당국의 이런 신호를 본 중국 민간 대기업들은 이 정책 흐름을 받아들이고 있다. 콰이쇼우(快手) 같은 기업은 격주제 일요일 근무 같은 노동 방식을 공식적으로 종료한다고 발표했다. 틱톡으로 유명한 바이트댄스(ByteDance)도 그 뒤를 따랐다. 필자는 이러한 조치들이 중국 근로자들의 소득과 생활의 질을 올려 소비를 촉진하는 효과를 발휘할 것으로 본다. 기업, 투자자 모두 중국이 사회주의 국가이며 사회주의 국가로서의 최저선, 레드 라인을 가지고 있다는 것을 인식하여야 한다.

인구가 정책에 주는 영향

2021년 중국 인구는 감소하기 시작할 전망이다. 그리고 인구 문제는 중국 지도부 최고 이슈 중의 하나로 대두된 것으로 보인다. 왜냐하면 인구 문제의 해결책으로 나오고 있는 정책들을 하나같이 소위 힘 있는 부처들이 공동으로 내고 있기 때문이다. 힘 있는 부처가 공동으로 정책을 만든다는 것은 지시를 내린 사람이 장관급보다 높은 총리급이나 주석단에서 나온 것이다.

중국의 인구 감소는 전체 경제 운영 구조에 영향을 준다. 수요를 줄여 소비가 감소하고 경제 활동에 투입될 인력이 감소할 뿐 아니라 사람과 연관된 제반 자원 요소들의 위축을 초래한다. 인구 감소에 대한 중국 정부의 해석은 크게 '주택 문제'와 '교육 문제'가 주원인이라는 판단이다. 그리고 이 두 문제를 해결하겠다고 시진핑 주석이 공언을 했으니 남은 것은 정책과 실행이다.

주택 문제의 경우 헝다 등의 부동산 기업 사태와 연계되어 복잡한 양상이지만 교육 문제의 경우 상대적으로 간단했다. 교육열이 높은 것은 국가 차원에서 문제로 삼을 일이 아니다. 진짜 문제는 교육 부담으로 학생들부터 고통을 받는다는 것이고 자녀 교육을 위해 투입해야 하는 비용이 너무 높다는 것이다.

2021년 6월 중순에 시 주석이 사교육에 학생과 학부모의 부담이 크다며 교육 부담을 덜어주겠다고 약속하는 언론 보도가 있었다. 시 주석은 학교 밖 과외 선생이 학교 선생님을 대신해서는 안 된다고 말했다. 몇 주 후, 교육 당국은 사교육 회사들에게 기업에서 비영리 단체로 신분을 변경하라는 명령을 내렸다. 베이징 교육위원회 같은 경우 사교육 회사의 경영진에게 고등학교 3학년에 한정한 과외, 직업훈련, 평생교육 및 기타 분야로 사업을 변경할 것을 권고했다.

일단 이 부분은 설명이 필요하다. 중국에서 영리 목적의 교육은 무조건 불법이다. 단지 전문 직업 훈련이나 어학 훈련 등 공공 교육 서비스에서 제공하기 어려운 분야에 한하여 그것도 비영리 단체에서만 할 수 있게 되어 있다. 전 교육부 대변인 왕쉬밍(王旭明)은 1997년에 민간 부문이 영리 목적의 교육기관을 운영하는 것이 금지되었지만 오늘

중국 주식 투자 비결

날 시장에는 많은 영리 교육 기업들이 있다고 지적했다. 2021년 초 중국 공산당 최고 내부 통제 기관인 중앙 기율 검사 위원회가 '자본의 소용돌이에 빠진' 온라인 교육산업에 대한 국가의 감독을 강화해야 한다고 말했을 때 이미 시장에 신호는 충분히 준 것이었다. 그리고 6월에 교육부는 방과 후 사교육을 감독할 부서를 신설했을 때는 더 이상 모호한 것이 없었다. 그리고 중국의 SNS에 몰래 과외를 가르치다 단속반이 들이닥치자 건물 창문을 통해 밖으로 도망가는 교사의 모습이 올라오기 시작했는데 그렇게 되도록 아무런 예측도 하지 못했다면 사교육기관들이나 투자자들이야말로 이상하지 않은가?

중국 정부가 채택한 대응 정책은 쌍감(双减)정책이었다. 이 정책은 학생의 과중한 공부 부담을 줄이고 사교육을 줄인다는 대책이다. 우선 학생들의 수업 부담을 줄이기 위해서 숙제를 줄이도록 하였다. 중국 학교 선생님들이 학생들에게 내주는 숙제는 사실 너무 많다. 그리고 영어 과목 수업을 줄이고 시험을 치지 않도록 했다. 이것은 가장 사교육 부담이 많은 영어 과외를 줄이기 위한 것이기도 했다. 온라인 수업 방송 시간도 줄였다. 여기에 더해 학교 수업이 끝나면 학부모가 학생들을 데리러 올 때까지 선생님들이 학생들을 돌보도록 하였다. 심지어 방학 때에도 아이들이 학교에 오도록 하였다. 이렇게 되면 부모들의 양육 부담이 상당히 감소할 것으로 본 것이다.

또 다른 조치는 온라인 게임의 제한이다. 인민일보가 온라인 게임을 정신적 마약이라고 비난하면서 포문을 열어 여론을 환기시켰다. 첨단 기술이라고 해서 게임 산업에 세금 감면 등의 혜택을 주어 가며 육성했더니 게임 업체들만 큰돈을 벌고 아이들은 매일 온라인 게임을 하느라 건강과 학업을 버리고 있다는 것이다.

중국의 온라인 게임을 독과점하고 있는 기업이 텐센트이다. 사실 중국 당국은 텐센트에 대해 지난 수년간 청소년 대상 게임 서비스를 자제하라고 지적해 왔다. 그러나 텐센트는 계속해서 말을 듣지 않았던 것이다. 결국 중국 당국은 미성년자 대상 게임은 주중에는 서비스할 수 없으며 주말에만 제한된 시간 동안 할 수 있도록 규제했다. 이로 인해 게임 기업들의 주가가 일제히 떨어졌다. 하지만 미성년자 대상 게임 시장은 규모가 크지 않다. 언론에서는 크게 떠들지만 실제 게임 업계에 미치는 영향은 미미하다고 상하이에서 온라인 게임 업체에서 일하는 한국인 H 씨는 전하고 있다.

　아이리서치의 보고에 따르면 2020년 중국의 온라인 학습 시장은 전년 대비 35.5% 성장한 2,573억 위안(한화 약 48조 원) 규모로 성장한 것으로 추정된다. 프로스트 앤 설리반(Frost & Sullivan)은 중국의 온라인 교육 시장이 2023년까지 993억 달러의 가치를 달성할 것으로 보고 있다. 이런 시장을 그냥 둘 리 없는 알리바바, 텐센트, 바이트댄스를 포함한 중국의 거대 기술 기업들은 원래 최근 몇 년 동안 사교육 시장 진입을 준비하고 있었다. 온라인 교육 기업인 주오예방(作业帮, 숙제 도우미라는 뜻)도 16억 달러를 투자 유치했고 경쟁사인 위안푸다오(猿辅导, 과외 선생 미스터 원이라는 뜻)도 투자 유치를 추진 중이었다. 말하자면 온라인 학습 시장에서 건곤일척의 승부가 벌어질 참이었던 것이다. 그러나 영리 목적의 교육 사업이 불법인 나라에서 외국인을 포함한 투자를 유치하고 공개적으로 영업을 하며 해외 상장까지 한다는 것이 정말 정상적인 것인지를 필자는 이들 업체에 묻고 싶다.

　결국 교육 기업들은 사업을 포기하거나 축소하기 시작했다. 건워세(跟我学), 신동팡(新东方), 하오웨이라이(好未来) 등 미국 뉴욕 증시에 상장되어 있는 중국 기업들의 주가는 폭락했다. 아시아 최대 사교육 기업인 신동방과 TAL은 IR 보고서를 취소하기도 했다. 소문으로는 신동팡의 오너가 회의 석상에서 어쩔 줄 모르고 울었다는 말도 있다. 정부 정책에 부응하여 1만 명 이상을 고용하여 사교육 서비스를 하려 했던 바이트댄스도 교육 사업 부문을 폐지했다. 가오투(高途 , Gaotu Techedu)와 같은 다른 회사들도 구조조정을 취했다. (그림 3-5 참조)

그런데 사교육 종사자들의 규모가 어마어마하다 보니 이런 중국 당국의 사교육 단속이 노동 불안을 촉발하고 있다고 한다. 조치 후 한 달 사이에 사교육 직원의 20~30%가 해고되었고 2021년 말 기준 50%에 달할 것으로 추정된다. 직장을 잃은 교육 노동자 시위가 2021년 8월 중에만 8건이 발생하여 2019년 이래 월 시위 건수 최고치를 기록했다.

중국의 사교육 기업들은 이제 체육, 예술, 실습 등으로 교육 내용을 변경하며 생존을 모색하고 있다. 중국 정부도 이들 교육기관들을 직업 훈련 기관으로 전환시키려 하고 있다. 이 직업 훈련 교육이라는 것이 우리는 잘 인지하지 못하지만 중국 정부로서는 매우 심각한 빅 이슈

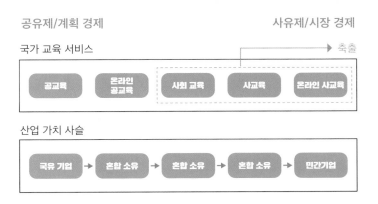

[그림 3-5] 영리 사업이 불허되는 교육 산업 가치 사슬에서 민간 및 시장 요소를 축출

이다. 실업률이 위험한 수준으로 증가하고 있는 가운데 정부가 아무리 일자리를 만들고 고용을 하라고 기업을 압박해서 채용을 시도해도 정작 기업이 채용하려는 기능이나 경력을 가진 사람이 없다는 것이다.

일단 내용을 떠나서 중국은 현재 세계 최대의 직업 교육 시스템을 보유하고 있다. 신화통신에 따르면 2020년 중국 중앙정부는 직업교육 활성화를 위해 257억 1천만 위안을 배정할 정도로 인력 구조를 변경하려고 노력하고 있다. 게다가 이념적 이슈가 따른다. 현재와 같이 부유층 자제들이나 사교육을 받는 상황에서는 상대적으로 부유하지 않은 아이들이 희망을 가질 수가 없다. 그래서 중국 당국은 대학에 다닐 기회가 없는 학생들에게 직업 교육이 더 나은 삶을 살 수 있는 또 다른 방법이라고 강조하며 어떻게든 실효성 있는 직업 교육을 구현하려 하고 있다. 여기에 대량 폐업과 실업에 당면한 민간 교육 기업들이 직업 훈련 기관으로 변화해 주면 일거양득인 것이다. (그림 3-6 참조)

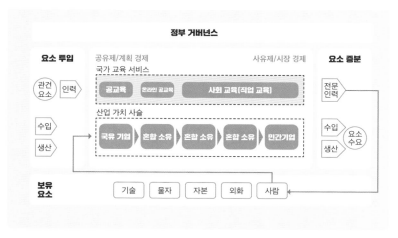

[그림 3-6] 인력 수요의 비대칭은 현재 중국 정부의 큰 이슈

중국 주식 투자 비결

아무튼 중국 당국의 사교육 억제로 이들 기업에 투자한 기관들은 큰 손해를 보았다. 소프트뱅크 비전 펀드, 웬성 자본(元生资本), 캐나다 양로 기금, 월드 뱅크 산하 국제금융공사 및 CMC 캐피털 등도 손해를 본 모양이다. 필자는 역으로 이렇게 세계적인 펀드나 기업주도 중국 경제 운영과 주가를 통제하지 못하기 때문에 일반인 투자자들이 공평하게 중국 주식 투자 시 경쟁할 수 있다고 본다. 단, 당신이 중국의 국가 전략과 정책을 이해할 수 있다는 전제로 말이다.

중국 정부 정책을 이해해야 '공동부유'할 수 있다

지금까지 중국 주식을 거래하기 전에 필히 이해해 주었으면 하는 사항들을 소개하였다. 그리고 독자 여러분들도 필자의 주장이 무엇인지 이제 충분히 이해하셨으리라 믿는다. 요약하면 '중국의 경제와 주가는 금융가들이나 기업가들의 손에 의해 결정되지 않으며 중국의 국가 전략과 정책에 의해 결정되는 비중이 크다.'라는 것이다.

이를 좋은 측면에서 바라볼지 나쁜 측면에서 바라볼지는 여러분들이 결정할 일이다. 필자로서는 최소한 깊은 수면 아래의 흐름을 이해하지 못하고 수면에 너울지는 물결만을 보고 판단하는 우는 범하지 않았으면 한다. 게다가 중국의 중장기 미래 예측은 상대적으로 어렵지 않기 때문에 적어도 2, 3년 이상의 중장기 투자를 하는 분이라면 더 좋은 판단을 할 수 있을 것이다.

중국의 정책을 이해하라는 말은 하기는 쉬워도 실행은 어렵다. 왜냐하면 정부 정책은 중국 공산당의 국가 전략을 이행하기 위한 수단으로 만들어지며 그 자초지종을 이야기하지 않기 때문이다. 따라서 시장에 나타나는 여러 신호와 정책을 '해독'해야만 중국 지도부의 '의도'와 중국 정부의 '정책 의지'를 짐작할 수 있는 것이 현실이다.

하지만 일단 모호하게라도 이 '국가 전략'과 '정책 방향'을 짐작할 수 있게 되면 상당히 넓은 폭으로 중국 정부의 경제 운영 방침과 근미래를 예측할 수 있게 된다. 그래서 중국 기업과 함께 부자가 되는 우리 버전의 '공동부유'를 이룰 수 있는 가능성이 높아진다.

중국에서 사업이 타격을 입는 경우는 많은 기업들이 관성에 의한 사업 수행을 하면서 법규와 정책을 소홀히 해 왔다는 것이 가장 큰 원인이다. 다른 한 편으로는 평소 중국 정부가 공정하고 일관성 있게 법률과 정책을 집행해 왔다면 기업들이 이런 식으로 국가의 법규와 정책을 무시하지는 않았을 것이라는 것도 분명한 사실이다.

중국 정책의 특징 중의 하나가 다면성이다. 어떤 정책을 수립할 때 단 한 가지 측면의 문제만을 위해서 만들어지기보다는 여러 분야에 동시에 넓게 작용하는 정책이 만들어지는 경우가 많다. 그렇기에 우리도 정책을 모니터링할 때 단순한 일차원적인 인과 관계에 그치지 않고 시야를 높이고 멀리 볼 필요가 있다.

예를 들어 불공정거래법은 빈부 격차를 줄이고, 대기업의 영향을 축소시키며, 중소기업의 발전 공간을 넓히고, 관련 정경 유착의 고리를 끊어 정치적 반대 세력을 타격하는 여러 면의 목적을 가진다. 2021년 1~5월 시장 당국이 조사한 불공정 사안은 1,345건이며 벌금은 1.22억 위안으로 많지 않았다. 2020년에는 7,371건을 조사하고 벌금은 고작 4.16억 위안이었다. 적어도 불공정 조사가 돈이 목적이 아닌 것은 분명해 보인다.

연장선상에서 시장 감독 총국은 2021년 3월 '인터넷 거래 감독 관리 방법(网络交易监督管理办法)'을 공포하고 5월 1일부터 시행하도록 하였다. 최근 유행하고 있는 SNS 온라인 판매는 소위 '왕홍'이라고 불리는 인기인들이 방송을 하며 물건을 파는데 이에 대하여 법적으로 온라인 거래 플랫폼 사업자의 의무를 이행하도록 한 것이다. 즉 우리나라처럼 '우리는 소개만 할 뿐이고 거래 결과에 대한 책임은 지지 않는다'라는 방식은 안 된다는 것이다. 그리고 온라인 플랫폼 사업자는 거래되는 상품에 대해 책임을 져야 한다고 못 박은 것이다. 사회적 약자를 보호하는 정책이다.

인터넷 경영 주체에 대하여는, 전자상거래법에서 규정하는 '편법 용역(便民劳务)'과 '소액(零星小额)'의 두 종류에 대해 등록이 면제되는 상황을 규정하였다. 편법 용역은 개인이 인터넷을 통하여 청소, 세탁, 봉제, 이발, 이사, 열쇠 복사, 배관 소통, 가구 가전제품 수리 등을 하는 경우이며 소액 거래는 연간 거래액이 10만 위안을 넘지 않는 경우이다. 즉, 소상공인이나 소기업이 먹고 살기 위해 인터넷에서 장사를 하는 경우는 편의를 봐준 것이다.

민간 대기업도 중국 공산당에 협조해 온 기업들은 소리소문없이 잘 지내고 있다. 예를 들어 전기차 회사 니오(Nio)는 사실 자동차 제조 경험이 전무하고 공장도 없는 기업이지만 당국에 잘 보여서 여러 가지 지원을 받고 있다. 니오가 운영 자금이 부족해지자 허페이 성 정부가 니오와 협력하여 신에너지 자동차 산업원이라는 부동산 프로젝트를 추진하기로 한 걸 보아도 알 수 있다. 니오는 이미 2021년 4월 허페이 정부 관련 기업들로부터 10억 달러의 현금 투입을 확보한 바도 있다.

알리바바의 최대 경쟁사인 징동(JD)의 류창동(刘强东) 같은 경우는 마윈과 반대로 시진핑 정권에 최대한 협조하는 길을 택했다. 미국에서 성추행으로 논란이 되어 중국에서 한동안 조용히 있던 그로서는 더 이상 사회에 미운털이 박히면 안 된다는 자각이 있었을지도 모른다. 류창동은 징동의 최대 핵심 경쟁력인 물류 시스템을 인민해방군이 해외에서 작전할 때 이용할 수 있도록 계약을 맺고 있다. 징동이 구축한 드론과 로봇을 이용한 최첨단 물류 시스템은 그 규모가 중국에서 가장 큰 것으로 평가받는다. 징동은 이 물류 부분만 떼어내어 징동물류(京东物流)라는 물류 전문 회사를 만들었는데 사실상 징동 자산 대부분이 여기에 속하는 것으로 알려져 있다.

이 물류 시스템은 구글이 투자한 것이어서 미국에서도 구글에 대한 의혹이 나오기도 하였다. 반중 유튜브 채널 'China Uncensored'은 구글이 징동을 통해 인민해방군과 협력하고 있다고 주장했는데 이 채널은 구글이 이 징동물류에 5억 5천만 달러라는 거액을 투자한 대주주라는 점을 강조한다. 그리고 이 징동물류가 인민해방군과 협력하고 있다는 것이다. 징동은 인민해방군 공군과 계약하여 공군에 물류 서비스를 제공하고 있다. 만일 전쟁이 발생한다면 징동의 물류 시스템을 이용하여 중국 공군은 장소에 구애받지 않고 보급을 받을 수 있게 될 것이다. 험지에는 드론이 물품을 운송하고 공군의 수요에 따라 징동의 대규모 물류 처리 시스템이 효율적으로 탄약과 물품을 공급하게 되는 것이다.

당연히 징동의 이 첨단 드론, 로봇을 이용한 대규모 물류 처리 시스템 기술이 구글로부터 제공받았다는 의혹이 나올 수밖에 없다. 그게 사실이라면 구글은 중국 민간 기업을 매개로 인민 해방군과 협력했다는 혐의를 벗어날 수 없을 것이다. 더구나 구글처럼 중국 정부의 요청 때문에 중국 시장을 포기한 기업이 중국 상황을 몰랐다고도 할 수 없을 것이다.

이박사 중국 뉴스 해설
구글은 인민해방군과 협력했는가?

그리고 이 일을 두고 2019년 미국의 최고 군부 리더 중의 하나인 조 던포드(Joe Dunford) 장군이 구글이 중국과 협력하고 있다고 발언하여 청문회장이 발칵 뒤집힌 적이 있다. 이 발언은 미주리주의 상원 의원인 조쉬 하울리(Josh Hawley)가 눈을 크게 뜨고 답변을 재확인하는 진풍경을 빚었다. 게다가 던포드 장군은 구글이 미군의 협력 요청은 거절하면서 모든 기업이 정부에 협력해야만 하는 중국의 특성을 고려할 때 사실상 직접적으로 인민해방군을 돕고 있다고 발언한 것이다.

구체적인 정황은 이렇다. 당시 구글은 중국 검색 엔진 시장에 재진입을 노리면서 구글의 강점이 발휘될 수 있는 스마트폰 플랫폼을 노렸다. 구글의 새로운 프로젝트의 코드명이 드래곤플라이(dragonfly), 즉 잠자리 프로젝트(蜻蜓计划)이다. 정보 보호 분석가인 로버트 실리아노(Robert Siiliano)에 의하면 이는 기본적으로 구글의 검색 엔진을 중국에 적용하면서 검색에 중국 정부의 검열을 적용하는 것은 물론 개인의 신상 정보를 수집하며 개인정보를 모니터링하고 행동 패턴 데이터까지도 수집하는 것이라고 한다.

사실 중국은 정부의 지원만 받을 수 있다면 개인정보에 까다로운 미국이나 유럽과는 달리 쉽게 대규모로 수억 명의 신상 정보, 개인정보, 검색 정보, 위치 정보 등을 얻을 수 있다. 미국과 유럽을 합친 것보다 더 많은 인구를 보유한 중국의 인적 데이터를 기반으로 누구보다도 빨리 AI를 학습시킬 수 있다. 구글 입장에서는 놓치기 어려운 매력이었을 것이다.

하지만 이 일은 도덕적, 사법적으로 문제가 크다. CNET에 의하면 잠자리 프로젝트에 참여했던 내부자의 고발이 있었다. 사용자의 위치 정보와 검색 정보 등을 데이터베이스로 구현한 후 '중국 측 파트너'가 '단방향의' 데이터 접근이 가능하도록 했다는 것이다. 더구나 '중국 파트너'는 일부 데이터를 편집할 수도 있다고 한다. 돈을 위해 도덕을 버리는 것은 미국이라 해서 다르지 않은 것이다.

다른 한편 징동은 중국 정부가 의욕적으로 추진하고 있는 디지털 위안 사업에도 협력하고 있다. 이 디지털 위안의 시범 사업은 아직 보안성이 입증되지 않은 시점이어서 다른 인터넷 쇼핑몰에서는 리스크가 너무 크다며 거절했다고 한다. 그러나 징동은 적극적으로 참여하였다. 그래서일까? 얼마 후에 징동 그룹 산하의 네 계열사가 중국 증시 상장 인가를 받았다.

이렇게 중국에서는 당과 정부와 잘 협력해야 기업이 발전할 수 있다. 알리바바의 마윈처럼 과거 권력과의 밀착 관계를 형성했다고 현재 권력을 무시하고 정부와 정책을 거스르는 기업은 성공하기 어렵다.

중국은 한번 공포한 계획이나 정책은 5년 후 자아비판을 하기 전까지는 일관되게 추진을 한다. 그렇기에 우리는 이들의 정책을 잘 해독하면 유망한 산업을 분석해 낼 수 있다. 예를 들면 중국은 5개년 계획

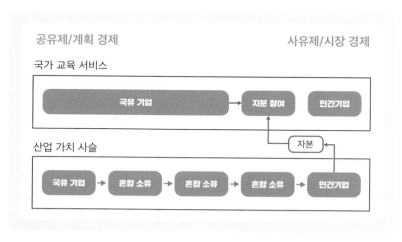

[그림 3-7] 정부 통제 산업이 민간 자본 유치 개념

에서 국유 기업들이 더 많은 시장 기반의 고용과 인센티브를 시행하며, 경쟁력 있는 산업 분야의 기업들에게 보다 강화된 재무적 요구를 할 것이고, 에너지, 철도, 통신과 같은 분야를 개방하겠다고 약속했다. 이들 분야는 전통적인 국유 기업 위주의 산업 분야인데 개방이라고 했으니 민간 자본이 참여하게 하겠다는 뜻이다. 그 구체적인 방법이 민간 기업이 일정 지분을 소유할 수 있게 하는 '혼합 소유'가 될지 아예 민간 기업에만 사업을 허가할지는 알 수 없다. 다만 부분적인 혼합 소유는 이미 진행되었기 때문에 점진적인 산업 진입을 허용할 가능성이 점쳐진다. 그리고 어디서나 그랬듯이 국유 기업 독점 시장에 민간 기업이 진입하면 경쟁에 승리하는 경우가 많은 것이다. (그림 3-7 참조)

그런 시각에서 볼 때 전기차용 배터리를 생산하는 CATL 같은 회사는 중국 당국이 상당히 좋아할 만한 기업이다. 소비재가 아닌 부품이며 하이테크 기술이고, 미국과 서방과 당당히 경쟁하고 있으며 서방의 자본을 듬뿍 빨아들이고 있으니 말이다.

5
미·중 갈등 속 중국의 선택

트럼프 행정부가 기세 좋게 중국을 압박하던 미·중 무역 전쟁은 바이든 행정부가 들어선 후 개선되기는커녕 이제 미국과 중국의 갈등은 이제 지구 전체를 절반으로 나누고 있다. 바이든 행정부는 소위 '작은 정원, 높은 담(small court, high fence)'이라는 전략을 구사하고 있다. 무차별적으로 관세 폭탄을 던지는 것은 자국 산업과 국민 경제에도 악영향을 주기 때문에 바이든 행정부

이박사 중국 뉴스 해설
시진핑 장기 집권과 지구전 - 베이다이허 회의 조기 해산

는 이제 일반 무역은 시간을 가지고 장기적인 분리를 유도해 나가는 것이고 국방과 첨단 기술 쪽은 오히려 더욱 압박을 강화해서 미국과의 기술 격차를 별여 나가려는 생각이다. 이것은 기존 경제 협력 관계는 분리가 어려우니 신기술로 새로 이루어지는 부분의 경제 부분은 분리하겠다는 발상이기도 하다.

이에 반해 중국은 어떤 전략일까? 미·중 무역 전쟁이 한창이던 시점에서 베이다이허 전략 회의 결과라는 내용이 중화권 일부에 돌아다녔

다. 이것은 인터넷에 돌아다니는 괴소문이라 신뢰를 주기 어렵지만 결과만 놓고 보면 매우 그럴듯하다. 이 문서 내용이 사실이든 아니든 중국으로서는 충분히 생각할 수 있는 것이어서 여러분에게 소개한다.

먼저 중국 공산당의 첫 번째 대응은 '더는 미국에 당하지 않겠다'라는 것이다. 즉, 미·중 갈등 초기 중국 공산당이 미국의 요구를 수용하여 미·중 무역 분규를 마무리하려던 정책을 접고 이제 미국에 대립하는 방향으로 전환했다는 것이다. 전랑 외교가 나온 배경은 아마도 이래서가 아닐까?

두 번째로 중국 공산당은 '우리는 지금처럼 단결해 본 적이 없다. 우리 자신도 놀라고 있다'고 한다. 이는 중국 공산당 내부의 여러 파벌의 입장을 표현한 말로 보인다. 내부 갈등이 봉합되었다는 의미인데 사회주의 체제는 이런 비상 상황이나 준 전시 체제에 잘 먹히는 것으로 보인다.

세 번째로 '우리는 견딜 수 있지만 미국은 선거가 있다'는 것이다. 미국과의 힘겨루기는 단기전이면 몰라도 장기전으로 가면 일당 전제 국가인 중국이 유리하다. 그래서 중국은 '지구전'을 핵심 전략으로 채택했다는 것이다.

네 번째로 우리 기업은 공산 정권의 중장기적 보상을 믿고 기다릴 수 있지만 미국 기업은 그렇지 못하다.

이 네 가지 근거가 맞든 틀리든 중국이 취하는 입장을 설명하는 이론이다. 그리고 미·중 간의 경제 영향 측면을 보면 중국이 이제는 굴복하지 않겠다는 기본 원칙을 세운 것이다.

그러나 본질적으로 미국이 공격이고 중국이 수비라는 점은 바뀐 것이 없다. 현재 미국이 중국을 공격하고 있는 구체적인 수단으로는 경제적인 면으로는 공급망 분리와 금융 제재가 있다.

글로벌 공급망 분리와 영향

공급망의 분리는 기술 억제를 포함하여 미국이 중국으로부터 조달받는 제품들을 더는 중국에서 가져오지 않겠다는 것이다. 이를 위하여 우선 세계의 공장이 되어 있는 중국에 미국과 동맹들이 설립한 제조 공장들을 타국으로 이전해 나간다는 생각이다. 수입 원천도 중국 공장에서 타국의 공장으로 바꾸고자 한다. 이렇게 되면 미국이 필요로 하는 상품과 제품을 점점 중국에 의존하지 않게 된다. 여기에 대중 관세를 부가하여 조건을 악화시키면 점차 수입원이 중국으로부터 자연스럽게 이전하게 된다.

미국이 중국에 공급하는 주요 수출품은 달러와 첨단 기술이다. 달러는 미 정부보다는 월스트리트가 주도권을 가지고 있다. 그렇다면 첨단 기술만큼은 더 이상 중국에 제공하지 않겠다는 것이 미국의 입장이다. 이를 위해 미국이 사용하는 방법은 블랙리스트, 즉 엔터티 리스트(Entity List)이다. 미국의 안보에 저해되는 중국 조직에는 일정 기술을 제공하지 못하게 하는 조치이다. 일단 이 리스트에 올라가면 60일의 유예 기간이 지난 후에 발효되며, 리스크 대상에 투자한 미국인은 1년 이내에 투자를 철회해야 한다.

실제 미국이 주도하는 중국과의 공급망 분리는 어떤 효과를 얻었을까? 이는 미국의 의도와는 반대로 2021년 중국의 수출이 엄청난 호조를 보였다. 팬데믹이 2년을 끌고 가면서 세계 각국의 공급망은 여기저기서 문제가 터져 나왔다. 공급에 문제가 생긴 자원들은 가격이 급등했고 국제 분업화가 심할수록 공급망의 단절 현상이 나타났다. 결국 가장 안정적인 공급망을 제공하는 중국으로 오더가 밀려온 것이다.

2021년 중국의 전력난 사태는 호주의 석탄 수입 금지 등이 주요인인 것으로 보도되었지만 중국에 오더가 몰리는 바람에 전력 수요가 급증한 것이야말로 가장 큰 원인이었다. 중국의 수출 호조와 미국 등 서방 각국의 대규모 통화 완화는 위안화의 절상 압력으로 작용했고 이는 다시 외국 자본이 중국으로 더많이 유입되는 결과를 낳았다. 2021년 세계 많은 국가가 통화 완화를 하면서 시장에는 자금이 넘

이박사 중국 뉴스 해설
중국 전력 부족 사태의
원인과 배경

쳤다. 기업들은 2021년 글로벌 증시에서 12조 1천억 달러를 조달하여 역대 최고 규모였다. 기업들의 상장 또한 급증하여 사상 최고였으며 총발행량이 1조 4,400억 달러로 24%나 증가하였다. 문제는 2022년에 들어서자 미국 증시에 상장한 기업 중 2/3가 상장 가격 이하가 되었다는 것이다.

이론상 이런 상황에서는 중국으로 자금이 몰려야 했으나 중국 자체 요인으로 중국의 투융자 상황은 좋지 않았다. 앞서 소개한 일련의 중국 정책은 투자자들에게 중국 정부가 민간 기업을 압박하는 모습으로 비추어졌고 이에 따라서 다수의 대형 중국주들이 하락하면서 투자 마인드가 식었기 때문이다. 2021년 11월 시점까지 중국 기술 기업들은 중국 본토에서 상장을 통해 약 140억 달러를 조달했는데 이는 2020년에 조달된 총금액보다 23억 달러 적은 금액으로 7년 만에 최저를 기록했다. 반면 올해 인도의 기술 기업들이 유치한 규모는 26억 달러에 달해 지난해 모금액보다 550% 급증해 사상 최고치를 경신했다.

하지만 아직 국제 자본이 중국을 떠나 인도로 가기 시작한 것으로 보기는 어렵다는 것이 중론이다. APS 자산 관리의 설립자인 웡콕호이(Wong Kok Hoi)는 투자자들이 중국의 인터넷 기업이 과거 같은 수익을 올리기는 어려울 것이라고 생각하기 시작했으며 인도가 주요 대안이

라고 반대 의견을 제시하고 있기는 하지만 말이이다.

　그럼 앞으로는 기업들이 중국은 포기하고 인도 증시로 가야 하는 가? 그게 그렇게 간단하지가 않다. 인도는 인도대로 아직 준비가 되지 않았다. 그리고 일단 코로나부터 진정이 되어야 인도로 이전을 할지 고려할 수 있다. 그때까지 중국은 중국대로 글로벌 자본을 유치하려 할 것이니 저울질을 계속해야 하는 것이다.

미국 증시에서 홍콩 증시로

　미국 내 상장 중국 기업에 대한 미 행정부와 여론이 날이 갈수록 악화되고 미 SEC는 시행 규칙을 발표하였다. 미국에 상장된 외국 기업이 3년 연속 회계법인에 대한 상장기업 회계감독위원회(PCAOB)의 검사 요건을 충족하지 못하면 해당 증권이 미국에서 거래되는 것을 금지한다고 명시한 것이다. 이에, 중국 기업들의 고민은 깊어 가고 있다. 전통적으로 중국의 기술 기업들은 뉴욕 시장을 선호하는데 그 이유는 시장이 보다 깊고, 유동성이 크고, 상장이 쉽기 때문이다.

　우선 이미 미국에 상장한 중국 기업들은 다시 중국 정부의 승인을 받아야 한다. 승인을 얻는 데 성공한다면 미국 증시에 그대로 남을 수 있지만 미·중 관계가 지속적으로 악화되고 있는 상황에서 미국 증시 잔류 결정이 더 유리한 결과를 가져올지 알 수 없다. 승인을 얻지 못한다면 상장 철회를 하고 다른 증시에서 상장을 해야 한다. 그러나 미국에서 쫓겨난 주식이 다른 시장에서 상장한다고 해도 주가가 유지될 수 있을지 의문이다. 중국 소셜 미디어 웨이보도 중국 정부의 권고에 따라 홍콩에서 2차 상장을 했는데 발행가보다 6.1% 낮은 가격으로

데뷔하는 결과를 낳았다. 미국 증시만큼 주가를 받칠 수 있는 증시가 없는 것이다. 차이나 텔레콤 같은 기업은 이미 미국에서 상장폐지가 결정되어 상하이에서 3차 상장을 하기로 했다. 홍콩 증시에 이미 상장되어 있지만 안보 목적상 상하이에서 3차 상장을 하는 것으로 보인다. 상하이 증시에 1,210만 주를 매각해 40억 달러까지 조달할 수 있다고 한다.

아예 미국 증시를 포기하고 홍콩 증시 상장으로 선회하는 기업들도 늘고 있다. 중개 은행들은 홍콩의 수수료 2%에 비해 미국 상장을 중개하면 5~7% 더 높은 수수료를 받을 수 있다. 하지만 이제 상황이 바뀐 것이다. 월스트리트의 은행들은 중국 기업들의 상장을 미국에서 홍콩으로 선회하기 시작했다. 투자 은행인 차이나 르네상스의 연구 책임자인 브루스 팽(Bruce Pang)은 중국 기업이 뉴욕에 상장하려면 이제 12개 이상의 중국 규제 기관의 과정을 기다려야 해서 승인을 받기까지 몇 달이 소요된다고 한다. 따라서 오래 기다리기가 어려운 중국 기업들은 홍콩으로 상장 시장을 변경하여 시간과 비용을 줄이려 한다는 것이다.

상하이 고비 파트너스(Gobi Partners)의 공동 설립자인 토마스 차오(Thomas Tsao)는 사람들은 더 큰 그림을 놓치고 있다. 중국 정부는 새로운 모델을 시도하고 있다고 말한다. 중국 정부가 단순히 금융 규제를 수정하고 있는 것이 아니라 경제 산업 구조 개편을 도모하려 한다는 취지이다. 홍콩대학 중국법 센터 소장 안젤라 장(Angela Zhang)도 중국은 다른 나라보다 더 빨리 기술 산업을 재편할 것이라고 말했다. 예를 들어 알리바바에 대한 중국 정부의 조치는 완료까지 단 4개월이 걸렸지만 미국과 EU 규제 당국이 페이스북, 구글, 아마존과 같은 기술 회사들에 대해 조치하려면 몇 년이 걸릴 것이라는 이야기다. 중국 당국이 민간 기업에게 하면 좋은 방향과 할 수 없는 방향을 부각하려 한다는 의미이다.

그러나 앞으로도 미국 증시를 선호하는 중국 기업의 입장에는 변화가 없을 것이다. 미국 증시는 보다 큰 명성, 보다 많은 자금 그리고 주주들에게는 중국 외부의 자신의 재산을 마련할 기회를 주기 때문이다. 결국 증시의 선택은 미·중 간의 관계 진척에 따라 결정될 것으로 보인다. 물론 안면인식 기술 회사인 SenseTime처럼 중국 정부 정책상 미국 상장을 할 수 없는 기업들도 늘어날 전망이다.

중국 주식 투자 비결

6

정부가 개입한
부동산의 행방

이 책에서 중국의 부동산을 다룰 생각은 없다. 중국의 부동산을 논한다면 중국 주식을 논하는 것만큼이나 방대하기 때문이다. 다만 현실적으로 부동산의 동향은 주식으로 유입되는 자금에 직접적으로 영향을 끼치기 때문에 대략적인 상황을 이해하는 것이 필요할 것이다. 결론부터 말하면 중국의 부동산을 알기 위해서는 다음 몇 가지가 가장 중요하다.

- 중국 부동산 가격 동향
- 리츠(REITS)의 도입 효과
- 보장성 임대 주택

이 세 가지 사안은 임팩트가 커서 비단 부동산 가격뿐만 아니라 중국 사회 전체에 큰 영향을 미칠 것으로 보인다. 여기서는 간단하게 핵심 내용을 추려 소개하겠다.

중국 부동산 가격 동향

 일단 앞으로는 중국의 부동산 가격이 천정부지로 상승하는 일은 없을 것이라고 단언할 수 있다. 그동안 중국 당국은 끊임없이 부동산 투기를 경고해 왔다. 중국은행 보험감독위원회 궈수칭(郭树清) 주석은 2021년 6월 외화, 금 및 기타 상품의 선물 거래를 하는 사람들은 돈을 벌 기회가 거의 없을 것이며 집값이 절대 떨어지지 않을 거라고 장담하면 결국 엄청난 대가를 치르게 될 것이라고 말했다. 지금 돌이켜 보면 헝다 사태가 나기 전에 마지막으로 나온 경고 발언이다.

 당시 중국 부동산 뉴스라는 미디어가 주택 대출 금리 상승, 운영 대출에 대한 엄격한 심사 강화 등으로 부동산 시장이 계속 하락할 것이라고 보도했지만, 이 미디어가 부동산 부처 산하 미디어이다 보니 관행적인 보도로 간주되었다. 하지만 이 시점 이후 이전에는 가파르게 상승하던 1선 도시 기축 주택 시장은 하락하기 시작했고 신규 부동산도 가격이 하락하기 시작했다. 사람들이 당국의 신호를 과소평가한 것이다.

 이와 같이 여러분들이 중국의 부동산에 대한 여러 뉴스와 정보지를 접할 때는 매우 신중해야 한다. 왜냐하면 중국이라는 나라 자체가 크기도 하거니와 지방 간의 격차가 매우 커서 자칫 외부 세계에 전달되는 정보는 대도시에 국한된 정보이거나 중국 정부가 알리고 싶어 하는 의도에 따라 만들어진 뉴스일 수 있기 때문이다.

 전반적으로 중국의 부동산 시장은 지금까지 약 20년 동안 중국의 경제를 견인해 왔다. 특히 2008년 리만 브라더스 사태가 발생했을 때 중국 정부는 그간 통제해 왔던 부동산 시장을 전면 개방하고 대규모로 부동산 개발을 할 수 있도록 장려하였다. 그 결과 중국의 부동산 개발, 건설, 토목 등은 중국 전체 GDP의 20%를 넘었다. 학자에 따라서는 25~27%로 이야기하는 사람도 있다.

이제 중국은 시진핑 주석이 장기 집권을 도모하면서 이념적으로는 공동부유라든가 공유제의 강화 등을 이야기하고 있고 부동산에 대해서는 줄곧 '부동산은 들어가 사는 곳이지 투자 상품이 아니다'라는 메시지를 던지고 있다. 게다가 타이완과의 무력 충돌이 언제 일어날지 모른다는 분위기가 점증하고 있는 지금 부동산이 과연 과거와 같이 부자들의 투자 상품 역할을 할지는 의문이다.

이박사 중국 뉴스 해설
중국 부동산 업계 연쇄
도산의 영향 분석

필자가 본서를 쓰고 있는 이 순간에도 중국의 각지, 특히 3, 4선 도시 지역에서는 부동산 가격의 급락을 알리는 내용이 인터넷에 자주 올라오고 있다. 중국 장쑤성 전장시 쥐룽(江蘇鎭江句容)이라는 지방에서 한 부동산 대기업은 본래 2017년 1㎡당 1만 1천 위안에 아파트를 판매했었다. 그래서 가까운 난징의 복부인들이 몰려와 대량으로 사가기도 했다. 그런데 2021년 11월에 2차 판매한 아파트 가격은 불과 1㎡당 4,800위안이라는 것이다. 이것은 1차 분양을 받은 복부인들은 절반도 안 되는 가격으로밖에는 집을 팔 수 없다는 것으로 피를 토할 지경이라고 했다. 어떤 중국 지방정부들 중에서는 부동산 가격 폭락을 우려, 업체들에게 등록 가격의 10% 이상 내려서 판매하는 것을 금지하는 조치를 하기도 했다.

만일 이 집을 살 때 은행 융자를 받아서 샀다면 이제 피를 토하는 정도로 그치지 않을 것이다. 일반적으로 중국에서는 주택 구매 가격의 60% 이상의 은행 융자를 받으므로 1만 1천 원의 60%인 6천6백 위안의 융자를 받았을 것이고 현재 가격은 잘 받아도 4,800위안이 안 될 것이므로 자기 돈이 날아간 것은 물론, 적어도 1㎡당 1,800위안을 오히려 은행에 주어야 하는 상황이 된 것이다. 게다가 이렇게 집값이 폭락하면 해당 지역의 집을 살 사람이 없어지기 마련이다.

실제로 지난 1년간 중국 주택 가격의 변화를 살펴보면 그림 3-8에서 보는 바와 같이 2021년에 들어서면서 줄곧 하락하고 있는 것을 알 수 있다.

중국의 부동산 시장에서 주택뿐만 아니라 업무용 부동산도 마찬가지로 낙관할 수 없다. 2020년 4분기에 중국 각 도시의 업무용 부동산의 공실률이 이미 상당 수준으로 올라가 있었다. 베이징이 17%, 광저우 8.1% 특히 난닝의 경우 48.9%라는 무시무시한 숫자이다. 게다가 코로나 상황이 획기적으로 개선되지 않는 이상 공실률이 줄어들 것을 기대하기 어렵다. 게다가 주택과 달리 업무용 부동산은 가격 상승이 크지 않았다. 그러니 투자자들의 입장에서는 오피스 빌딩이나 상업용 부동산을 가지고 있을 이유가 없고 코로나 시대가 도래한 지금은 더욱 그러하다. 아래 그래프에서 보다시피 2016년도 가격과 2021년도 가격을 비교해 보면 주택 가격은 폭등한 데 비해 오피스 빌딩은 거의 상승 폭이 없는 것을 확인할 수 있다. (그림 3-9 참조)

[그림 3-8] 중국 부동산 가격 추이

중국 주식 투자 비결

이런 상황에서 부동산 개발 업자들은 주택 시장이 어렵다고 해서 업무용 부동산 개발 쪽으로 전환할 수도 없다. 꼼짝없이 망해가는 부동산 기업들이 속출하고 있고 가격을 낮추는 일은 도처에서 일어나고 있다.

결국 부동산 경기 위축을 견디다 못한 중국 지방정부들이 토지 입찰 규칙을 완화하기 시작했다. 일부는 입찰에 앞서 보증금을 줄이거나 한 달 안에 전액 지불하는 조건을 요구하지 않는 등 거래 요구 사항을 완화한 것이다. 중국 부동산 정보 공사가 수집한 데이터에 따르면, 2021년 9월에 지방정부가 제안한 토지 필지의 약 27%가 미분양되었다. 어떤 이들은 이런 변화를 보고 중국 당국이 부동산 경기 진작을 도모할 것으로 예상하기도 하지만, 필자가 보기에는 그것은 단기적인 부정적 영향을 흡수하기 위한 것일 뿐 본질적인 정책은 부동산 가격 억제에 있다.

그래서 중국 당국이 주택 분야에서 선택한 핵심 정책이 보장성 임대 주택 정책으로 보인다. 소득이 낮은 사람들도 안심하고 저가로 장기간 거주할 수 있는 주택을 국가적 차원에서 추진하는 것이다.

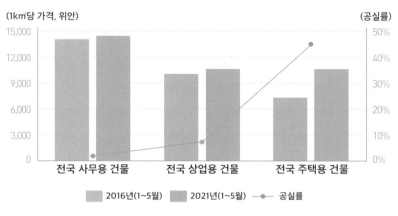

[그림 3-9] 중국 부동산 공실률 추이

보장성 임대 주택

　2021년 6월 리커창 총리는 신규 시민, 청년 등의 주택난을 해결하기 위하여 보장성 임대 주택 정책의 발전을 가속하기로 하였다. 리커창 총리는 대규모 판자촌의 개선, 저렴한 주택의 공급 그리고 부동산 경기의 활성화를 위한 정책을 추진해야 한다고 역설했다.

　무엇을 어떻게 하겠다는 것일까? 인구 순 유입 대도시의 건설 용지와 기업 및 기관 소유의 토지를 사용하여 임대 주택을 건설하고 유휴 및 비효율 상업용 사무실과 공장을 임대 주택으로 전환하겠다고 한다. 즉, 인구가 계속 밀려들어 와 주택 수요가 있는 도시에 지금까지는 허용되지 않았던 불법 상업용 사무실, 공장, 창고 등의 건물을 개조하여 장기 임대를 줄 수 있게 하겠다는 것이다.

　필자가 보기에 사람들은 이 보장성 임대 주택 정책이 어떤 효과를 낳을지 잘 인식하지 못하고 있다. 인구 증가 도시의 경우 주택난은 상당해서 아파트의 한 방에 7~8명씩 사는 경우도 많다. 지하실에 가 보면 2층, 또는 3층 침대를 놓고 침대별로 월세를 놓는 방식도 보편적이다. 하지만 이런 주택 임대에 대한 단속을 엄격히 시행하여 이들은 비싼 임대료를 내고 정식 주택에 월세를 살아야 했다. 월세 수요는 비싼 임대 수입을 가져다주었고 사람들은 앞다투어 은행 융자를 얻어 주택을 구매해 온 것이다.

　이제 이 사람들에게 저가의 월세 주택, 합법적인 월세 주택이 대량으로 공급되면 기존 주택의 월세가 내려갈 수밖에 없다. 그런데 앞서 지적했듯이 주택 가격이 더 이상 상승하기 어려우며 오히려 하강하는 곳이 늘게 된다. 이제 과한 융자를 얻어 주택을 매입한 사람들은 매각할 수밖에 없게 되고 부동산 가격의 하락을 가속하게 될 것이다.

이 보장성 임대 주택을 위하여 당국은 장기적인 재정 지원을 발표했다. 국무원이 '보장성 임대 주택 발전 가속에 대한 의견(关于加快发展保障性租赁住房的意见)'을 발표했는데 기존 발표된 세제 혜택 외에 도시 기반 시설 지원 수수료를 면제한다고 한다. 그리고 가장 중요한 것은 은행이 보장성 임대 주택 기업에게 대출해 줄 것을 요구하고 있는 것이다. 부동산 경기와 가격 하락의 영향을 받고 있는 은행들은 새로운 융자처를 찾아야 한다. 이를 바로 보장성 임대 주택으로 전환하는 부동산에 해 주라는 뜻이다. 중국의 정책을 따르면 적어도 손해는 보지 않거나 책임이 따르지 않기 때문에 은행들은 수익이 낮은 기존 부동산을 임대 주택으로 전환하는 프로젝트에 융자를 제공할 가능성이 매우 크다.

여기에 더하여 중국 주택도시농촌건설부는 '집중식 임대 주택 건설 활용 표준 통지(关于集中式租赁住房建设适用标准的通知)'을 발표하여 집중식 임대 주택의 설계, 시공, 검수 등의 엔지니어링 표준을 수립했다. 이 표준은 다시 기숙사형 표준과 주택형 표준의 두 가지로 나뉜다. 일시에 보장성 임대 주택 건설이 쏟아질 경우 품질 미달과 안전이 보장되지 않을 가능성이 있기 때문이기도 하고 준공 검사를 하는 정부 부처들에게 지나친 압박을 하지 말라는 메시지이기도 하다.

이러한 선언을 이어 리커창 총리가 연이어 보장성 임대 주택에 대한 장기 자금 지원을 하겠다는 정책을 발표했다. 이어서 보장성 임대 주택에 대한 은행의 적극적 융자를 촉구한 것은 이제 정책 집행이 가속되고 있다는 신호로 보인다.

중국 정부는 2021년 9월에는 기자 회견을 열고 모든 사람들에게 주택이 제공될 수 있도록 최선을 다하겠다고 발표했다. 중국 정부의 '최선'이라는 말은 한국에서의 최선이라는 말과 그 무게감이 완전히 다르다. 100% 달성하지 못할 가능성은 있으나 문자 그대로 거의 모든 수단과 방법을 동원하여 달성하겠다는 뜻이다. 장관이 나와서 14억 인구 앞에 선언했으니 지키지 못하면 아마도 중국말로 '티토우라이지엔(提头来见)', 즉 목을 내놓아야 할 것이다. 또한 제14차 5개년 계획에도 저렴한 임대 주택 개발에 중점을 둔다고 명시되어 있다. 중국은 이 선언과 함께 중국이야말로 세계 최대의 주택 보장 제도를 운영하고 있다고 말했는데 이는 미국 등 서방을 향해 하는 말이다. 결코 가볍지 않은 정책인 것이다.

필자는 중국의 이 정책이 만일 성공한다면 우리나라에서도 도입을 검토할 만하다고 생각한다. 도로를 건설하고 전철을 도입하는 사업보다도 민생이 절실한 것은 내 집 마련 아니겠는가? 최저 임금의 일정 비율 이하의 임대료만 내면 평생 있을 수 있는 주택을 제공한다면 그야말로 우리 사회의 많은 사람들의 고통을 해결해 줄 수 있을 것이다.

중국 정부가 미는 리츠

앞서의 보장성 임대 주택은 중국 전체 부동산의 일부에 불과하다. 대부분의 비중을 차지하는 신축 주택과 상업용 부동산의 개발에는 거대한 자금이 돌아다니고 있었다. 하지만 헝다 그룹 사건과 부동산 가격의 하락은 투자 자금들이 부동산 투자를 꺼리게 만들었다.

그 결과 중국의 신탁 회사들이 부동산에서 물러나고 있다. 부동산 투자로 돈을 잃으면서 일부 신탁 회사는 현재 높은 유동성 압박에 시달리고 있으며 이로 인해 부동산 부문에 대한 막대한 투자를 축소하게 되었다. 중국의 21조 위안(약 3조 달러) 규모의 신탁 산업에 대한 이러한 투자 축소는 중국 경제에 결정적인 기여를 하는 부동산에 또 다른 타격인 것이다.

　중국 정부는 부동산 산업에 큰 타격이 있을 것을 예견하고 있었기 때문에 이에 대비하여 과거에는 허용하지 않았던 부동산 리츠 제도를 도입하였다. 다수의 투자자로부터 자금을 모아 부동산에 투자하고, 그 운용수익 및 매각수익을 배당 또는 잔여 재산 분배 형식으로 투자자에게 돌려주는 회사를 리츠라고 한다. 중국에는 원래 리츠 제도가 없었다. 2021년 초에 블룸버그가 중국이 부채 해결을 위하여 조만간 부동산 리츠(REITs)를 허용할 것 같다고 보도하며 중국의 리츠가 허용될 경우 약 3조 달러 규모의 시장이 될 것으로 예상하였다. 헝다가 총 3천억 달러의 빚을 져서 세계 최대의 채무자가 되었으니 이 빚의 열 배쯤 되는 규모인 셈이다.

　하지만 부동산 기업들의 신용 위기가 예상되자 중국 정부는 부동산 리츠를 허용했다. 2021년 5월 선전 증권거래소에 4개의 단일 인프라 공모 리츠가 승인되었다. 선전 증권거래소는 2003년부터 이미 리츠를 도입한 바 있었고 지금까지 총 50개의 사모 펀드 리츠 제품을 발행한 기록이 있었다. 6월에 상하이와 선전에서 9개 인프라 공모 리츠를 상장했다. 상장 후 셔코우 챤위엔(蛇口产园), 쇼우두뤼닝(首钢绿能)이 각각 14.72%, 9.95% 가격이 상승하는 등 성공적인 도입이 이루어졌다. 중국의 리츠 시장은 호조를 보여 2021년 9월 말 중국 정부가 허가한 9개 리츠 펀드의 거래 가격은 모두 6월 말부터 계산하여 평균 10% 가까이 올랐다.

　중국 부동산 리츠 시장이 성과를 거둔 배경은 무엇일까? 그것은 바로 중국 당국이 시행하는 리츠에 대한 강력한 '보호'이다. 최근 3년간 안정적이어야 하며 대상 지역도 베이징, 상하이 등 대도시로 상장 조건을 제한했다. 자산 이자부 부채 비율(총자산 대비 이자부 부채 비율)을 20%

이하로 통제하고, 하루 가격 변동 폭도 10% 이하로 제한한다. 상장된 자금은 고속도로, 산업 단지, 창고 및 물류와 같은 기반 시설 영역으로 제한된다. 그러니까 중국 정부가 주창하는 '실체 경제'에만 허용하여 기존의 주택 시장에 영향을 주지 않도록 한 것이다. 부동산 시장의 안정성이 깨지자 안정성을 보장하는 리츠가 성공적으로 판매된 것이다. 당연히 보예 펀드(博時基金), 핑안 펀드(平安基金) 등 기관들이 리츠 시장의 미래를 낙관한다는 전망을 내놓았다.

아무튼 이렇게 중국에서 인프라 투자를 위한 부동산 투자신탁(REITs) 시장이 시작되었다. 중국 리츠 시장 규모는 아시아에서 인도, 한국에 이어 9위를 차지하고 있는데 향후 한화 360조 규모에 이를 것으로 예상되는 거대한 시장이다. 특히 사실상 중국 정부가 보장하는 안정적인 투자 수익을 얻을 수 있는 상품이어서 주로 기관 투자가들이 선호하는 상품이라고 한다. 소득의 90% 이상이 투자자에게 분배되고 세제 혜택도 있다. 베이징 대학 광화 경영대학원은 미래에는 리츠 시장이 약 2조 1천억 위안에 이를 것으로 예측하고 있다.

리츠 시장이 열린 후 후속 상장 물건이 별로 나타나지 않고 있다. 부동산 쪽 사정이 안 좋은 데다가 현재로는 리츠에 걸어놓은 제약이 많다. 만일 이 제약을 풀어 준다면 기존 부동산 투입 자금 중 상당 비율은 이 리츠로 빠져나갈 가능성이 있다. 어쩌면 당국은 부동산 경기를 계속 압박하여 부동산의 자금이 실제 경제로 흘러 들어가기를 더 바랄지도 모른다.

중국 주식 투자 비결

7
조기 경보
시스템을 만들기

 필자야 속 편하게 중국 국가 전략이니 정부 정책이니 하고 말하지만 독자들 입장에서는 부아가 치밀어 오를 수 있다. 제대로 된 정보가 나오는 것이 없는 중국에 대해 어떻게 국가 전략이나 정부 정책을 제대로 알 수 있을까? 미디어에 나오는 중국 전문가들의 이야기를 들어도 좀처럼 손에 잡히는 내용이 없을 때가 많을 것이다. 그렇기에 중국 주식에 투자한다면 어떤 상황이 발생했는지 알아채는, 그런 신호를 판별하는 능력은 매우 중요하다고 할 수 있다. 필자가 나름대로 쌓은 몇 가지 노하우를 소개한다.

 첫째, 지속적으로 중국 뉴스를 확인해야 한다. 중국 뉴스에서 명확하게 '이것 참 중요하네!'라며 떠드는 소식은 대개 중국 공산당의 선전성 내용이라서 도움이 안 된다. 주로 투자 종목과 관련 있고 개인적으로 관심 있는 키워드를 몇 개 정하고 검색해서 한 페이지 분량 정도를 읽어 보는 습관을 가지는 것이 좋다. 자동 번역 기능을 이용하면 중국어를 몰라도 큰 문제가 없고 더 중요한 것은 우리가 보려고 하는 것은 '없는 정보'이기 때문이다. 즉 줄곧 나오던 키워드나 이야기가 어느 날 나오지 않게 되면 바로 그것이 '상황'인 경우가 많다. 물론 없던 키워드가 불쑥 나오면 자연스레 당신의 주의를 끌 게 될 것이다.

둘째, 높은 사람이나 유명한 사람 이름이 나오는 뉴스는 한번 이름을 확인해 두는 것이 좋다. 그 정도 되는 사람이 그 정도 시점에 그 정도 지점에 있었다는 그 정보가 오히려 도움이 된다. 2021년 12월 31일 중국 지도부의 다과회에 인민대표회의 의장이자 권력 서열 3위인 리잔수(栗战书)가 출석하지 않은 것이 전 세계의 관심을 받고 있는 것을 보면 알 수 있다.

셋째, 문장의 내용은 부정문으로 읽는 버릇을 들이면 도움이 된다. 예를 들어 2022년 1월 6일 보도에 '소비자는 부추가 아니다'라는 제목의 뉴스가 떴다. 여기서 '부추'는 우리 말의 '봉' 정도에 해당되는 말로 소비자는 봉이 아니라는 뜻으로 해석할 수 있다.

필자가 권고하는 해독법은 부정문으로 만들어 읽는 것이므로 '소비자는 봉이다'라고 읽는 것이다. 지금 중국에서는 소비자를 봉으로 삼는 일이 너무나 많아서 이런 뉴스가 나오는 것이라고 이해하면 된다. 물론 소비자를 봉으로 삼아서 무엇을 어쩌겠다는 것인지는 더 두고 볼 일이지만 적어도 보다 많은 인민들이 '당신들, 우리를 봉으로 알아?'라고 생각하는 일이 늘어나고 있다는 정황은 감지할 수 있다.

넷째, 난이도가 높은 해독 방법인데 키워드를 보고 해당 키워드를 중국 공산당은 왜, 무슨 의도로 그 키워드를 골랐을지 생각해 보는 것이다. 예를 들어 2022년 1월 6일 신화망은 '요소 시장화 배치 종합 개혁 시점 총체 방안(要素市场化配置综合改革试点总体方案)'이라는 보도를 냈다. 이 보도 내용을 전부 소개할 생각은 없다. 다만 이 제목의 키워드만 한번 분석해 보자.

- 요소: 중국 경제를 구성하는 주요 자원과 프로세스
- 시장화: 계획 통제가 아닌 시장 및 경쟁에 따르도록 하는 것
- 배치: 자원을 할당하는 것

그러니까 이 제목만 보고 앞서 제시한 방법을 적용하여 재구성을 해 보면 요소가 시장에 따라 자연스럽게 흐르지 않고 있으니 이를 제대로 흘러갈 수 있도록 각급 정부가 나서서 힘을 쓰라는 말이 된다. 당연한 일이지만 2021년 전국적인 전력난을 초래한 석탄 부족 현상, 전력 공급 중단 현상 등이 연상되며, 여기에 다시 도처에서 코로나19 발생으로 인한 도시 격리에서 식품이나 생활필수품이 제대로 공급되지 못하는 상황으로 연상이 이어지는 것이다.

이런 방법들이 다 복잡하고 귀찮으면 필자들이 제공하는 여러 콘텐츠를 애용하시기 바란다. 유튜브나 일간지 그리고 인터넷 매체 등에 끊임없이 제공을 하고 있으니 말이다.

4장

중국의 국가 전략을 알면
유망 산업이 보인다

1

중국의 정책을 이해하면 업종이 보인다

우리는 매일매일 주식의 동향을 보고 듣는다. 주식시장은 기업의 활력을 상징하며 자본주의의 심장이라고도 한다. 어떤 기업이 더 나은 성과와 내일의 가치를 가져올지 많은 사람들이 부단히 정보를 찾고 분석하며 저울질한다. 하루 24시간, 365일 말이다.

그런데 이 주식시장과 경제는 기본적으로 자본주의 시장체계에서 움직이는 것이다. 동시에 지난 세기 동안 추진되었던 글로벌리즘은 전 세계 시장을 하나로 통합해 갔다. 그런데 중국 내수 시장만큼은 글로벌화된 시장이 아니다. 중국 시장은 독립된 시장이다. 그래도 세계와 비교해도 무시할 수 없는 규모를 가진 것이 다른 점이다. 중국은 자국 시장과 글로벌 시장 사이에 진입 장막을 쳐 놓고 통제를 하고 있는데 이는 대표적인 신경제 기업들이 모두 해외의 비즈니스 모델을 흉내 낸 것이라는 데에서도 찾아볼 수 있다.

만일 중국 기업들이 단지 자국 시장에서 보호받으며 성장한다면 중국 기업들이 글로벌 경쟁력을 가지기는 어렵다. 그러나 중국은 자본주의 체제가 아니지만 시장경제를 따르고 있다. 시장경제에서 경쟁은 피할 수 없으며 중국 시장 안에서 벌어지는 중국 기업들 간의 경쟁은 상상을 초월한다.

그렇다고 경제 전반이 시장경제인 것도 아니다. 시장경제와 사회주의 통제 경제가 공존하는 것이다. 그래서 사유제와 공유제가 함께 구동하는 메커니즘을 가지고 있다. 이러한 중국의 특징이 중국 기업에게 무한한 경쟁력을 주기도 하고 돌아볼 필요도 없을 만큼 실망하게 만들기도 한다. 그리고 이 혼합 소유제의 혜택을 받는 기업들은 어마어마한 국제 경쟁력을 가지게 된다.

그럼 어떤 기업들이 이 혼합 소유제의 혜택을 받는가? 그것은 중국 공산당이 추진하는 정책에 순방향으로 작용하는 기업들이다. 다시 말해 중국 공산당의 필요에 의하여 지원을 받는 산업은 폭발적으로 성장한다. 그리고 그 산업 안에서 기업들은 죽느냐 사느냐의 경쟁을 벌이게 된다. 또한 승자는 내부의 혜택과 외부로의 경쟁력을 모두 가지게 됨으로써 세계 시장 속에 우뚝 선 기업이 되는 것이다.

역설적으로 중국의 기업 환경이 바로 이렇기 때문에 우리는 중국 주식 투자에 있어 필승 전략이 가능하다. 바로 다음 한 문장으로 요약할 수 있다.

"시장은 정책으로 결정되고 승자는 경쟁에 의해 결정된다."

우리는 지금부터 중국의 국가 전략과 정부 정책을 살펴보면서 어떤 산업이 유망한지 살펴볼 것이다. 그리고 가능하면 해당 산업에서 영향력이 큰 기업들도 찾아보고자 한다.

중국 시장의 규모와 성장 속도는 대부분 중국 공산당과 중국 정부에 의해 결정된다. 만일 해당 업종이 중국 공산당이 좋게 보지 않는 업종이라면 그런 업종의 시장 규모가 성장할 리 없고 각종 규제도 강화되기만 할 뿐이다. 예를 들어 방직업을 보자. 예전에는 중국이 경공업 위주로 수출을 했었고 그중에서 의류나 봉제가 상당한 비중을 차지했다. 의류나 봉제는 모두 옷감을 가지고 만든다. 그러니 당연히 직물을 만드는 방직업도 중국에 집중되어 전 세계 방직 제품의 상당 부분이 중국에서 생산되었다. 하지만 2021년 전력난과 기후 문제가 닥치고 탄소 중립이 중요 정책으로 채택되자 전력 소비가 큰 업종이 천덕꾸러기가 되었다. 방직, 금속, 화공 등이 대표적인 고 에너지 소비 산업으로 지목되어 앞으로 중국에서는 꼭 필요한 규모만을 남기거나 에너지 효율 혁신을 일으켜야 하는 산업이 되었다. 당시 우리나라에 요소수 파동이 일어났던 것도 이와 무관하지 않다. 이런 상황은 만일 당신이 중국 당국이 앞으로 어떤 정책을 펼지 알 수 있다면 어떤 업종이 유망한지도 당연히 알 수 있게 한다. 즉 정책을 이해하면 업종이 보인다는 것이다.

이박사 중국 뉴스 해설
중국의 새 국가 전략 -
다음 100년을 준비하라

중국의 정책은 사실 알아보기가 매우 쉽다. 중국의 경제 계획은 5년을 하나의 단위로 해서 이루어진다. 그리고 계획 수립에 소요되는 기간이 사실상 2년이 넘는다. 그렇기에 계획 수립 과정에서 많은 논의가 있게 되고 의견 교환이 있어서 사실 관심만 기울이면 어떤 정책이 수립될 것인지 대략적으로 가늠하는 것은 어렵지 않다.

2021년은 중국의 제14차 5개년이 시작되는 해였다. 한국 무역 협회는 이 제14차 5개년 계획의 주 키워드를 기술 혁신, 내수 확대, 환경 보호라고 정리했는데 이 키워드는 그냥 허투루 볼 일이 아니다. 이 세 단어에서 출발하는 정책과 프로젝트가 엄청나기 때문이다.

먼저 기술 혁신이라는 키워드를 보자. 중국이 이야기하는 기술 혁신은 우리의 기술 혁신과는 다르다. 왜냐하면 중국이 기술을 못 훔쳐

가는 것은 물론이고 이제는 중국이 기술 분야에서 진전을 이룰 수 없도록 압박하는 전략을 미국이 구사하고 있기 때문이다. 이 때문에 중국은 미국에 의해 기술 분야가 목을 졸리고 있다고 표현하는데 이른바 '목 졸림 당하는 기술(卡脖子技术)'이라고 부른다. 그 대표적인 예가 반도체이다.

　미국의 압박을 받고 있는 중국에게 있어 기술 혁신은 단순히 다른 국가처럼 좋은 기술을 개발하여 좋은 상품이나 서비스를 만들자는 것이 아니다. 그것은 미국 및 서방 자본주의 국가들의 교묘한 압박으로 중국이 경제 붕괴가 일어나거나 기술 경쟁에서 패배하여 비참하게 되는 일이 없도록 거국적으로 힘을 모아 노력해야 하는 국가의 명운을 건 과제이다.

　내수 확대도 단순한 의미가 아니다. 내수 확대는 외부 무역이 불가능한 상태를 상정한 말이다. 그리고 외부 무역이 불가능한 상태라는 것은 바로 전쟁을 의미한다. 중국 입장에서는 전 세계가 지켜보고 있는 마당에 전쟁 계획을 세운다고는 할 수 없는 것이다. 그러다 보니 전쟁 대신 나온 말이 내수 확대, 내수 중심, 내순환 경제라는 것이고 내순환 경제라는 말을 강조하다 보니 왜 외부 경제는 논의하지 않는가 라는 의문을 불러일으켜 다시 외순환 경제라는 말이 나왔다. 그리고 이 두 가지 순환 경제를 합쳐서 쌍순환 경제라는 말이 되었다. 하지만 그 본질은, 그 출발점은 어디까지나 전시 상황을 의미한다. 그래서 여러분들이 중국의 경제, 산업을 바라볼 때 전시라는 키워드를 가지고 바라보면 처음에는 잘 이해하기 어려웠던 문맥들이 마치 마술 열쇠를 돌린 것처럼 명확하게 이해하게 되는 경우가 자주 있을 것이다.

　환경 보호는 무슨 의미일까? 오염을 방지해서 아름다운 자연을 만들자는 이야기일까? 아니면 중국의 심한 대기 오염을 보고 시진핑 주석이 오염 방지를 지시한 것일까? 물론 그렇다. 하지만 그것은 표층의 의미이고 심층의 의미는 조금 다르다. 환경 보호를 위해 중국이 가장 심혈을 기울이는 것은 탈 탄소 에너지 정책이다. 신재생 에너지를 개발하고 국내 산업의 에너지 소비를 줄여 가고 있다. 그 기저에는 에너지 안보가 깔려 있다. 중국은 세계 최대의 에너지 수입국이다. 그리고 석유의 경우 중동으로부터 말라가 해협을 거쳐 남중국해를 순항하여 중국에 도착한다. 전쟁이 일어나면 미국과 서방은 이 에너지 공급선을 차단할 것이고 중국은 이 항해 라인을 지킬 방법이 없다. 중국은 이를 겨냥하여 남태평양에서 군사 기지를 만드는 데 안간힘을 쓰고 있지만 사실상 미국이 이 말라가 해협을 봉쇄하면 중국은 방법이 없다. 그러므로 해양 봉쇄에 대비하려면 석유를 수입하지 않아도 될 정도로 국가의 에너지 소비 체제를 개혁하지 않으면 안 되는 것이다.

이제 여러분들은 매직 워드를 얻었으니 필자와 함께 유망 산업, 유망 업종을 찾으러 떠나 보자. 여러분들이 그동안 주식 투자를 하면서 쌓은 경험에 필자가 제시한 매직 워드를 들고 중국 경제 체제의 문을 열면 틀림없이 새로운 세계를 볼 수 있을 것이다.

2

외순환 경제의
수혜

시진핑 주석은 이미 여러 차례 타이완과의 통일을 다짐했다. 시 주석은 '누구도 중국 인민의 확고한 결의와 확고한 의지, 국가 주권과 영토 보전을 수호하는 강력한 능력을 과소평가해서는 안 된다.'라고 말하기도 했고 '조국의 완전한 통일이라는 역사적 과업은 반드시 완수되어야 하며 반드시 완수될 것이다.'라고 말하기도 했다. 바로 타이완이 대상인 것이다. 타이완은 당연히 시진핑 주석의 통일 발언에 반발한다. 차이잉원(蔡英文) 타이완 총통은 타이완이 전례 없는 도전에 직면해 있으며 주권을 수호할 것이라고 말했다. 자신의 아이덴티티를 중국인으로 알던 타이완 사람들이 2020년 타이완 정부 조사에 따르면 10% 미만이 통일에 찬성하는 것으로 나타났다. 타이완 국민은 중국 대륙에 통합될 생각이 전혀 없는 것이다. 그렇다면 충돌은 필연적이다. 단지 언제 어디서 충돌하느냐의 문제만 남아 있을 뿐이다.

중국과 타이완이 싸우는 양안 전쟁은 두 국가만의 전쟁이라면 승패는 결정 나 있는 것이나 다름없다. 하지만 미국이라는 변수가 있다. 중국은 미국의 개입을 전제하지 않을 수 없고 그렇게 되면 전쟁 자체가 만만치 않다. 중국은 미국의 개입, 미국의 경제 제재 내지 봉쇄를 대비한 체제를 마련하지 않으면 안 된다.

2020년 6월 18일 중국의 류허 부총리는 상하이의 포럼(陆家嘴论坛)에서 '국내 순환을 위주로 국제 - 국내 상호 보완적인 쌍순환 발전의 새로운 구조가 형성되고 있다.'라고 하였다. 이 발표는 류허 부총리가 직접 발표하지 않고 발표문을 언론에 제공하는 형식이었는데 그 내용이 대단히 충격적이었다. 필자가 볼 때 이 글이야말로 중국이 현재 추진 중인 쌍순환 경제의 출발점이며 본질을 가장 잘 보여 주는 내용이다.

이박사 중국 뉴스 해설
내순환 경제. 중국은 최악의 상황을 준비하는가

첫 번째로 류허는 국경의 방어와 통제를 강화한다고 했다. 두 번째로 내순환 경제를 준비한다고 했다. 중국은 전 세계에서 유일하게 완전 무결성을 갖추고 있기 때문에 경제 독립의 내순환을 실현해서 해외 시장에 의존하지 않고 자체 생산 강화에 전력을 다하여 중국 경제가 비교적 정상적으로 운영될 수 있도록 하겠다는 것이다. 세 번째로 전략물자 및 민생 상품에 대하여 전시 계획경제를 실시한다고 했다. 구체적으로는 식량 비축, 식량 생산, 해외 광물, 에너지, 농산물 원료 등의 비축과 공급 유지, 물, 전기, 가스, 통신, 연료, 교통에 대하여 국가 전시 상황의 통일 관리 실시를 들고 있다. 이제 여러분들은 왜 중국이 대량으로 식량, 에너지와 원자재 등을 수입하고 있는지 이해할 수 있을 것이다. 2021년 석탄 부족으로 인한 전력난이 발생했을 때 중국 정부는 국가 직접 개입이라는 방식으로

이박사 중국 뉴스 해설
중국은 식량 부족인가?
아니면 식량 비축인가?

석탄 가격을 결정했고 추후 가격 결정 메커니즘을 수립하겠다고 했다. 바로 이런 방식이 향후 유사시 전시 계획경제 아래에서의 경제 운영 방식의 기본 프레임이 될 듯하다. 네 번째로 각 지방정부는 식량 기지를 개발해야 한다고 했다. 한국, 일본과 같은 주변 국가들처럼 과일과 채소를 거의 모두 수입에 의존하면 유사시에 이들 부식품들은 극도로 부족하게 된다는 것이다. 따라서 각 지방은 주변에 생산 기지를 만들어 식량 부족을 최소화하고, 부식물 생산의 공급과 수송 압력을 줄여야 한다고 했다. 다섯 번째로 기업을 조직하고 동원해 위기에 대처해야 한다고 했다. 일각에서는 시진핑 지도부가 국진민퇴 등을 내세우며 민간 기업을 배제한다는 의견이 있는데 필자가 보기에는 전혀 그렇지 않다. 계획경제로는 인민들에게 효과적으로 요소를 배치할 수가 없다. 이번 코로나 19 사태로 여실히 증명되고 있지 않은가? 중국 정부는 오히려 민간 기업 특유의 민활함과 탄력을 전략적으로 이용하려는 것이다. 그래서 필자는 시장경제와 공유제는 앞으로 중국에 공존하리라 믿는다.

류허 부총리는 기업이 당장 두 가지 일에 착수해야 한다고 했다. 첫째, 각 기업의 원자재 공급을 점검하여 수입이 단절될 경우 국내에서 원료를 즉시 보충할 수 있도록 해야 한다. 둘째, 모든 기업은 각자의 상황에 따라, 미리 생산 능력 여유를 준비해야 한다. 생산 능력을 키워나가다가 글로벌 경제가 전면 중단되는 사태가 생기면 전 세계 생활물자 수요가 중국의 공급에 의존할 것이고, 이는 중국 기

이박사 중국 뉴스 해설
민영 경제 통일 전선 - 공유제인가 전시 체제인가

업에도 도전이자 기회이기 때문이라는 것이다. '글로벌 경제가 전면 중단되는 사태'가 무엇일까? 역시 전쟁이라고 필자는 생각한다.

마지막으로 류허는 각 가정의 적극적인 협력도 호소했다. 그러면서 류허는 다만 9.3억에 달하는 빈곤층 및 농촌 등 낙후 지역에 사는 이들이 사실상 온라인 시장에서 배제되어 있는데 이들을 어떻게 시스템 내로 흡수하느냐가 관건이라고 말한다. 그러면서 방법은 '저가'와 '가성비'라고 제시했다. 여기서 중요한 키워드는 온라인 시장이다. 중국은 전시 상태가 되면 지금 잘 운영되고 있는 온라인

이박사 중국 뉴스 해설
중국판 농협, 공소사 리스트럭쳐링 - 농촌 경제 장악 가능한가

플랫폼을 국가 공급망 체계로 이용하려는 것이다. 그러므로 온라인을 잘 사용하지 못하는 사람들이 문제가 되는 것이고 이들 빈곤층, 농민 등을 온라인 활동이 가능하게 만드는 것이 국가적 과제가 된다.

따라서 지금 중국의 온라인 시장을 주도하는 알리바바, 징동 등의 기업을 중국 정부가 무너뜨릴 리가 없다. 아무리 마윈이 미워도 알리바바를 해체하지 않을 것이다. 현재 중국의 온라인 시장을 보면 중국의 온라인 시장에 저가 공동 구매를 무기로 농촌 시장에 진입한 핀둬둬(拼多多)가 도시로 진출하고 도시민들을 주로 상대하던 알리바바와 징동 또한 저소득자 시장으로 진입하고 있는 것은 중국 정부 입장에서는 더욱 장려할 일이다. 실제로 지금도 중국 정부는 인터넷 업체의 농촌 진출을 지원하고 있다.

필자는 누군가가 농촌 온라인 시장을 장악하는 데 성공한다면 그는 중국 최대의 온라인 기업이 될 것이라고 믿는다. 중국 정부의 현 전략이 농촌 소득의 향상에 있기 때문에 매출의 성장률 또한 기록적으로 높아질 것임에 틀림없다. 그렇다면 그런 기업이 있을까? 아직 나타나지 않았다. 하지만 우리 모두 주의를 기울여 찾아볼 가치가 있다.

외순환 경제는 미국이 주도하는 서방과 중국과의 경제 분리가 실제

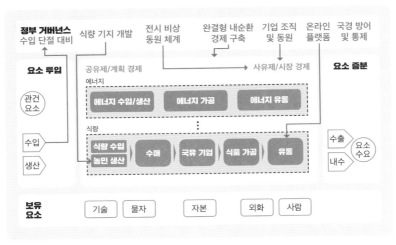

[그림 4-1] 내순환 경제의 구조

로 상당 정도 일어나는 경우를 상정하는 것이다. 그렇게 되면 중국 경제 체제는 당연히 큰 영향을 받게 된다. 우선 경제 이전에 국가 안보 차원에서 중국이 생존을 위해 외부로부터 수입해 오지 않으면 안 되는 국가 전략 물자가 있다. 대표적으로 식량, 에너지 그리고 반도체와 같은 기술이다.

역으로 중국과의 경제 분리 또는 공급망 분리가 진행될 경우 가장 큰 영향을 받을 산업도 바로 이 세 가지 영역에 있다. 그중 식량의 경우 중국은 양적으로는 자급률이 95% 정도여서 큰 기후 변화 등이 없다면 지금까지 중국의 생활 습관처럼 많은 양의 푸짐한 식탁을 가질 수는 없다 해도 북한의 고난의 행군식의 아사자가 나오는 참상은 면할 것으로 보인다. 그러나 에너지와 반도체 등 첨단 기술은 이야기가 다르다. 이 부분은 뒤에 별도로 이야기하기로 하고 우선 중국의 외순환 경제 정책이 어떤 산업을 장려하게 만드는지 살펴보도록 하겠다.

중국 주식 투자 비결

외국 자본의 유입

에너지나 식량과 같이 생존과 직결되는 품목에 대한 중국의 본질적인 조치는 수요 그 자체를 줄이는 것이다. 예를 들어 식량의 경우 소비를 5%만 줄여도 자체 자급자족이 가능하다. 그러니 시진핑 주석이 음식 낭비하지 말기, 식탁 위에 접시 하나 줄이기 등을 거론할 만하지 않은가? 에너지나 반도체도 다들 조금씩 줄이는 방식으로 해결되면 좋겠지만 유감스럽게도 불가능하다.

만일 전쟁이 일어났을 때 앞서 거론한 에너지, 반도체 외에 중국 공산당 입장에서 가장 절실하게 필요한 것이 무엇일까? 이것을 이해하면 중국 공산당이 지원할 산업과 업종이 무엇인지 파악할 수 있다. 그리고 대답은 사실 명확하다. 달러다! 전쟁이 일어나면 우선 달러와 같은 외화가 들어올 길이 막힐 것이다. 중국 경제의 삼두마차는 수출, 투자, 소비이다. 여기서 수출 길은 꽉 막힐 것이다. 그렇게 되면 외화가 들어오지 않게 된다. 하지만 과연 중국이 모든 물자와 자원을 국내에서 조달할 수 있을까? 그것은 불가능하다. 전략 물자를 들여와야만 한다. 미국과 서방은 이에 대응하여 경제 봉쇄, 필요한 경우 해상 봉쇄를 할 것이고 수입 대상 물자의 가격은 치솟을 것이다.

그러므로 중국의 입장에서는 해외 자금을 가능한 많이 자국 안으로 들여놓아야 한다. 그것이 비록 빚이라고 해도 말이다. 어차피 전쟁이 벌어지면 월스트리트의 돈은 적국의 돈이니 안 갚을 길도 생길 것이다. 그래서 중국은 대규모의 국채를 발행했는데 서방 금융 회사들이 열심히 잘 사 주었다.

국채보다도 좋은 방법은 정상적인 방법을 통하여 서방 등 외국의 대규모 자본을 중국 내로 유치하는 것이다. 중국 당국은 2021년 들어

11월 10일까지 101개 해외 기관에게 QFII 자격을 부여했다. 이는 역대 최대 기록이다. 이러한 중국의 개방 조치로 인해 외국인 투자자가 보유한 위안화 표시 금융 자산이 급증했다. 2021년 5월 외국인 보유 자산 가치는 처음으로 10조 위안을 넘어 2019년에 비해 두 배 가까이 올랐다. 서방 자본이 우려하는 것이 없는 바는 아니다. 예를 들어 중국 정부 정책의 일관성과 예측 가능성을 우려하고 있다. 골드만삭스나 블랙록 같은 거대 서방 금융 기업들은 상하이 등 자유무역 특구에 법인을 내고 상대적으로 자유롭게 자금의 국제간 이동을 하고 있는데 위기가 닥쳐도 자신들은 자금을 빼내 갈 수 있다고 생각하는 모양이다.

아무튼 중국 정부는 지속적으로 외국 금융 자본의 중국 내 투자를 지원해 나갈 것이다. 중국에 들어온 해외 금융 자본은 어디에 투자를 할까? 가장 기대 수익이 높은 곳일 것이다. 그럼 중국에서 기대 수익이 가장 높은 투자 대상은 무엇일까? 가장 안전한 투자 대상은 무엇일까? 그것은 역시 중국 공산당이 가장 키우고 싶은 산업일 수밖에 없다.

그러므로 일차적으로는 국제 금융 중개를 하는 중국과 홍콩의 금융 회사들이 투자 고려 대상이 될 텐데 중국이 비달러 경제권에 대한 관심과 디지털 위안이 향후 국제간 거래에 사용될 것이라는 전망 등을 고려한다면 디지털 위안 발급 권한을 가진 은행들이 가장 우선적인 투자 대상이 될 수 있으리라 본다.[4]

반대로 중국의 외화를 유출하는 쪽 산업은 철퇴를 맞을 것이다. 2021년 말, 마카오 도박장 선씨티 그룹(Suncity Group)의 설립자인 알빈 차

---

4) 디지털 위안의 발권을 인가 받은 중국의 금융기관으로는 공상은행(工商银行), 농업은행(农业银行), 중국은행(中国银行), 건설은행(建设银行), 교통은행(交通银行) 우정은행(邮储银行), 자오상은행(招商银行), 알리페이의 왕상은행(网商银行), 위챗페이의 웨이중은행(微众银行) 등이 있다.

우(Alvin Chau)가 국제 도박과 관련된 혐의로 체포되었다. 이 조치는 지금까지 마카오의 도박장들이 중국 내부의 자산을 해외로 빼돌리는 역할을 한 것을 더는 눈감아 주지 않겠다는 신호이다. 필자라면 앞으로도 중국 내의 돈이 해외로 나가게 하는 산업에는 눈길을 두지 않겠다.

중국 경제권 유망 업종

미국과 서방이 중국과 분리를 추진하는 것에 대한 중국의 대항은 두 가지 방식으로 이루어지고 있다. 하나는 홍콩, 마카오의 성숙한 자본주의와 국제 무역 중심의 위치를 활용하는 것이고 다른 하나는 비달러권 경제를 중국 중심으로 구축해 나가는 것이다.

이 두 가지 방식은 상호 독립적이기보다는 상호 연계되어 추진되고 있다. 우선 홍콩의 국제 자본 중심의 위치를 활용하여 위안화의 국제화를 도모하고 있다. 미국으로부터 경제 제재를 받아 고통받는 국가들은 이 중국 주도의 위안화 경제권에 적극적으로 협력하고 있다. 바로 러시아, 이란, 파키스탄, 북한 등이다. 이러한 국가들과의 교역 체제를 위안화 결제권이라 하자. 위안화 결제권이란 현재로서는 글로벌 경제 규모에 비해서는 매우 작은 규모임이 당연하다. 다만 중국이 가지는 세계 공장이라는 위치로 인하여 상대 국가들은 미국의 제재로 달러가 부족한 상황에서도 위안화를 통해 자국 경제가 필요로 하는 물자들을 공급받을 수 있게 되는 이점을 가지게 된다.

중국으로서는 이들 국가들과의 협조 체계는 용이한 것이지만 자국에게 전략적 이점을 가져오는 것은 에너지 외에는 별로 없다. 그보다는 미국과 교역하는 일반 국가들이 위안화를 사용해 주는 것이 필요하다. 그런 측면에서 우리나라와 맺고 있는 '원 - 위안 직접 교환'도 중국 입장에서는 위안화 결제권을 넓혀가는 노력의 일환이다. 중국은 국제간 위안화 결제 시스템을 개발했고 2021년 말까지 도달 범위를 확대하는 것을 목표로 하고 있다. 시스템을 사용하는 직접 참여 은행의 수를 2021년 말까지 80개로 늘리겠다는 것이다. 미국과 유럽의 제재 하에서 중국은 주로 중동, 아프리카 및 남미의 제3세계 국가들을 대상으로 위안화 결제권을 넓히는 중이다.

그러나 이들 국가들 입장에서는 위안화 결제권에 뛰어드는 것은 리스크다. 위안화에 대한 미국 및 서방의 견제가 틀림없이 있을 것이고 쌍방 간에 전쟁이라도 난다면 위안화의 가치가 폭락할 수도 있다. 이 때문에라도 중국은 위안화의 안정성을 세계만방에 보여 줄 필요가 있다. 위안화는 쉽게 절하되지 않을 것이라는 의미이다.

위안화 국제화의 가장 합리적인 방법 중 하나는 이미 세계 통화로서의 역할을 하고 있는 홍콩 달러의 활용이다. 물론 홍콩 달러가 역할을 할 수 있는 것은 미 달러와 연동하는 PEG제를 채택하고 있기 때문이다. 중국은 이 PEG제를 장기적으로는 달러 베이스에서 위안화 베이스로 전환하려 할 것으로 보인다. 만일 홍콩이 위안화 중심의 바스켓 시스템으로 전환한다면 이제 위안화 베이스로의 전환이 시작되었다는 시그널로 볼 수 있을 것이다.

하지만 세계 금융의 기축통화인 달러를 떠난다면, 그것도 적이 되어 경쟁자 입장이 된다면 중국과 홍콩의 금융 질서는 지대한 리스크에 당면하게 된다. 그렇기에 중국은 달러 경제에서 위안화 경제권으로 전면적인 전환을 하기보다는 최소한의 위안화 경제권을 구축하고 점진적으로 확대하는 전략을 채택할 것으로 보인다. 그리고 그 과정에서 여러 수단이 동원될 터인데 디지털 위안이 그중 하나라는 소문이 끊이지 않고 있다.

중국의 위안화 경제권 구축에 가장 큰 역할을 할 나라는 러시아로 예상된다. 중국에게 생명과 같은 에너지를 대규모로 공급하는 반면 생활 물자 산업은 잘 발달되지 않아 중국과 주고받을 것이 잘 맞기 때문이다. 그리고 전쟁 전까지는 타이완 기업들이 위안화 경제권과 달러 경제권의 교량, 매개체 역할을 하며 성장할 가능성 높다. 경제 분리 상황에서 양쪽 진영 모두와 협력할 수 있기 때문이다.

RCEP와 CPTPP, 역내 경제 협력 효과

노골적으로 경제 분리에 대응하는 위안화 경제권과는 달리 제삼자가 다수 참여하는 다자간 경제 협력은 중국에게 전략적 기회를 부여한다. 이미 참여가 확정된 RCEP라든가 추진 중인 CPTPP 등은 모두 중국이 미국의 압박을 피할 수 있게 하는 보호막이 된다. 동시에 우리나라를 비롯한 제3국들은 미·중의 갈등에 직접 부딪히지 않으면서 양쪽 모두와 경제 협력을 할 수 있는 수단이 된다. 그래서 미·중 간의 갈등이 커질수록 이러한 다자 방식의 경제 협력이 더 만들어지고 활성화될 가능성이 높다고 볼 수 있다.

세계 최대 FTA라고 불리는 역내 포괄적 경제 동반자 협정 RCEP가 아세안 6개국과 중국·일본·호주·뉴질랜드 등 비(非)아세안 회원국에서 2022년 1월 1일 발효되었다. RCEP가 발효되면 역내 90%에 달하는 상품이 제로 관세로 거래되게 된다. 이는 지역 전체의 경제·무역·투자를 현저히 끌어올릴 뿐 아니라 생산 거점 경쟁력이 있는 국가 쪽으로 투자가 집중될 것을 의미한다. 즉 기업 유치의 국가 경쟁력이 관건이 되는 시기가 오는 것이다.

중국 상무부 연구원의 발표에 따르면 '글로벌 다이내믹 일반 균형 모델(GDYN, 全球动态一般均衡模型)'에 기반한 예측 결과 2035년까지 RCEP는 역내 전체의 실질 GDP는 0.86%, 수출량은 18.30%, 수입량은 9.63%가 누적 증가할 것이라고 한다. 그만큼 역내 국가 간의 거래가 증가하는 것이며 좋게 보아 경제 활성화가 되는 것이고 역내 경쟁력이 없는 기업은 도태될 될 것이다.

전체적으로는 누적 수출 8,571억 달러, 누적 수입 9,837억 달러, 누적 지역 투자 1.47% 증가, 누적 지역 경제 복지 1,628억 달러 증가 달성이 예상된다. 세계적으로는 2035년까지 RCEP가 세계 실질 GDP와 무역을 각각 0.12%와 2.91% 누적 성장에 기여할 것으로 분석되었다.

관건은 RCEP에 가입한 국가들 중 누가 얼마나 수혜를 볼까 하는 점이다. 분석 결과는 예상대로 아세안 국가들이 가장 큰 수혜를 입는다. 2035년까지 아세안 전체 GDP 누적 성장률은 4.47%포인트 늘어난다. 이 가운데 캄보디아는 7.98%, 필리핀 7.04%, 태국 6.38%, 베트남 6.33%의 누적 GDP 증가율을 보일 것으로 기대된다. 그리고 한·중·일 3국과 뉴질랜드, 호주의 실질 GDP 증가율에도 기여할 것으로 나타났다. 결국 모든 국가가 이익을 얻는다는 것이지만 중국이 얻는 이익은 지극히 미미할 것으로 보인다. 그렇기에 RCEP는 중국에게 지금 이익을 가져다주는 시장이라기보다는 미국과 서방의 경제 분리에 대응하는 보험이며 결코 놓칠 수 없는 선택이다.

수출입 증가율을 보면 아세안 회원국 중에서는 필리핀·캄보디아·태국·베트남의 누적 증가 폭이 20%를 넘었고, 비아세안 회원국 중에서는 한국의 누적 수출 증가 폭이 가장 컸으며, 중국의 수입 증가 폭이 가장 컸다.[5] 아세안이 가장 큰 이익을 얻고 중국이 가장 적을 것이라는 것은 이미 필자도 『중국의 선택』에서 예상했던 바이다. 그런데 한국의 누적 수출 증가 폭이 가장 컸다는 것은 일본이라는 요소를 고려할 때 흥미로운 일이다. 왜냐하면 일본은 지금까지 RCEP와 같은 역내 협력이 별로 없어서 RCEP가 이루어지면 아세안은 저가 상품 그리고 일본과 한국은 하이테크 제품을 위주로 시장을 얻을 것이며 하이테크 기술 제품 영역에서 일본이 가장 유리할 것으로 생각되었기 때문이다. 그러나 실제 분석 결과는 일본이 아닌 한국의 수출 누적 폭이 가장 크게 나왔다는 것으로 한국이 하이테크 분야에서 일본을 압도해 갈 것을 시사하고 있다.

2035년까지 RCEP의 중국 실질 GDP에 기여한 비중은 0.35%로 높다고 할 수 없지만 수출 누적 증가율 7.59%, 수입 증가율 10.55%로 수출 3,154억 달러, 수입은 3,068억 달러라는 무시할 수 없는 규모의 효과를 가져온다. 특히 서방의 경제 분리가 일어날 경우 중국이 필요로 하는 기술 제품들을 한국 및 일본에서 직간접으로 제공받을 수 있다는 전략적 의미도 있다.

아세안으로부터의 수입이 증가한다는 것은 아세안 제품과 경쟁하는 중국 기업들은 경쟁이 심화된다는 것인 반면 아세안의 수입품을 활용하는 하류 산업은 선택의 폭이 늘어난다는 의미가 된다. 농산물 무역이 증가하게 된다면 하류 산업인 요식업, 식품업이 성장할 가능성이 크다.

RCEP는 세계 최대의 자유무역 협약으로서 향후 글로벌 공급망의

---

5) 2035년까지 수출은 필리핀 57.81%, 캄보디아 30.82%, 태국 24.23%, 베트남 22.12% 늘고 수입은 각각 67.71%, 33.15%, 27.94%, 23.38% 증가할 것으로 예상된다. 비 아세안 회원국 중 한국의 수출이 7.84%로 가장 많이 늘고, 중국의 수입이 10.55%로 가장 많이 늘 것으로 예상된다.

재편에도 상당한 영향을 끼칠 것이다. 중국은 RCEP 발효 후 무역 투자 장벽을 낮추고 지역 경제 일체화 수준을 높임으로써 통일된 역내 큰 시장 형성을 촉진하여 자국의 경쟁 우위인 규모의 경제를 더욱 실천해 나갈 것으로 보인다. 특히 전통적 경쟁 우위 산업인 농업, 경공업, 방직, 자동차, 기계, 전자 정보, 석유화학 등이 유망하며 석유화학, 기계 등 일부 산업은 더욱 치열한 시장 경쟁에 노출될 것이다.

일본이 주도하고 트럼프 대통령이 배제하여 주춤했던 환태평양 경제 공동체 TPP 같은 경우 바이든 정부에 들어오면서 CPTPP로 이름을 바꾸어 재추진되고 있다. 그리고 왕원타오(王文涛) 중국 상무부 부장이 2021년 O'Connor 뉴질랜드 무역수출성 장관에게 중국의 CPTPP 가입 공식 신청서를 제출했다. 중국의 가입 신청이 CPTPP 본연의 목적에 있기보다 타이완의 가입을 견제하기 위한 것이라는 해석들도 있다.

상당수의 사람들이 중국이 CPTPP 가입 조건을 갖추지 못하고 있다고 보며 중국이 CPTPP 규칙을 수용할 수 있는지 의문을 가지고 있다. 중국이 CPTPP에 가입한다면 국유 기업에 대한 보조금을 제한하고 국유 기업 관련 정보를 회원국과 공유해야 하며 시장에 대한 정부의 과도한 개입을 하지 못하게 된다. 또 현행처럼 외국 기업들에게 데이터를 국내에서만 처리하고 저장할 수도 없으며 외국 기업에게 소프트웨어 소스를 요구하는 것도 금지된다. 자국 기업에게도 강력한 데이터 보안을 요구하고 있는 중국 정부가 이를 수용할 리가 없다고 보는 것이다. 그래서 혹자는 중국 정부는 협상에만 수년간을 끌면서 시간을 버는 것이 목적이라고 말하기도 한다.

반면 타이완은 CPTPP 가입을 위해 농산물 수입 개방과 같이 많은 국내 정치상의 난제에도 불구하고 지난 수년간 노력을 해 왔다. 갈수록 외교적, 경제적으로 고립되어온 타이완으로서는 CPTPP와 같은 다

중국 주식 투자 비결

자간 경제 협력은 쌍무협정에서 약자로서 받기 쉬운 여러 불이익과 불평등을 벗어날 수 있기 때문에 처절한 노력을 하고 있다. 타이완 정부는 2021년 9월 22일 신청하였고 호주 등에도 지원을 요청하고 있다.

그리고 이제 디지털 경제 협력도 논의되고 있다. 중국은 '디지털 경제 파트너십 협정(DEPA)'에도 가입을 신청했는데, 이는 글로벌 디지털 경제 규칙을 공식화하는 핵심 단계로 간주된다. 이 역시 중국이 세계로부터 경제 분리를 당하지 않으려는 또 다른 조치로 볼 수 있다. 디지털 경제 파트너십 협정은 2019년 싱가포르에서 발의되어 2020년 6월 12일 칠레, 뉴질랜드와 온라인으로 체결되었다. 이 협정은 디지털 무역 문제에 대한 새로운 방법과 협력을 확립하고, 서로 다른 구조 간의 상호 운용성을 촉진하는 것을 목표로 한다. 구체적인 내용은 다음과 같다.

- 사용하는 전자 장치
- 내국민 대우 및 디지털 제품의 비차별
- 전자 인보이스 발행 및 국가 간 비즈니스 문서화
- 개인 데이터 보호
- 사이버 보안
- 온라인 소비자 보호
- 안전한 디지털 신원의 보호
- 인공지능 구현을 위한 윤리적 거버넌스 프레임워크
- 무료 데이터 흐름
- 개방된 인터넷에 대한 액세스 보장과 디지털 격차 문제 해결

국가 비상 상황을 전제하고 국내 공급망을 디지털 경제 체제로 정

비하는 중국에게 있어 디지털 경제 파트너십 협정은 해외 무역, 즉 외순환 경제 체제를 하나로 통합하고 미국의 봉쇄를 피할 수 있는 수단이 되기 때문에 절대적으로 필요한 조치라고 할 수 있다. 우리나라도 DEPA와 2021년 10월부터 가입 협상에 들어갔다.

이러한 흐름은 필연적으로 중국의 전자상거래 기업의 영향력을 더욱 확대하고 그 하부구조인 물류 서비스 업종의 확대를 부른다. 국내 인프라와 무역 인프라의 통합도 예상된다. 이는 알리바바, 징동, 핀두어두어 등 메이저 디지털 플랫폼의 가치를 올리는 쪽으로 작용할 것이다.

국제 물류

해외에서 전략 자원을 확보하면 전쟁 중이라 하더라도 중국까지 가지고 들어올 수 있어야 한다. 그 유명한 일대일로의 목적이 이제 여러분들 눈앞에 선하게 떠오르지 않는가? 일대일로 프로젝트는 여러 가지로 포장되어 있지만 바로 전략 물자의 운송로를 확보한다는 국가 전략이 가장 근본이라고 여겨진다.[6] 다자간 협력에 의한 무역도 마찬가지로 물류 하부 구조의 지원이 필수적이다. 공급망은 해운, 철도, 도로 그리고 이와 연계되는 창고, 비축 기지 등으로 이루어진다. 그리

---

6) 필자는 줄곧 일대일로가 군사적 목적이 가장 크다고 주장을 해 왔는데 같은 주장을 하는 사람을 발견했다. 그는 홍콩대학교 아시아글로벌연구소 명예교수이자, 존스홉킨스 국제대학원 홉킨스-난징 센터 국제정치학과의 '데이비드 아라세(David Arase)'교수이다. 그는 중국의 일대일로가 인프라를 통한 무역 촉진의 문제가 아니라 군사적 요소를 포함한 포괄적인 지정학적 전략이라는 입장이다. 그는 일대일로는 처음부터 군사적 목적이라고 필자와 같은 견해를 보이고 있다.

고 전시 상태를 상정한다면 100% 중국 지분으로 건설되기보다는 현지 정부와 합작하는 형태가 더 전략적으로 안전하다. 만일 월드 뱅크나 아시아 개발은행 등 많은 국가가 출자한 자금이라면 더욱 안전하다. 미국이 공격을 하기가 더 어려울 테니 말이다.

그러므로 중국이 꼭 필요로 하는 자원인 에너지, 일부 원자재, 반도체, 설비 등을 운반하고 저장하는 물류 산업은 중국에게 있어 어떻게든 확보해야 하는 주요 산업이다. 중국의 물류 회사들은 발 빠르게 해외 거점을 확보해 나가고 있다. 그런데 모든 물류 노선이 다 중요한 것은 아니다. 에너지라면 중동 지역에서 유조선을 통해 운반해 오는 라인이 가장 중요하다. LNG의 경우 소아시아 지역에서는 파이프라인을 이용하고 대부분은 러시아 북극해 야말 지역에서 파이프라인과 LNG 수송선을 이용한다. 기계 장비는 국적 세탁이 쉬운 동유럽 지역을 통해 일대일로 프로젝트로 건설한 철도를 이용할 공산이 크다. 그리고 대형 물류 회사일수록 이러한 전략 물자 운송 능력이 향상된다. 그렇기에 중국의 대형 물류 회사들의 상장 등의 소식이 있을 때 이들 회사들의 주요 노선과 고객들을 잘 살펴볼 필요가 있다. 예컨대 뒤에 언급할 중국 물류 그룹 같은 회사 말이다.

물류 이야기가 나온 김에 내순환 경제 영역이라고 할 수 있는 중국 내 물류를 짚어 보자. 해외 물류가 국가 전략 물자라는 차원에서 중요한 의미를 가진다면 국내 물류는 전시 체계에서 국민들의 물자와 병력을 포함한 군사 물자의 이동 수단이 된다는 의미가 있다. 특히 여기서 병력의 이동이 매우 중요한데, 중국이 방어해야 할 면적에 비해 병력이 적기 때문이다.

우리는 일반적으로 중국이 상대방을 공격하는 경우를 상정하지만, 정작 중국은 남이 자기들을 공격할 경우를 대비해야만 한다. 그런데 일부 군사 자산이나 지도부를 보호하기 위한 방어 체계는 마련되어 있지만 국토에 산재되어 있는 산업 자산을 보호할 수 있는 체계는 마련되어 있지 않다. 예를 들어 우리나라가 개발하여 가지고 있는 천무 4 미사일이 중국 본토의 중요 지점을 타격한다면 중국이 제대로 방어할 가능성은 매우 낮다.

만일 중국이 타이완을 공격하려면 후방 보급이 전국적으로 이루어져야 하고 병력도 즉각 배치될 수 있어야 한다. 중국의 경우 이러한 군사 자원의 배송은 주로 철도를 이용한다. 중국이 그동안 전국에 고속철을 포설해 온 것은 이 때문이다. 그렇지 않다면 베이징 - 상하이 구간 외에는 모든 구간에서 손실을 보면서 그렇게까지 고속철을 확장할 이유가 없다. 전쟁이 나면 중국은 고속철을 이용하여 1일 내에 대규모 병력을 대륙의 끝에서 끝까지 운반할 수 있다.

군수 물자가 아닌 일반 물자, 군수용품이 아닌 민간 물자도 일단 전쟁이 일어나면 통제 체제에서 전국에 배급이 될 수 있어야 한다. 전력난으로 중국에 다시 석탄 배급표가 등장했는데 많은 사람들이 이를 보고 과거 계획경제 시절을 떠올리고 있다. 하지만 과거와 같이 중국이 무슨 양권 같은 것을 발행해서 사용할 리 만무하다. 현재 잘 개발되어 있는 온라인 쇼핑몰 기능을 전면 적용할 계획이고 이에 상응하는 현재의 물로 및 택배 체계를 이용한다는 전략이다.

그러므로 해외 전략 물자의 공급망과 함께 국내 물류 또한 전략적 의미를 가진다. 그래서 중국 당국은 물류 기업들에 대해서는 가능한 발전의 공간을 주려고 하는 것으로 보인다. 예를 ANE(Shanghai ANE Logistics)가 홍콩 시장에서 5억 달러 규모의 상장을 했는데 이 회사는 소형 화물에 초점을 맞춘 운송 및 배송 서비스를 제공하며 중국 전역에 140개 이상의 물류 센터를 보유하고 있다.

중국은 이제 국제·국내 물류를 연계하는 인프라를 계획하고 있다. 상무부 등 9개 부처가 공동으로 '무역 물류 고품질 발전을 위한 특별 행동계획(2021~2025년)'을 시작했다. 2025년까지 협업 및 공유가 가능한 표준화되고 지능적이며 친환경적인 통합 및 개방된 현대적인 비즈니스 물류 시스템을 구축하고 브랜드 영향력을 가진 비즈니스 물류 회사로 양성한다는 것이다. 이것은 중국 내 모든 물류 시스템이 국가가 선도하는 표준에 따라 통합되어 갈 것이라는 의미이고 물류 시스템 간의 정합성이 이루어져 상호 운영이 가능해지는 체계를 지향한다는 것이다.

2021년에는 12월 중국 정부는 중국 물류그룹 유한회사(中国物流集团有限公司)를 설립하였다. 중국 동방항공 그룹 유한회사, 중국 코스코 해운그룹 유한회사, 중국 상상그룹 유한회사의 투자로 이루어졌으며 창고, 운송, 유통, 포장, 복합 운송, 국경 간 전자 상거래, 국제 무역, 전자 상거래 등과 같은 다양한 유형의 통합 물류 서비스를 포괄한다고 한

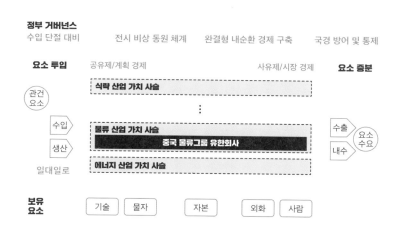

[그림 4-2] 인프라가 중국의 전략에서 차지하는 비중

다. 필자의 생각으로는 이 회사는 앞서의 9개 부처 공동 계획과 관련 있으며 신속하게 성장할 가능성이 높다.

이 회사는 아무런 사전 배경 설명 없이 어느 날 갑자기 만들어졌고 미디어들도 간단히 사실 보도만을 짧게 했다. 반복되는 이야기지만 중국에서 정말 큰일들은 뉴스가 모두 매우 짧고 사실 보도 위주이며 해설이 없다. 이 중국 물류는 만들어진 시점이나 배경을 볼 때 앞으로 중국 정부의 물류 정책의 국책 사업을 하는 중심 기업이 될 가능성이 크다. 바로 직전 만들어진 희토류 회사와 함께 말이다. 아무튼 향후 중국의 물류 회사들이 투자자들에게 주목받을 가능성이 높다. 스위스 크레딧 또한 2022년도 10대 중국 투자 테마 중 하나로 바로 이 물류 산업을 지목하고 있다. (그림 4-2 참조)

글로벌 전략 자원

에너지를 비롯한 해외의 전략 자원을 개발하고 중국에 수입하는 역할을 하는 것은 대부분 국유 기업이다. 실제로 어떤 민간 기업이 자원 소스를 개발하여 중국에 수입을 할 수 있어도 라이선스를 부여받지 못하기에 수입 라이선스를 가지고 있는 국유 기업에 판매할 수밖에 없다. 국유 기업들이 독점적 지위를 가지고 있는 것이다. 이들 기업들은 중국이 전쟁을 하지 않는 한 회사도 망하기 어렵다고 말할 수 있다. 이런 식으로 중국의 전략 자원은 수입하는 것이든 수출하는 것이든 소수의 국유 기업에 집중되어 있다. 당연히 상장하는 경우 그 가치도 높다.

바이든 행정부는 반도체, 전기차용 배터리, 희토류, 의약품 등 4개 영역에서 중점적으로 중국에 대한 통제를 하기로 했다. 그런데 이 중

중국 주식 투자 비결

반도체만이 미국이 중국에 공급하는 것이고 나머지는 모두 미국이 중국으로부터 수입을 하는 것이다. 특히 에너지와 함께 희토류는 미·중이 전 세계에서 경쟁하고 있는 전략 자원이다. 이미 시장의 대부분을 공급하고 있는 중국은 세계 각지의 희토류 자원들을 확보해 왔고 이제 희토류 분야에서 결정적인 영향력을 발휘하고 있다. KOTRA에 의하면 전 세계 희토류의 총부존량은 약 1억2천만 톤인데 중국의 희토류 부존량은 4,400만 미터톤으로 전 세계 1위이다. 2020년 기준으로 글로벌 생산량 24만 미터톤 중 중국에서 14만 미터톤이 생산되고 미국은 3만8천 미터톤을 생산하고 있다.

그리고 모두가 걱정하는 대로 전 세계 희토류 수출의 85%를 장악한 중국의 통제가 세계적인 영향을 주기 시작할 전망이다. 2021년 3월 샤오야오칭(肖亚庆) 공신부(工业和信息化部) 부장은 중국의 '희귀한 흙, 희토'가 '희귀한' 가격이 아니라 '흙' 가격으로 팔리고 있다고 말한 바 있다. 이는 현재의 희토류 상황을 바라보는 중국 지도부의 시각을 반영하고 있는 것이다. 특히 전기차에 필수적인 모터용 영구자석인 네오디뮴 영구자석(NdFeB)의 제조에는 디스프로슘이라는 희토류가 필수적이나 현재로서는 전 세계에서 중국이 유일한 공급 국가라고 한다.

중국의 외순환 경제 상황을 고려하면 일차적으로 중국이 필요로 하는 자원을 중국에 들여오는 기업들이 좋은 투자 대상이 될 수 있다. 중국이 세계의 자원을 싹쓸이하고 다니는 것은 어제오늘의 이야기가 아니다. 심지어 중앙정부도 아니고 지방정부에서도 자원 정보를 제공하며 자원 확보에 나설 것을 종용하고 있다.

자원 확보 초기에는 경험 없는 중국 기업들이 무턱대고 광산을 개발하다가 큰 낭패를 보기도 하였지만 일단 자원 개발의 전문성을 인식한 후부터는 국가적 차원에서 착착 진행하고 있다. 그 과정에서 일본 등 제3국 기업들의 자본도 많이 참여하였다. 그러나 시간이 갈수록 직접 광산을 개발하는 것이 어려워지면서 중국 기업들은 적당한 광산 기업의 지분을 인수하는 방법을 주로 이용하고 있다. 그러므로 상장되어 있는 자원 업종 국유 기업은 좋은 투자 대상일 수 있다.

다만 이런 자원 관련 기업들은 광산업이 많은 반면 국내 광산업의 경우 대부분 에너지 소비가 심한 제조 프로세스인 경우가 많다. 이는 중국 당국이 앞으로 대폭 규모를 축소하려는 업종이다. 예를 들어 위 표 4-1의 2020년도 1위 업체인 베이징 알루미늄은 전력 소비가 극심하여 중국 정부가 생산량을 억제하는 업종이다. 따라서 희토류와 같은 전략 물자 사업의 비중과 에너지 과다 소비 사업 대상의 비중을 잘 저울질해야만 한다. 최근 중국은 세계 최대 희토류 회사 중 하나의 설립을 승인했다. 새로운 회사는 중국 희토류 그룹(China Rare Earth Group)으

순위	기업명	2020년 매출(억 위안)
1	베이징 알루미늄(北京)中国铝业	3670.20
2	장시 구리 江西铜业	3368.59
3	산동 위챠오(山东)魏桥创业	2889.65
4	간쑤 진추안(甘肃)金川集团	2477.59
5	산동 신파(山东)信发集团	2110.47
6	안후이 퉁링(安徽)铜陵有色金属	2090.78
7	저장 하이량(浙江)海亮集团	1964.21
8	푸젠 츠진(福建)紫金矿业	1715.01
9	산시 유우써 陕西有色集团	1445.96
10	베이징 우쾅 五矿金色	1437.12

[표 4-1] 중국 TOP 10 유색 금속 업체

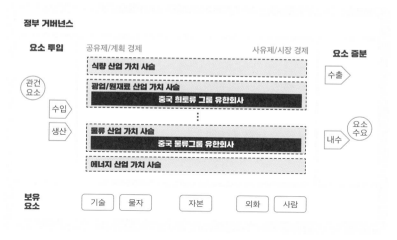

정부 거버넌스

| 요소 투입 | 공유제/계획 경제 | | 사유제/시장 경제 | | 요소 증분 |

식량 산업 가치 사슬

광업/원재료 산업 가치 사슬
중국 희토류 그룹 유한회사

물류 산업 가치 사슬
중국 물류그룹 유한회사

에너지 산업 가치 사슬

관건
요소

수입

생산

수출

요소
수요

내수

보유
요소

기술　물자　　자본　　외화　사람

[그림 4-3] 중국의 전략 산업 사슬을 정비 현황

로 불리게 되며 이르면 이달 중 중국 남부의 자원이 풍부한 장시성에 기반을 둘 것이다. 환구시보도 희토류 그룹의 설립으로 가격 협상력이 올라간다고 보도하였다. 이 회사는 향후 글로벌 자이언트로 성장할 것이 틀림없어 보인다. (그림 4-3 참조)

2020년 G20 기후 협의에서 미 바이든 행정부와 EU는 기본적으로 중국을 겨냥하여 공급망의 정비를 추진해 나가는 데 합의한 바 있다. 간단히 말해 향후 중국에 종속되는 공급망을 개편하여 사실상 중국을 배제하는 글로벌 공급망 체계를 만드는 데 합의한 것이다.

중국의 희토류 그룹 설립은 이러한 중국과의 분리에 대항하기 위한 방법일 것이다. 그렇지만 중국과의 분리가 정말 가능한지는 아직 의문이다. 예를 들어 세계적인 배터리 산업 경쟁에 있어

이박사 중국 뉴스 해설
형다 에버그란데, 내부로부터 듣는 이야기

서 핵심 원료인 코발트는 중국이 장악한 상태다. 헝다의 전기차 배터리 회사에서 일하고 있는 한국인 K 씨에 의하면 중국이 코발트의 공급을 중단하면 사실상 미국과 서방은 배터리를 제조하기 어렵게 된다고 한다. 배터리 제조가 어려워지면 전기차 제조도 어려워진다며 적어도 배터리 분야에서 미국이나 서방이 중국을 공급망에서 배제하는 것은 불가능하다고 K 씨는 단언한다.

이렇게 상호 의존도가 높기 때문에 IMF의 중국 담당 헬게 베르거 (Helge Berger) 같은 사람은 서방과 중국 사이의 기술적 분리는 무역 전쟁보다 훨씬 더 큰 규모로 세계 GDP를 감소시킬 것이라고 경고한 바 있다. IMF에 따르면 기술적 단편화가 많은 국가에서는 GDP의 약 5%의 손실로 이어질 수 있으며, 미국과 중국이 부과하는 무역 관세 규모의 약 10배에 달하는 손실을 가져올 수 있다고 한다.

3
내순환 경제의
수혜

중국은 국가 전략적으로 최악의 상황을 상정하고 이에 근거하여 국가 계획을 수립하고 실행해 나갈 것이라고 이미 대내외에 천명한 바 있다. 그리고 이를 위해 나온 것이 내순환 경제다. 내순환 경제는 우리가 자주 사용하는 '내수' 또는 '내수 시장'이라는 말과는 무엇이 다른가? 사실 본질적으로 다른 것은 없어 보이지만 중국 정부가 이번에 내세운 내순환 경제는 외부의 경제 봉쇄 등 상당히 극단적인 상황을 상정한 것이라는 점에서 다르다고 할 수 있다.

이박사 중국 뉴스 해설
위안화 강세와 내순환 경제

손쉬운 내수 업종

중국 경제의 삼두마차라고 하면 수출, 투자 그리고 소비이다. 그런데 내순환 경제 상황에서는 당연히 수출에 대한 기대를 할 수 없게 된다.

게다가 수출이 부진하다는 정도가 아니라 원래 수출을 상당한 규모로 하던 경제가 수출을 할 수 없게 되는 상황이다. 즉, 증가분이 줄어드는 것이 아니라 원래 수출하던 규모 자체가 축소될 수 있는 것이다. 당연히 내구재나 시설, 설비 업종은 모두 날벼락을 맞게 된다. 세수가 줄어드니 그러지 않아도 과다한 채무로 신음하는 정부의 인프라 투자도 어려워진다. 지금까지는 채권을 발행해서 투자를 강행했지만 '내순환 경제를 해야 하는 상황'에서는 채권 발행도 생각하기 어렵다.

BRICs라는 말을 만든 저명한 경제학자 짐 오닐(Jim O'Neill)은 중국의 소비가 GDP 비중이 40% 미만이라며 소비를 50% 수준으로 올려야 한다고 주장했다. 그는 중국이 노동력의 증가가 멈췄기 때문에 생산성 향상을 이루어야 하며 대상은 제조업이 되어야 한다고 했다. 중국-영국 비즈니스 위원회의 정책 분석가인 토스턴 웰러(Torsten Weller)는 이를 위해서 중국은 도농 격차, 낮은 교육 수준, 증가하는 가계 부채를 해결해야 한다고 했다. 중국의 저명한 열혈 경제학자 샹송쉬(向松祚)도

[그림 4-4] 경제의 핵심인 내수 및 투자 확대

중국 주식 투자 비결

현재 중국 경제의 문제는 재정이나 통화가 아니라 유효 수요가 부족하기 때문으로 지적한 바 있다.

CAIXIN은 2021년 9월의 보도에서 지난 7개월 동안 투자와 수출의 급격한 감소는 중국 GDP에서 소비가 차지하는 비중을 77%까지 끌어올렸다고 했다. 투자와 수출이 대폭 감소했다고 쓰지 않고 소비의 비중이 올라갔다고 쓰는 전형적인 중국식 보도이다. CAIXIN은 성장률이 눈에 띄게 감소하고 있으며 일부 구조적 문제가 대두된다면서 코로나19와 주민 소득의 낮은 성장률이 소비 위축의 또 다른 주요 원인이라고 지적했다. CAIXIN은 중소기업과 개인사업자의 저소득 문제는 심각하게 받아들여야 한다고 역설했다. 그러니까 현재 중국의 상태는 위 그림에서 남색으로 표현되어 있는 내수 확대, 투자 확대가 오히려 감소했다고 지적하는 것이다. 중소기업, 개인사업자의 저소득 문제라고 둘러서 표현했지만 간단히 말해 영세업자들이 죽어 나가고 있다는 말이다.

이렇게 내수가 확대되어야 할 시기에 거꾸로 내수가 무너지고 있어 이미 2022년이 중국에게 쉽지 않은 한 해가 될 것이라는 말이 중국 정부 안팎에서 나오고 있다. 런훙빈(任鸿斌) 중국 상무부 부부장은 2021년 수출 성장을 촉진한 유리한 조건이 지속 가능하지 않아 중국은 내년 무역에 '전례 없는 어려움'에 직면해 있다고 했다. 즉 2022년에는 수출도 만만치 않을 것이라는 뜻이다.

이렇게 수출이 갈수록 어려워질 것이라는 점은 중국 정부도 익히 알고 있다. 다만 내순환 경제를 해야만 하는 상황에서 사람들이 소비를 할지는 미지수이다. 팬데믹이 2년을 넘기면서 중국의 소상공인들은 무너졌고 실업은 리커창 총리가 매주 걱정하는 말을 할 정도로 심각해지고 있다. 사람들이 이렇게 소비를 하지 않고 모두 문을 닫고 집 안에 앉아 마작이나 하고 있으면 경제는 추운 겨울을 지나 북극으로 갈 수 있다. 그렇다면 어떻게 해야 하는가?

중국 경제팀이 찾은 방향은 여러 가지가 있지만 제14차 5개년 계획에는 대체로 다음과 같은 방향이 가장 뚜렷하게 보인다. 하나는 신에너지 경제의 활성화로 경제 봉쇄, 공급망 분리에 대응하는 체제 구축, 다른 하나는 디지털 플랫폼 경제의 활성화 및 보급으로 국가 규모의 공급망 및 공급망 통제 체제 정비, 적은 투자로도 단기간 내에 소비를 이끌어 낼 수 있는 관광, 스포츠, 오락 등 즐거움의 경제 활성화, 중국의 자본, 기술 경험을 살린 거대한 농촌 경제 개발 그리고 이를 위한 부동산, 사회 인프라 산업 활성화 등이다.

그리고 단기간에 적은 투자를 통해 극적인 효과를 얻을 수 있는 손쉬운 내수 업종들이 중국 정부의 주요 정책 대상 업종으로 떠올랐다. 바로 관광, 스포츠, 오락이다. 중국은 제14차 5개년 계획에서 관광·스포츠, 오락을 집중 투자 육성하는 계획을 발표했는데 성격상 각 지방정부 중심의 사업으로 볼 수 있다. 다른 전략 사업에 비해 상당히 중구난방의 내용인데 아마도 중앙정부 주도의 계획이 아니라 지방정부 계획의 취합으로 만들어진 것이 아닌가 하는 추측을 하게 한다.

아무튼 관광의 경우 생활형 서비스 관광, 휴양 관광, 가상 현실 등 IT를 응용한 스마트 관광, 농촌 관광, 황허 문화 관광 벨트, 한지의 빙설·생태 관광, 해양 문화 관광, 관광의 해 사업, 문화와 관광을 융합한 중화문화관광 체험단지, 관광 인프라 건설 등의 전국성 사업이 계획되어 있다. 지방에는 하이난 국제 관광 소비 센터, 웨강아오 대만구 월드 클래스 관광지, 장강 국제 황금 관광 지대, 황하 문화 관광 지대, 항황(杭黄) 자연생태 및 문화 관광 회랑, 파촉 문화 관광 회랑, 계림 국제 관광 명승지 건설 등 사업이 계획되어 있다. 부대적인 관광객 서비스, 주차장 및 충전, 교통, 유동량 모니터링 관리 등의 사업도 계획되어 있다.

중국 정부는 원래대로라면 다수의 관광 사업을 일으키고 분위기를 조성하여 자국민이 여행과 관광을 하도록 할 계획이었다. 그러나 여러 차례 관광을 허용한 결과 코로나 19의 급속한 확산이라는 결과를 맞이하면서 지금은 관광이라는 말도 꺼낼 수 없는 상태다. 하지만 코로나가 진정된다면 가장 먼저 시동이 걸릴 사업이 이 관광일 것은 틀림없다.

관광과 유사한 개념으로 추진된 것이 스포츠 산업이다. 체육 강국이라는 기치를 내걸고 도시 건설에서 스포츠의 비중을 올리기로 하였다. 그런데 실제 사업 내용을 보면 1,000여 개 체육공원 신설 및 확충, 야외 스포츠, 헬스 레저 등 부대 공공인프라 건설, 사회 축구 경기장, 체육 운동 도로 건설 추진 등 사실상 인프라 건설의 성격을 보인다. 중국 내에서도 사업 추진의 방향성을 놓고 이런저런 논의가 많기 때문에 당분간 특정한 사업 성격을 규정하기 어려울 것 같다.

마지막으로 오락을 보면, 중국에서 엔터테인먼트는 매우 예민한 산업이다. 오락의 정의를 광범위하게 보면 영화, TV, 라디오 같은 미디어로부터 잡지, 만화, 신문 같은 인쇄 매체도 연계되며 나이트클럽, 무도회장 같은 유흥업소가 대상이 될 수도 있고 심지어 온라인 게임 같은 디지털 산업도 대상이 될 수 있다. 이러한 모든 오락은 중국 공산당이 가장 중요하게 생각하는 '선전'과 관계된다.

중국 공산당은 전통적으로 무력과 선전 두 가지를 혁명과 국가 통치에서 가장 근본적인 수단으로 삼아왔다. 그래서 광고 같은 경우도 '선전'의 영역으로 본다. 이런 중국의 체제 특성은 아무래도 '오락'에 긍정적인 영향보다는 제약으로 작용한다. 특정한 영역에서 특정한 상황이 발생하기도 하고 그에 따라 일시적인 기회가 빛날 수도 있지만 필자와 같이 중장기적인 시각에서 평가하는 입장에서는 당분간 중국의 오락 산업은 고려하지 않는 것이 합리적일 것으로 보인다.

사유와 공유가 공존하는 체계

중국 지도부는 앞으로 중국의 경제 체제는 사유
제와 공유제가 공존하며 공평한 조건에서 조화롭
게 운용될 것이라고 하였다. 우리에게 공유제는 매
우 생소하다. 그러나 앞으로의 중국에서 공유제 경
제는 시간이 갈수록 더 영향력이 강화될 것으로 보
인다. '공동부유' 등의 키워드를 보아도 알 수 있다.
마오쩌둥 시대의 중국은 사유제 경제를 공유제 경
제로 만들어 가는 과정이었다. 덩샤오핑은 공유제

이박사 중국 뉴스 해설
중국의 신 정책, 공동부
유란 무엇인가?

경제의 계획경제 부분을 '시장경제'로 대치했다. 장쩌민 시대에는 공유
경제 자산이 끊임없이 사유 경제 자산으로 변하는 과정이었다. 그리고
시진핑 시대에는 '공유제와 사유제가 병존'하는 체제로 가고 있다.

공유제와 사유제 경제의 핵심 주체는 모두 기업
이다. 따라서 국유 기업 위주의 산업과 민간 기업
위주의 산업으로 나누어 보면 이 두 경제 체제가
어떻게 공존하며 운영될지 짐작해 볼 수 있다. 기
업의 규모나 산업별로 분류하거나 정의하는 경우
도 있지만 필자의 관점에서는 중국에서 사용하는
개념으로 '공급 측'과 '소비 측'으로 나누어 구별하

이박사 중국 뉴스 해설
중국, 전국 빈곤 탈출

는 것이 앞으로 더 효과적일 것으로 본다. 통제적 경제 운영을 하는 중
국 정부는 크게 경제 구조를 공급 측과 소비 측으로 나눈다. 예를 들어
식당, 옷 가게, 쇼핑몰 등 우리가 어디서나 거리에서 쉽게 볼 수 있는 그
런 점포들은 기본적으로 모두 '소비 영역'에 있는 산업이다. 우리가 어
떤 음식을 먹든 어떻게 먹든 그것이 새로운 제품으로 변하지 않는다.

반면에 누군가 또는 많은 기업들이 필요로 하는 상품들을 조달해 주는 것은 '공급 영역'에 있는 산업이다. 예를 들어 석유, 전력, 원자재 등이다. 이들은 그 자체로서는 거리에서 팔릴 상품이 아니지만 이런 상품들이 조달되지 않으면 '소비 영역'에서 판매되는 제품들을 만들 수 없다. 극단적으로 말해 중국 내 모든 기업은 이 두 영역 중 어느 하나에 속한다고 보는 것이다. 물론 현실적으로는 공급의 가장 상류에 있는 기업에서부터 출발한 물건이 여러 공급망상의 기업들을 거치면서 부품이 되기도 하고 반제품이 되기도 하면서 결국은 소비 영역의 기업들에게 도달하여 마지막으로 우리 소비자의 주머니로 오게 될 것이다.

　우리나라도 한때 국가 산업에 큰 영향을 주는 산업은 정부 투자기관이 독점적으로 공급하였다. 지금은 민영화된 석유공사, 통신공사, 한전 등이 대표적이다. 이들 정부 투자기관들이 GDP에서 차지하는 비중이 한때 20%를 넘었었다. 중국 정부는 공급 영역은 '공유제'로, 소비 영역은 '사유제'로 운영한다는 것이다. 이렇게 함으로써 시장경제의 활력과 계획경제의 안정성을 동시에 추구할 수 있다고 보는 것이다.

　물론 이러한 계획이 그대로 잘 달성되는 것은 아니다. 특히 21세기 들어 중국 내에 거대 민간 자본들이 발생하면서 '민간 기업에 의한 독과점'이 심각해진 것이 그 대표적인 사례이다. 예를 들어 알리바바의 시장 점유율이 10% 미만이라면 중국 정부는 알리바바에 그다지 큰 주의를 기울이지 않았을 것이다. 하지만 알리바바와 징동 등 몇 개 기업의 시장 점유율이 90%에 달하게 되면 이제 문제는 달라진다. 중국 정부가 경제 운영을 하는 것이 아니라 민간 대기업들이 경제를 쥐락펴락하게 되는 것이다. 2021년에 진행된 일련의 중국 대기업 압박은 본질적으로 이러한 모순에서 출발한다. 그리고 공산당 일당 전제 정치 체계의 중국에서 중국 정부와 충돌하는 민간 기업은 생존할 수 없다. 그렇기에 앞으로 중국에 또다시 한 업종을 좌지우지하는 민간 대기업이 나올 수 있을지는 의문이다.

　이런 대기업이 나오지 않는다는 것은 같은 서비스 또는 상품을 놓고 다수의 기업이 경쟁하는 시장이 되어야 한다는 말이다. 그러나 만일 동일 시장 내에 다수 기업이 경쟁을 하는 곳이 된다면 중국 당국의 입장에서는 아름다운 결과일 수 있지만 투자자들의 입맛을 맞추기는 어려워질 것이다. 중국은 독과점 시장을 형성하기가 상대적으로 용이했기에 월스트리트에 중국에 벤처 투자를 하고 권력과 결탁하여 사실상 독점적 지위를 빠르고 쉽게 차지하는 사업 방식이 가능했다. 그러나 월스트리트가 투자한 기업이 서로 경쟁하고 물어뜯어서 그중 하나만 살아남는다면 투자 리스크는 대폭 늘어난다. 게다가 미·중이 정말 무력 충돌이 나면 투자는 회수하기가 어렵다. 하지만 중국 지도부가 양안 전쟁을 결심했다면 그들로서는 상관없는 일이 된다. 중국 내부 경제 요소만을 고려하면 그만이다. (그림 4-5 참조)

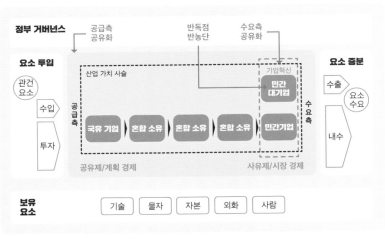

[그림 4-5] 중국 내 대기업 억제 효과

　　　　　　　　　　　　　　　　　　　중국 주식 투자 비결

중국 경제 통계에서 국유 기업과 사유 기업의 이익 추이를 보면 대체로 일치하는 것을 볼 수 있다. 그러니까 한쪽이 파이를 가져가면 한쪽은 파이가 줄어드는 제로섬 게임이 아닌 것으로 국유 기업과 민간 기업의 이해관계가 상충되지 않고 있다. 이것은 국유 기업이 산업을 지배하고 민간 기업은 그 하류 생태계에 생존한다는 것으로 전반적으로 중국 경제가 국유 기업의 통제에 있음을 시사한다. (그림 4-6 참조)

산업별로 국유 기업이 차지하는 비중을 보면 국가 안보와 직결되는 에너지는 100% 국유 기업이다. 그리고 에너지와 직접적으로 연계되며 국가 공급망의 기반이 되는 교통 운수 쪽이 제조와 서비스에서 각각 60%대를 국유 기업이 차지한다. 광물을 채광하는 업종들에서 국유 기업이 30~50%를 차지했고 일반 제조업에서는 20%대, 경공업 쪽에서는 10% 정도인 것을 볼 수 있다. 보다 중요한 시사점은 서비스 쪽에서는 국유 기업이 거의 없다는 것이다. 중국에서 말하는 서비스는 음식점, 소매점 등 소상공인들이 주이다. 그러므로 우리가 시장 쪽, 다시

(억 위안)

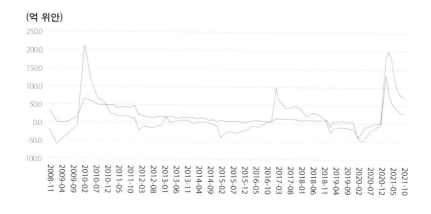

국유　　사유

[그림 4-6] 국유와 민간 공업 기업의 이윤 총액 추이

말해 소비 쪽 지표만을 보고 있으면 중국의 경제를 파악하기 어렵다. 그림 4-7, 4-8을 보면 한 가지 사실이 분명해지는데 내순환이든 외순환이든, 전쟁이 나든 안 나든, 경쟁이 있든 없든 중국에 있어 가장 유망한 업종은 역시 4차 산업이라는 것이다.

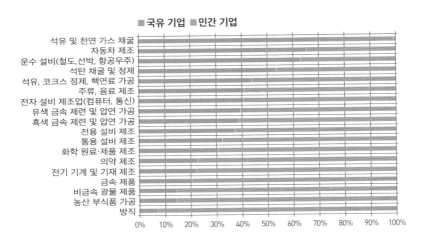

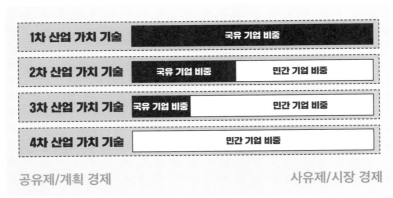

[그림 4-7, 4-8] 산업 및 업종에 따른 국유화 비율

중국 주식 투자 비결

4

에너지 안보
유망 업종

　중국은 국내외에서 에너지 자원을 탐색, 확보, 가공, 비축하고 있다. 2012년 이후 중국의 에너지 소비를 보면 국내 총생산당 에너지 소비 누계로 볼 때 24.4% 감소해 에너지 소비를 12억 7천만 톤이나 줄였다. 하지만 절대 규모로는 산업 발전에 따라 2012~2019년 에너지 소비는 연평균 2.8%씩 증가했다(그림 4-9 참조). 이런 식의 에너지 수요 증가를 방치할 경우 서방이 갑자기 에너지 봉쇄를 단행하면 중국은 손을 들어야 할지도 모른다. 그리고 중국의 에너지 수입 대상은 석탄과 석유이다(그림 4-10 참조).

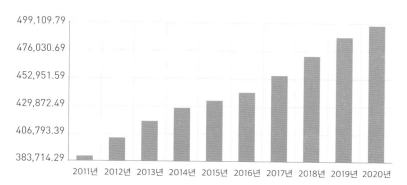

[그림 4-9] 에너지 소비 종량(표준 석탄 만 톤)

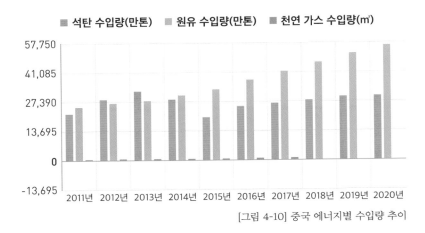

[그림 4-10] 중국 에너지별 수입량 추이

　　중국은 인도네시아, 러시아, 몽골에서 석탄을 수입한다. 몽골은 인접 국이라 육로로 운송하여 안보상의 문제는 없다. 반면 호주의 수입을 중 지한 후 가장 많은 석탄을 수입하고 있는 인도네시아로부터의 루트는 남중국해를 거쳐야 한다. 바로 그 말 많은 남중국해 말이다. (표 4-2 참조)

	2019년 상반기 (만 톤)	2020년 상반기 (만 톤)	2021년 상반기 (만 톤)
인도네시아	7,669	8,428	8,505
호주	3,610	5,588	0
러시아	1,652	1,690	2,502
몽골	1,755	866	983
필리핀	464	309	462
캐나다	211	308	435
미국	37	67	387
남아프리카	0	0	344
컬롬비아	17	88	250

[표 4-2] 중국의 주요 석탄 수입국 및 연도별 석탄 수입량

그리고 러시아로부터의 수입은 크게 육상과 해상의 두 루트가 있다. 육상의 경우 헤이룽장성과의 접경을 통해 주로 철도로 운반되는 것으로 알려져 있다. 천연가스의 경우 러시아와 중국 간에 파이프라인이 건설되어 있어 이를 통해서도 상당한 분량이 수입되고 있다. 이를 시베리아의 힘, 'Power of Siberia'라고 부르며 이제 두 번째로 시베리아의 힘2 프로젝트가 합의 막바지에 달했다. 우리나라가 추진하는 러-중-북-한 북방 4개국 가스 파이프 프로젝트도 이 시베리아의 힘 프로젝트의 연장선으로 이해할 수 있다. (그림 4-11 참조)

마지막으로는 북극해 항로를 이용해 쿠릴열도를 지나 중국까지 오는 해운이다. 이 루트를 미국이 건드릴 경우 곧바로 러시아와의 갈등을 초래하게 되고 북극해에서의 군사력은 러시아가 절대적인 우위에 있다. 따라서 이 북극해 루트는 중국 입장에서 안전하다고 볼 수 있다.

[그림 4-11] 북방 4개국 가스 파이프라인 프로젝트

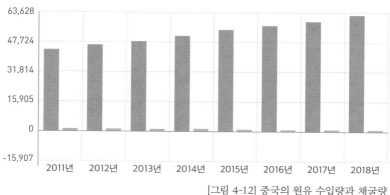

[그림 4-12] 중국의 원유 수입량과 채굴량

석탄의 경우는 인도네시아 루트만 안전하다면 러시아와 몽골은 내륙이니 석탄의 수입은 큰 문제가 없다. 게다가 수입 이전에 중국 자체가 석탄 생산량이 크기 때문에 자체 생산량을 보다 늘리고 석탄 소비를 조금 줄이면 석탄 부족 현상을 중국이 걱정할 이유는 없다.

문제는 석유다. 그림 4-12를 보면 중국은 전 세계 1위의 석유 수입 대국이다. 게다가 석유의 경우 중국의 소비는 매년 가파르게 증가하고 있다. 만일 경제 제재라도 받는다면 석유의 소비는 더 가파르게 증가할 가능성마저 있다. 2020년의 경우를 통해 석유를 어디서 수입하는지 알아볼 수 있는지는 표 4-3를 살펴보면 알 수 있다.

앞서 지적한 바와 같이 러시아의 경우는 그나마 북극해 항로를 취하고 러시아 선적의 유조선이나 가스선이 수송을 할 경우 안전이 상당 부분 보장된다. 러시아가 우리나라 LNG 운반선을 대량 발주하는 이유를 여기서 우리가 알 수 있다. 그러나 러시아를 제외하면 일단 아시아권에서는 말레이시아에서 2.1% 정도 수입해 오는 수준이고 대부분이 우리와 마찬가지로 중동 지역에서 수입하고 있음을 알 수 있다.

중국 주식 투자 비결

순위	국가	물량(십억 달러)	비중(%)
1	사우디아라비아	28.1	15.9
2	러시아	27.3	15.5
3	이라크	19.2	10.9
4	앙골라	13.91	7.9%
5	브라질	13.9	7.9
6	오만	12.8	7.3
7	UAE	9.7	5.5
8	쿠웨이트	9	5.1
9	미국	6.3	3.6
10	노르웨이	4.3	2.4
11	말레이시아	3.7	2.1
12	컬럼비아	3.5	2
13	콩고	3	1.7
14	영국	2.2	1.2
15	가봉	2.1	1.2

[표 4-3] 중국의 주요 석유 수입국 및 금액

그런데 이들 국가 대부분이 미·중 간에 전쟁이라도 난다면 중국에 석유를 수출하지 않을 가능성이 있는 데다 설령 수출을 한다 해도 대부분 말라가 해협을 통해 남중국해를 거쳐 와야 한다. 그리고 싱가포르와 미국은 군사 동맹을 맺고 있으며 미군 기지가 싱가포르에 있다. 간단히 말해 미국이 말라가 해협을 봉쇄하면 중국은 중동에서 석유를 운반해 오는 길이 봉쇄된다. 이 상황에 대응하는 중국 제14차 5개년 계획의 전략적 우선순위를 보면 다음과 같다.

- 국가 에너지 안보위원회의 역할을 더욱 강화하여 에너지 안보 분 야의 전략 기획을 강화하고 에너지 자원세 개혁을 추진하고 지역 발전 불균형을 조정한다.
- 다양한 국가 에너지를 건설해야 한다. 에너지 비상 대응 능력을 향상하기 위한 순차적인 보안 프로젝트들을 통해 경제 발전을 촉 진한다.
- 새로운 에너지 기반 시설 건설 프로젝트를 시작하여 도시 및 농 촌에 대한 에너지 서비스의 전반적인 품질을 향상한다.
- 에너지 건설을 적극적으로 집행한다.

이렇게만 보면 다 두루뭉술한 말이어서 잘 짐작하기가 어렵다. 그 렇지만 찬찬히 살펴보면 가장 중요한 우선순위가 바로 '에너지 안보' 라는 키워드다. 이 '안보'라는 키워드로 두 번째 '다양한 국가 에너지' 라는 말을 해석하면 석유를 대체하는 에너지원을 찾겠다는 전략 방향 을 이해할 수 있다. 그리고는 '새로운 에너지 기반 시설 건설 프로젝 트'를 하겠다는 말이 뒤따르는데 석유 대체 에너지 시설을 건설하겠 다는 의미로 해석된다. 여기에 마지막으로 '에너지 건설을 적극적으 로 집행'한다는 말이 나오는데 이미 신에너지를 거론한 후이니 여기 서는 '전통 에너지 건설'로 해석할 수 있다.

유형	2019년	2025년	2030년	2035년
가솔린	95%	40%	15%	0%
하이브리드		40%	45%	50%
신에너지	5%	20%	40%	50%

[표 4-4] 중국 정부의 신에너지 자동차 비율 목표

에너지 안보의 최선책은 석유 수입을 아예 안 해도 되는 상태가 되는 것이다. 원유 소비를 줄이는 가장 큰 정책이 화석연료 자동차를 폐지하기로 한 정책이다. 표 4-4를 살펴보면 중국은 2035년까지 가솔린 자동차를 없애고 하이브리드나 신에너지 자동차로 완전히 전환할 계획이다. 그리고 중국 정부가 공포한 목표는 달성되는 것이 현실이고 경험이다.

이러한 중국의 계획이 제대로 달성된다면 과연 얼마나 석유의 수입을 줄일 수 있을까? 세계적으로 석유를 가공하여 사용하는 용도를 보면 교통 운수 쪽이 55%라고 한다. 그러니 대부분 차량의 원료를 신에너지로 전환한다고 가정하고 기타 석유류 제품들도 이에 비례해서 수요가 감소한다고 가정한다면 이론상 대략 현재 수요의 절반 정도를 절감할 수 있다. (그림 4-13 참조)

그러나 중국의 원유 해외 의존도는 73%에 달한다. 그러므로 자국 생산량은 27% 정도라는 이야기이고 설령 소비가 반으로 줄어도 총 50% 중 23%, 즉 해외에서 석유 수요의 46% 정도를 수입해 와야 한다. 사실상 신에너지 자동차 전환만으로는 중국이 원유를 수입하지

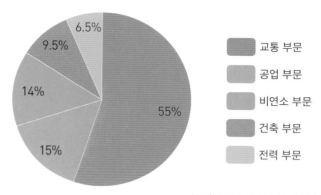

[그림 4-13] 석유 소비 각 부문별 비중

않을 정도로 소비를 줄이는 것은 불가능하다. 그렇기에 중국 정부가 추진하는 정책이 산업 구조조정이다. 고 에너지 소비를 하는 제철, 금속, 화학, 방직 등의 업종을 줄여나가고 에너지 효율이 좋은 업종이나 첨단 과학 기술 분야의 업종을 확대해 나간다는 정책이다. 그러니까 에너지 절감 기술 업종이 매우 유망할 것이고 제철, 금속, 화학, 방직 산업은 별 재미를 볼 수 없음을 알 수 있다.

왜냐하면 중국의 경우 이 산업 구조 개편이 쉽지 않기 때문이다. 2021년 석탄 수급 불균형으로 인한 전력난으로 국가 전체가 뒤집어졌던 시기에도 저우지엔치(周健奇)[7]는 문제가 발생했다고 해서 에너지 정책의 대 방향을 바꿀 수 없다며 전력 그리드의 유연성을 높여 생산과 소비 변동을 조준 억제하는 방향으로 발전해야 한다고 역설하였다. 그리고 중국 과학기술 발전전략 연구원 부원장 쑨푸췐(孫福全)도 필자와의 화상 미팅에서 중국의 저탄소 및 에너지 정책은 변하지 않는다고 말한 바 있다. 결국 중국 정부 또한 탄소 중립 및 에너지 정책에는 변화가 없다고 공포까지 했다. 공산당 일당 전제 정치의 중국에서는 이렇게 장기 정책을 일관되게 추진할 수 있는 여건이 된다. 중국은 이렇게 에너지 사용량을 줄여나가고 있는 것이다.

하지만 에너지 소비 수준을 최선을 다하여 절감해도 73%에 달하는 원유 해외 의존도를 단기간 내에 극복하기는 어렵다. 그렇다면 대체 에너지를 사용하여 석유를 대체하여야 한다. 석유를 대신할 수 있는 에너지는 최근 수십 년간 세계 각국이 개발해 왔다. 그러나 아직도 석유 에너지보다 경제성이 있는 신에너지는 잘 보이지 않는다.

중국의 경우 비화석 에너지 개발에 막대한 노력을 해 왔다. 중국의

---

7) 국무원 발전연구센터 기업연구소 기업평가연구실 주임이며 중국 관영 싱크 탱크 중 에너지 및 탄소 정책과 관련하여 가장 활동이 많은 전문가 중 한 사람이다.

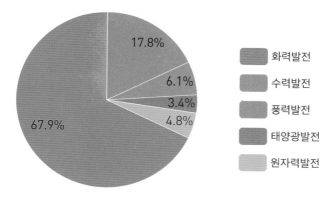

	화력발전
	수력발전
	풍력발전
	태양광발전
	원자력발전

17.8%
6.1%
3.4%
4.8%
67.9%

[그림 4-14] 중국의 전력 공급 발전 방식

전력 발전 방식은 2020년 말 기준으로 수력이 17.8%, 풍력발전 6.1%, 태양광발전 3.4%, 원자력발전 4.8%, 화력발전 67.9%의 비중을 가진다 (그림 4-14 참조). 싼샤댐으로 대표되는 중국의 수력발전은 비화석 발전 에너지 중 가장 비중이 높으며 2020년 말 기준 발전 용량이 3.7조kWh였다. 수력발전 시설은 남수북조[8] 프로젝트의 진행과 함

께 지속적인 증가를 보였다. 2021년에는 양쯔강 상류에 바이허탄 초대형 댐 건설을 완공하였고 이제 서부 고원 지역에 대규모 댐 건설이 진행 중이다. 그리고 수력발전 건설은 이 정도 선에서 사실상 마무리될 것으로 보인다.

풍력발전은 중국이 주로 신장 지역을 중심으로 시설을 확대하고 있다. 풍력발전 설치 용량은 세계의 32% 이상을 차지하여 10년 연속 세계 1위이다. 설치 용량은 2020년 말 기준 2.8억kWh로서 전년 동비

---

8) 남쪽의 양쯔강 등에서 운하를 만들어 수자원이 부족한 황허에 물을 대는 프로젝트로서 중국 역사상 최대의 토목 공사로 불린다.

34.6%나 증가했으며 거의 전 세계의 48%를 차지하여 11년 연속 세계 1위를 차지하고 있다. 중국과 프랑스가 공동 건설하는 중국 최초의 중외합자 해상 풍력발전 사업도 있다. 이미 장쑤성 둥타이(東台)시에서 전력 생산에 돌입하였고 2020년 착공하였다. 이는 종합 시공의 난이도가 가장 높은 해상 풍력발전 프로젝트이다. 중국 측은 궈화(国华)투자가 62.5% 지분이고, 프랑스와 중국 투자회사가 37.5%를 공동으로 보유하고 있다. 연간 발전 용량 13억 9,000만kWh로 200만 명 주민의 연간 전기 수요를 맞출 수 있으며, 석탄 44만 1,900톤, 이산화탄소 93만 7,500톤, 이산화황 1,704톤을 감축할 것으로 보인다.

이런 풍력발전은 일반적으로 투자 비용이 크다. 인구 밀도가 높은 지역에 설치하기가 어렵다는 입지 조건 등도 작용해서 실제 설치되고 있는 지역을 보면 신장 위구르의 불모지대나 해변 같은 곳이다. 필자는 신장 위구르 여행을 갔을 때 몇 시간을 가도 인가를 보기가 어려운 곳에서 갑자기 대규모 풍력발전기 설치 지역이 나타나서 놀란 기억이 있다. 그런데 이런 인구 밀도가 낮은 지역은 당연히 산업이나 가구의 전력 수요 또한 적기 때문에 실효성이 낮다. 전력 수요가 많은 곳까지 전력을 보내려면 송전 비용이 많이 든다. 결국 지역 내에서 소화를 해야 하는데 신장 위구르 지역이 전기료가 낮은 이유이다. 한동안 신강의 낮은 전기 요금을 이용하여 다수의 가상화폐 채굴 기업들이 진입했다가 중국 정부가 불법임을 선언하고 퇴출시킨 바 있다.

태양력 발전은 풍력과는 달리 소규모 설치가 가능하고 도시 지역에서도 건물 옥상에 설치가 가능한 이점이 있어 중국에서 가장 널리 이용되고 있는 신에너지이다. 태양열과 태양광으로 나뉘고 있고 이중 발전에 주로 이용되는 것은 태양광발전이다. 이 태양광발전은 태양광을 전력으로 전환하는 태양광 패널 또는 태양광 반도체가 핵심 기술이다.

중국 주식 투자 비결

순위	회사명(한글)	회사명(중문)
1	우시창더	无锡尚德太阳能电力有限公司
2	징커닝웬	晶科能源控股有限公司
3	저장위훼이	浙江昱辉阳光能源有限公司
4	화양뤼젠	华阳绿建太阳能板公司
5	인닝광푸	茵能光伏科技有限公司
6	중뎬광푸	中电电气(南京)光伏有限公司
7	장시사이후이	江西赛辉光伏科技有限公司
8	톈허광능	天合光能股份有限公司
9	징오우타이양닝	晶澳太阳能有限公司
10	린양신넝웬	江苏林洋新能源科技有限公司

[표 4-5] 바이두의 태양광 기업 TOP 10

중국 정부가 태양광발전에 보조금을 지급하면서 중국 내에는 우후죽
순으로 태양광 기술 기업이 난립하여 경쟁을 했으나 지금은 일단락된
상태다. 이 태양광발전은 다른 유력한 수단이 없는 상황에서 앞으로도
상당 기간 중국 정부의 정책적 지원이 예상된다. 따라서 태양광발전 기
술 기업들은 지금도 그리고 앞으로도 유망하다고 볼 수 있다. _(표 4-5 참조)

2021년의 경우를 보면 유례없이 양쯔강과 황허 모두 폭우로 인한 대
홍수가 여러 차례 발생한 결과 태양광발전 저조, 풍력발전 저조, 수력
발전은 오히려 발전량이 감소하였다. 즉, 자연의 힘을 이용하는 수력,
풍력, 태양력은 모두 기후의 영향을 크게 받으며 변동이 심하다는 것이
다. 국가 에너지 전략에 있어서 이렇게 변동이 심한 에너지원은 보조적
으로 사용할 수는 있겠지만 주력 에너지가 되기 힘들다.

결론적으로 중국이 탄소 중화를 이룰 때까지 과도기라는 명분으로 주

력할 에너지는 원자력이 될 것으로 보인다. 원자력의 경우 중국의 원전 설치 용량은 6,593만kWh로 세계 2위이고 원전 설치 용량은 세계 1위이다. 중국은 차세대 원전·소형 원자로 등 여러 가지 원자력 이용 기술이 상당한 수준에 있고 저탄소 달성을 위해서 청정에너지가 충분한 비중으로 발전하기 전까지는 원자력을 과도 수단으로 이용한다는 방침이다. 제14차 5개년 계획 기간 중 중국은 매년 평균 8개의 원자력발전소를 건설할 예정이다. 특히 화룽1호(华龙一号), 궈화1호(国和一号) 등 자국산 제3세대 핵기술 프로젝트의 추진에 중점을 두고 있다. 제14차 5개년 계획에는 소형 모듈형 원자로와 부유식 원전을 대상으로 시범사업을 구축해 산업을 촉진하는 방안도 있다. 발해만을 중심으로 서해에 대규모로 설치할 계획이기 때문에 우리나라도 주의해야 할 필요가 있다. 그래서 쩡밍광(郑明光) 상하이 원자력공학 연구설계원 원장 같은 이는 '소형 원자로는 앞으로 원전이 발전하는 방향이 될 것이다. 그중에서도 해상 변동로, 원자력발전 플랫폼은 해안선이 긴 중국에 대해 시장 전망이 밝다는 점에서 해양경제 발전을 뒷받침할 것이다.'라고 했을 것이다. 주한차오(朱涵超) 중국 선박 중공업 그룹 제719연구소 부총공사도 발해의 환경조건을 충족시키는 '부유식'과 남중국해의 환경조건을 충족시키는 '잠수식' 해양 원자력 플랫폼[9]의 전반적인 설계를 완료했다고 밝혔다.

부유식은 이미 중국 광허 그룹(中国广核集团)이 2016년부터 해상 원자력 플랫폼을 개발 중이다. 이 원자로는 해양 사용 요구를 만족시킬 수 있는 분산형 해양 종합 에너지 시스템이고 모듈 방식의 소형화 및 60만kWh급 해상 부유식 원전의 현대화를 추진한다고 했다. 이 부유식 핵 발전소는 발해만과 중국 남부 해안 지역을 따라 포설될 계획인데

---

9) 남중국해의 잠수식 핵 발전소란 무엇일까? 발해에는 부유식, 남중국해에는 잠수식의 핵 발전소를 건설한다는 의미인데 의미심장하다.

중국 주식 투자 비결

아마도 타이완 공략을 위해 푸젠 등 남부 해안 지역에 집결하는 군사 자원을 위하여 이동형으로 활용될 가능성이 크다.

　우리나라도 한때 스마트 원자로 등의 중국 진출을 위해 노력한 적도 있고 중국과의 협력을 도모한 적도 있다. 하지만 중국은 자국의 원자력 기술이 한국과 대등하거나 그 이상이라고 생각한다. 한국이 중국의 원자력 기술을 높이 평가하지 않는 것은 중국의 상업 영역의 원자력 기술을 보기 때문이다. 중국의 원자력발전소에 가 보면 우리나라에 비해 더 나은 기술을 보유한 국가로는 잘 생각되지 않는다.

　예를 들어 홍콩 인근 타이산 원자력발전소 사건이 있다. 이 원자력발전소는 다른 곳과 달리 홍콩과 가깝고 홍콩인들이 언제나 우려 섞인 눈으로 관찰하는 곳인데 2021년 이곳 1호기의 원자로에서 일부 가스 농도가 증가했다. 발전소의 지분 30%를 소유하고 있는 프랑스의 Electricite de France SA는 임시 이사회를 요청하여 모든 데이터를 제시하고 필요한 결정을 내리자고 했으나 대주주인 중국광허(中国广核集团) 그룹은 발전소가 다시 정상적으로 작동하고 있다며 응답을 거부했다. 전문가들은 연료봉 균열 누출은 일반적인 상황이라는 의견이다. 홍콩과 마카오에서도 과도한 방사선은 검출되지 않았다고 한다. 중국 생태환경부 국가핵안전국은 핵발전소 1호기에서 냉각수의 방사선량 증가가 확인되었다고 인정했지만 허용 범위 안이라고 했다. 결국 원자로를 중지하고 유지 보수에 들어갔으며 연료 손상 원인을 찾아 손상된 연료를 교체했다. 이런 소동은 모두 중국의 원자력 기술 수준에 대한 신뢰가 높지 않은 덕분이다. 그러나 투자의 시각에서 본다면 중국의 원자력, 그중에서도 실질적인 사업 확대가 기대되는 영역은 아주 유망하다고 할 수 있고 중국은 여러 분야에서 다양한 핵기술을 선보이고 있다.

번호	기업명(한글)	기업명(중문)
1	중궈허지엔	中国核工业建设股份有限公司
2	중궈허디엔	中国核能电力股份有限公司
3	아오터쉰	深圳奥特迅电力设备股份有限公司

[표 4-6] 중국의 원자력발전 기업 상장사

일례로 2011년 중국은 간쑤에 토륨 용융염 원자로(TMSR) 프로토타입 건설을 승인한 바 있다. 2021년에는 중국이 세계 최초로 상업용 용융염 원자로를 공개했다. 이 원자로는 최대 100MW를 생산할 수 있는데, 이는 10만 명의 거주지에 전력을 공급하기에 충분하다. 중국은 2030년까지 중국 중부 및 서부의 사막 및 평야 지대에 여러 기

브런치 : 중국의 해상
핵발전 계획

를 건설할 계획이다. 이와 유사한 기술을 우리나라도 러시아에서 기술을 이전받아 확보하고 있는데 애초에 항공모함과 잠수함과 같은 군함 동력으로 고안된 것이다. 중국은 2030년까지 수십만 가구에 전기를 공급할 수 있는 373MW 용량의 원자로를 건설할 계획이다. 중국은 이렇게 용융염 원자로를 확대 발전해 나갈 것이며 군사적 활용과 결부되어 국가적 투자가 있을 것으로 보인다. 그러므로 중국의 원자력 산업 전반에 큰 활력이 있을 것으로 예상된다. (표 4-6 참조)

첫 번째 산, 석탄을 무시하지 말라

그런데 여기서 우리는 하나의 중요한 질문에 대답해야 한다. 이런

중국 주식 투자 비결

신재생 내지 원자력 에너지가 과연 화석연료를 완전히 대체할 수 있을까? 아직 지구상의 어떤 국가도 화석연료 에너지에서 벗어나지 못하고 있는데 세계의 공장이라는 중국이 과연 신에너지 체제로 완전 전환이 가능할지는 의문이다. 실제 원자력에의 투자 또한 기존 화력발전소를 대체하기보다는 증가하는 전력 수요를 더 이상 화석연료가 아닌 신에너지로 대체하겠다는 개념에 가깝다는 것을 알 수 있다.

여기서 중국의 다음 유망 산업을 유추해 볼 수 있다. 원유를 줄이고 신에너지가 감당하지 못하는 에너지 수요를 채울 대체 에너지가 무엇이냐는 점이다. 아이러니하게도 가장 유망한 것은 바로 석탄이다. 시진핑 총서기는 '4대 혁명, 하나의 협력(四个革命, 一个合作)'이라는 새로운 에너지 안보 전략을 공포했고 석탄이 중국의 주 에너지원이 되어야 한다고 강조했다. 중국에 풍부한 매장량이 있고 이미 시설이 있어 국가 위기의 경우 가장 싸고 신속하게 사용할 수 있는 에너지원이기 때문이다. 다만 기존의 석탄을 그냥 사용하는 것이 아니라 환경 보호를 겸하고 효율이 높은 클린 석탄 산업을 육성할 가능성이 매우 높다. 중국에서도 이 분야의 기술을 개발하고 있는 기업이 여럿 있다. 하지만 아직 비용이 지나치게 높아 현실성이 없으며 단지 중국 정부가 논점을 흐리기 위하여 꺼내 드는 용어일 뿐이라는 비판도 있다.

우리는 2021년 중국 전역에 전력난이 발생한 사실을 기억하고 있다. 그해 9월 동북 지방의 선양에서는 큰 혼란이 일어났다. 선양시 거리의 신호등들이 모두 꺼진 것이다. 한편으로는 아파트 단지에도 갑자기 정전이 발생했다. 그뿐이 아니었다. 선양의 한 분유 회사는 하루에도 몇 시간씩 전기가 공급되지 않아 생산이 반복적으로 중단되기도 했다. 산둥성 웨이하이의 현대 자동차 협력사는 1주일에 이틀은 전기가 공급되지 않아 주 3일밖에 공장을 가동할 수 없었다. 광둥성의 한 봉제 공장에서는 크리스마스 상품 특수 기간이어서 야근을 해야 함에도 불구하고 전력 공급 일정조차 알 수 없어 생산 계획도 만들지 못하고 있다고 울화통을 터뜨렸다.

바로 중국의 전력난이 닥쳐온 것이다. 중국의 이 전력난을 바라보는 세계의 시각은 제각각이었다. 그리고 전력조차 제대로 공급하지 못하는 중국의 상황에 많은 사람들이 놀랐다. 전력은 국가 산업의 기본 중의 기본이기 때문이다. 그런데 실은 중국의 전력난은 중국 정부가 추진하는 정책에 의한 필연적 결과에 가깝다. 다만 이렇게 속절없이 그리고 광범위하게 어느 날 갑자기 닥칠 줄 몰랐을 뿐이다. 그리고 이 이야기는 산 넘어 다시 산을 넘는 이야기이다. 우선 여러분들이 넘어야 할 첫 번째 산을 소개한다.

한국의 발전량에서 에너지의 비율을 보면 석탄 35.6%, 원자력 29%, 가스 26.4%, 신재생 6.6%, 유류 0.4%, 기타 1.4%이다. 반면 중국의 경우 석탄 발전 비중이 67.9%이며 특히 겨울철에는 석탄 발전의 비중이 76~77%에 이른다. 한마디로 중국의 발전은 석탄 발전이 대부분이다.

그런데 중국은 기후 목표 달성을 위해 2030년까지 전력 부문 배출량을 절반으로 줄여야 한다. 런던 소재 기후 정보 기업 TransitionZero에 따르면 중국은 2030년까지 현재 총량의 약 1/3에 해당하는 364GW의 석탄 화력을 폐쇄, 개조 또는 예비 용량에 투입해야 한다.

중국은 석탄 생산 대국이다. 하지만 중국의 석탄 생산 상황을 보면 중국의 탄광 수가 2001년 초 3만 7천 개에서 2019년에는 5,268개로 감소했다. 이것은 중국의 대기 오염을 억제하기 위해서 중국 정부가 품질이 낮은 탄광들을 폐쇄시켰기 때문이다. 또 많은 민간 중소기업 탄광들의 상당수를 국가가 인수하였다. 그래서 석탄의 생산량은 답보하고 있었던 것이다.

    문제는 당시 미·중 무역 전쟁과 팬데믹으로 수출 부진을 고민하던 중국으로서는 생각지도 않게 중국으로 수출 오더가 몰린 것이다. 2021년 1~8월의 중국 수출은 총액 기준 동비 23.7% 증가하였고 이에 따라 전력 소비도 전년 대비 13.8%로 급증하였다. 전혀 전력 소비의 증가를 예상하고 있지 않던 중국으로서는 급습을 당한 셈이다. 그러지 않아도 중앙정부로부터 저탄소 정책으로 에너지 소비 절감을 요구되던 지방정부들은 에너지를 크게 소비하는 공장이나 경제적 중요도가 높지 않은 기업부터 전력 공급을 제한했다. 그 결과 앞서 이야기한 대규모 전력난 사태가 발생한 것이다.

    그러면 중국의 전력 소비는 많든 적든 계속 증가해 왔는데 중국은 어떻게 대응하려 했던 것일까? 사실 중국 정부는 너무나 열심히 에너지 산업에 투자해 왔다. 이를 위해 그 유명한 싼샤댐 외에 그만큼이나 규모가 큰 바이허탄(白鶴灘)댐[그림 4-15]도 바로 2021년 7월에 4년 만에 완공

[그림 4-15] 바이허탄(白鶴灘)댐

하였다. 약 300m의 높이와 800만m³ 이상의 콘크리트로 만들어진 한화 약 32조를 투입한 바이허탄댐은 싼샤의 상류에 있으며 연간 62TW 이상의 전기를 생산할 수 있어 이산화탄소 배출량을 5천2백만 톤까지 줄일 수 있을 것으로 기대된다. 이 바이허탄 수력발전소는 서쪽의 전력을 동쪽으로 보내는(西电东送) 국가 프로젝트의 일환으로 건설되었다.

하지만 이런 신재생 에너지는 두 가지 결함을 노출했다. 전력난이 일어난 2021년 중국은 전례 없는 양쯔강과 황하, 남북의 두 강에서 모두 대홍수가 나는 상황을 겪었다. 이 홍수로 인하여 중국의 수력발전량은 싼샤댐과 바이허탄댐이라는 엄청난 규모의 수력발전소가 있음에도 불구하고 홍수 통제를 하느라 수력발전량은 오히려 전년 대비 감소하였다. 게다가 신재생 에너지인 풍력과 태양광발전은 심각한 문제가 있었다. 풍력발전의 적정 입지는 바람이 센 곳이다 보니 자연히 사람이 많은 지역이 아니다. 태양광발전도 비가 안 오고 햇살이 뜨거우며 땅값이 낮은 곳이어야 한다. 그러다 보니 중국의 신재생 에너지 발전 시설이 집중된 곳은 서부의 사막 지역이 대부분이다. 그런데 이런 곳은 발전 비용은 적게 들지만 수요가 적다. 그렇다고 멀리 보내려면 송전 비용이 많이 들어 배보다 배꼽이 큰 결과를 초래한다.

결국 원자력 및 기타 신재생 에너지가 충분히 확대되기 전까지 중국은 석탄에 의존할 수밖에 없다. 그래서 원한 것은 아니지만 중국의 석탄 산업은 사양 산업이 아니라 당분간 활력이 넘칠 것으로 예상된다. 다만 호주산 석탄 수입 중단 등으로 안보 측면에서 유리한 러시아산 석탄의 중국 수출이 증가할 전망이다. 러시아의 대 중국 에너지 수출은 코로나바이러스가 발생하기 전 러시아 전체 에너지 수출의 약 15%를 차지했으며 2020년에는 20%까지 증가했다. 물 들어올 때 노 젓는다고 푸틴 러시아 대통령은 시베리아 남서부 쿠즈바스 탄광 지역에서 중국으로의 석탄 수출을 늘릴 것을 촉구했다. 푸틴은 철도 인프라의 확장도 명령했다고 한다.

그래서 비록 중국 내에서도 이제는 사양 산업으로 취급되고 있는 중국의 석탄 업종도 실은 관심을 가질 만한 것이다. 석탄 쪽으로는 세계 10대 광산 기업도 하나 있는데 바로 '중국신화능원 그룹(中国神华能源集团)'이다. 석탄 광산을 주 핵으로 하여 석탄 운송을 하고 있고 석탄을 이용한 화력발전도 하고 있는 종합 석탄 기업이다. 이런 류의 기업은 상당 기간 큰 투자 없이도 좋은 실적을 올릴 가능성이 충분히 있다.

그런가 하면 5G로 유명한 화웨이가 석탄업에 진출한 것도 시사점이 크다. 화웨이의 런정페이 회장은 2020년 말 산시성의 탄광 몇 개를 시찰하고 화웨이 석탄 그룹(华为煤炭)을 설립하고 전 화웨이 총재였던 저우즈레이(邹志磊)를 경영자로 선임하였다. 화웨이의 목적은 바로 클린 석탄에 있다. 중국 입장에서 오염 문제만 해결할 수 있다면 풍부한 석탄 자원을 이용해 일거에 에너지 안보 문제를 해결할 수 있다. 그리고 화웨이는 다시 한번 국가의 대표 기업이 되며 독점적 위치를 가지게 될 수 있을 것이다.

두 번째 산, 석유가 문제다

모두가 아는 바와 같이 중국은 세계 최대의 석유 소비 국가이며 수입국이다. 그래서 왕왕 중국이 산유국이라는 사실이 무시되는 경향이 있다. 다만 수요에 비해 많이 부족할 뿐이다. 그리고 미국뿐만 아니라 중국에도 상당량의 셰일 매장량이 있다. 2021년에도 중국에서 12억 7천만 톤 규모의 셰일 유전이 발견됐다. 중국석유공사가 헤이룽장성

북동부 다칭 유전에서 셰일유를 발견한 것인데 예상 매장량은 약 12억 7천만 톤이다. 중국 석유공사는 2021년 6월에도 간쑤성 오르도스 분지에서 10억 톤 규모의 셰일유를 발견한 바 있다. 이렇게 중국은 지속적으로 국내 유전을 개발하고 있다. 일부에서는 경제성에서 경쟁력이 뒤지는 중국 국내 유전 개발이 어리석다고 지적하기도 하는데 필자는 잘 모르겠다. 중국 내 석유 자원은 고갈되어 가고 있다는 것은 중론이다. 그러므로 중국 석유 자원 개발 그 자체는 중국 내이건 중국 외이건 투자자 시각에서의 메리트는 크지 않다고 보겠다.

두 번째로 석유 전략 비축의 운영 효과다. 중국은 식량 및 전략 물자를 전문적으로 관리하는 부처를 가지고 있고 에너지 분야에서는 원유를 집중 관리하고 있다. 이렇게 비축된 원유는 필요에 따라 방출되고 다시 저장되기도 한다.

2021년 7월에는 중국과 인도가 산유국들의 유가 상승 의도에 맞서 비축 물량을 풀었다. 당시 중국 정부는 전략 비축유에서 최대 3천만 배럴의 석유를 시장에 내놓을 계획이라고 발표했었다. 인도는 점진적으로 시장에 석유를 내놓는 중국식 접근 방법과는 달리 상당히 과감하게 전략 비축량의 절반을 한꺼번에 매도하기도 했다. 그런가 하면 2021년 11월에는 미 바이든 대통령의 요청으로 중국이 석유 비축유를 방출하기도 했다.

미국이나 인도는 모두 중국과 상당한 갈등이 있는 국가이지만 이렇게 상호 이해가 맞아떨어지면 협조하고 있는 것이다. 특히 바이든 미 대통령은 중국과 경쟁할 것은 경쟁하고 협조할 것은 협조한다는 방침이어서 중국도 영역별로는 협조할 것으로 보인다. 그리고 중국에게는 석유란 해결해야만 하는 문제이다. 없어서도 안 되고 적어서도 안 되지만 기대서는 더욱 안 되는 것이다. 따라서 중국에 있어 석유 관련 사업은 제한적인 확충이 최선인 영역이며 일정 정도 이상의 발전을 기대할 수 없다고 본다.

세 번째 산, 수소에너지

중국의 에너지 정책과 관련하여 가장 판단이 어려운 것이 수소에너지 정책이다. 탄소 중화 목표 달성을 위하여 중국은 수소에너지를 추진하고 있기는 하다. 중국의 화석연료 대기업들이 수소에너지 주도권을 잡기 위해 경쟁하고 있다. 현재 관련 지재권 수량을 보면 일본이 1위이고 중국, 미국, 한국이 2군에 속하고 독일 등이 바짝 뒤따르고 있다. 중국의 수소 관련 기술 수준은 결코 뒤떨어지지 않은 것이다. 각 지방정부는 수소에너지를 청정 전력으로 개발한다는 계획을 세우고 있기도 하고, 자동차 업체들이 수소차를 개발하고 있기도 하다.

그러나 수소에너지 응용 기술이 아직은 미성숙한 상태라는 견해가 많다. 수소에너지의 주 응용 방식인 연료전지의 경우 리튬배터리에 비해 수명이 다한 후에도 환경을 오염시키지 않는다는 상당한 이점이 있어 이중 탄소 목표 실현에 분명히 더 도움이 된다. 그러나 비용이 너무 비싸다는 문제는 구조적인 것으로 해결이 어렵다.

다만 중국의 수소에너지 방면의 다소 돌발적인 움직임이 있어서 우리가 알지 못하는 원인이 작용했을 수 있다. 왜냐하면 2021년 6월에 중국 중앙정부와 지방정부가 수소 산업을 중국의 미래 6대 산업 중 하나로 제14차 5개년 계획에 갑자기 끼워 넣었기 때문이다. 정부 지원 산업단체인 중국 수소 동맹은 2025년까지 국내 수소에너지 산업의 생산 가치가 1조 위안에 달하고 2030년에는 중국의 수소 수요가

3천5백만 톤에 이르러 중국 에너지 시스템의 최소 5%를 차지할 것이라는 전망을 내놓았다. 게다가 중앙정부가 수소 차량에 대한 보조금 지급 정책을 결정했기 때문에 과거 전기차 육성과 유사한 길을 걸어가는 것이 아니냐는 관측들이 나오고 있다.

중국이 갑자기 수소에너지 개발에 적극적인 태도를 보이는 이유는 알 수 없지만 두 가지 원인이 유력하다. 하나는 관련 핵심 기술의 개발에 큰 진전을 보았을 가능성이고 다른 하나는 탄소 정책이다. 중국의 한 매체는 중국의 수소 연료전지 자동차 산업이 여전히 핵심 기술 및 핵심 부품 부족, 기업 혁신 역량 부족, 수소 연료 보급 구축의 어려움이 해결되지 않았다고 지적했다. 하지만 탄소 목표에 대한 합의 달성이 수소 연료전지 산업에 큰 확신을 주었다는 것이다. 그러면서 수소 연료전지 산업의 발전과 순수 전기차 산업 발전의 유사성은 후자가 겪었던 우회로에서 더 많은 경험과 교훈을 배우고 달성할 수 있다고 지적하였다. 동력의 전기화는 한 부분일 뿐이고, 더 중요한 것은 지능이며 진정한 미래 자동차는 '모바일 스마트 단말기'가 될 것이라고 지적했다.

이런 논리라면 화웨이가 자동차의 스마트화에 뛰어든 것이 이상하지 않다. 화웨이는 2021년 7월에 중국과학원 산하 다롄 화학물리연구소(中国科学院大连化学物理研究所)와 전략적 협약을 체결하였다. 이 연구소는 장기간 광전 촉매 물 분해를 연구해 온 기관이다. 화웨이는 자사의 스마트 태양광, 현장 에너지, 데이터 센터 에너지, 스마트 전기 및 모듈식 전원 공급 장치 등 솔루션과 이 기술을 결합하겠다는 것이다. 사실 몰랐던 일이지만 태양광 분야에서 화웨이는 수년 연속 세계 태양광 인버터 출하량 1위를 차지하고 있었다. 이 일은 수소에너지 영역에 상당한 자극이 되었던 모양으로 이날 관련 기업들의 주가가 모두 뛰었다. 필자의 지인으로 중국 에너지 업계에서 일하는 H 양도 최근 중국 동종

중국 주식 투자 비결

업계에서 수소는 매우 뜨거운 토픽이라고 확인해 주었다.

중국은 에틸렌, 벤젠, 암모니아, 파라자일렌, 메탄올 및 수소 기지를 현재의 동부 지방에서 서부 및 내륙 지역으로 이전할 계획이다. 앞서 지적했듯이 중국의 청정에너지는 주로 서부 지역이고 수요처는 동부 지역이다. 수소에너지는 운반을 할 수 있는 형태이기 때문에 서부에 이미 막대한 투자를 한 청정 발전을 수소전지 등의 형태로 공급하는 형태의 타당성이 보이는 것이다.

2020년 10월에 중국 도시가스 및 수소에너지 산업 41개 기업이 설립한 '중국 도시가스 및 수소에너지 개발 및 혁신 연합' 같은 경우는 단 1년 만에 회원 단위 수가 41개에서 80개로 증가했고 15개 성을 포괄하는 규모에 다다랐다. 우리나라의 경우 수소 충전소 등의 인프라 부족 문제가 있는데 중국은 이렇게 처음부터 인프라 시설 투자자와 함께 사업을 추진하는 것이다.

우선 저장성이 2021년 11월 수소 연료전지차 산업 발전 가속화 시행 방안을 발표한 것이 대표적이다. 2025년까지 대중교통, 항만, 국제 물류 등 분야에서 5천 대의 수소에너지 차량을 보급하고, 50개의 수소 충전소를 건설하여 수소에너지 산업 생태계를 구축하겠다는 것이다. 그리고 항저우(杭州), 사오싱(绍兴), 자싱(嘉兴), 닝보(宁波) 등 4개 도시 간 수소 도로 연계망을 구축하겠다고 한다. 이 4개 도시는 모두 저장성 최대의 도시들이다. 저장성의 GDP는 대략 우리나라와 비슷하므로 우리나라로 치면 서울, 부산, 대구, 광주를 잇는 수소 연계망을 만든다는 것으로 생각하면 될 것 같다. 추가적으로 고속도로로 연결되는 진화(金华), 닝보(宁波), 저우산(舟山) 등 3개 도시 간 수소 도로 연계망도 구축하겠다고 하였다.

저장성은 이렇게 항저우·닝보·자싱 등 항주만(杭州湾) 지역을 중심으로 수소 생산, 저장, 연료전지 시스템, 부품 및 완성차 제조 등의 수소 연료전지차 산업망을 구축하고 고순도 수소 생산 능력 10만 톤 이상을 확보할 계획이다. 중국은 특히 수소 저장 기술이 뛰어나 쥐화(巨化) 그룹과 저장대학이 공동 개발 중인 98MPa 수소 저장 탱크 기술 같은 것은 선진국 수준이라고 한다. 저장성은 이렇게 수소 연료전지차 산업 발전과 관련 4개의 시범 사업을 추진해 1조 위안(한화 약 186조 원) 규모의 자동차 산업 클러스터 구축 및 수소에너지 산업 생태계를 조성하겠다는 것이다.

같은 시기 화웨이가 선전에 신에너지 사업을 할 공장 부지를 확보하고 이어 광둥 동관에 1.88억 위안을 투자하여 스마트 카 부품 공장 부지도 확보했다. 24만㎡ 규모 부지에 적어도 24억 위안 이상이 투자될 것이라고 한다. 화웨이는 발 빠르게 바로 이어서 스마트 주유소 솔루션을 발표했다. 핵심 내용은 주유, 가스 충전, 전력 충전 및 수소 충전 사업을 포괄하는 주유소이다. 화웨이 공식 소개에 따르면 카메라가 차량 번호판, 차량 로고, 모델, 색상 등 주유소에 들어오는 차량에 대한 정보를 수집하고 지능형 분석을 수행하여 해당 연료로 유도한다. 주유소 직원이 바쁠 경우 사용자가 직접 연료를 충전할 수도 있고 주유 후 자동으로 요금이 청구된다.

이러한 화웨이의 전광석화 같은 움직임은 앞서의 클린 석탄 관련 움직임과 함께 에너지 산업에 화웨이가 진지하게 뛰어들고 있다는 것을 의미한다. 그리고 화웨이의 이러한 움직임은 중국 정부 전략이 관계있으며 화웨이에 중국 정부가 필요로 하는 기술이 있다는 의미도 된다. 그렇다면 역시 에너지원을 확보하면서 전기차의 내장 제품과 관련 인프라의 지능화, 자동화 사업의 전도가 밝다는 뜻이다. 화웨이는 미국의 제재를 받으면서 매출이 대폭 축소되는 등 전망이 어둡다고 알려져 있지만, 만일 전기차에서 기회를 잡으면 오히려 스마트폰 사업보다도 더 큰 규모의 사업을 일굴 가능성도 있는 것이다.

탄소 정책 업종

중국의 탄소 배출량은 세계 최대이며 빠르게 증가하여 세계 다른 국가를 훨씬 능가한다. 전문가들은 중국의 탄소 배출량이 크게 감소하지 않으면 기후 변화에 대처하기 위한 세계적인 노력이 성공하지 못할 것으로 보고 있다. 중국은 서방의 경제 분리 또는 경제 봉쇄에 대비해서도 에너지 소비를 줄여야 할 필요가 있으며 국제적으로도 탄소 중립이 요구되고 있다. 그러므로 중국이 2030년 탄소 정점, 2060년까지 탄소 중화를 이룰 것이라고 국내외에 선언한 것은 이상한 일은 아니다. 그러나 과연 중국이 이 일정을 지킬 수 있는가에 대해서는 회의적인 시각이 많다.

중국은 탄소 정책을 상당히 광범위하게 전략적으로 추진하고 있는데 여러 신호들로 보아 이 탄소 정책은 시진핑 주석 본인이 추진하는 프로젝트로 보인다. 시진핑 주석 프로젝트라는 의미는 시진핑 주석 본인이 주창하거나 해서 본인이 모니터링하고 관심을 가지고 추진한다는 뜻이다. 예를 들면 슝안(雄安) 신도시 프로젝트, 홍콩 - 마카오 - 광둥을 잇는 대만구 프로젝트 등이 시진핑 주석 프로젝트들이다.

신화사가 중국의 녹색 저탄소 정책에 대해 보도한 내용을 보면 주요 건설 현장, 수처리, 먼지 등에 대한 모니터링 시스템 같은 즉각적인 부분부터 중공업 분야에 대한 통제를 시행하고 있다. 건설도 프로젝트의 계획 인허가 단계에서 이산화탄소 배출량을 평가 요소로 고려하기 시작했다.

　건설 산업 외로 샤오야칭 공신부 부장은 제철 산업이 탄소 배출량이 가장 큰 세 산업 중 하나라며 생산량을 통제하겠다고 했다. 제철 산업 말고 중화학 산업도 증설을 통제하고 있다. 그러니 이런 제철, 금속, 화학, 방직 같은 에너지 소모가 심한 산업은 앞으로 중국에서 발전할 가능성이 별로 없는 것이다. 필자는 이 산업들을 '탄소 정책 무망 산업'이라고 부른다. 전에는 유망했던 산업일지 몰라도 앞으로는 탄소 정책으로 인해 전망이 밝지 않다는 뜻이다.

　예를 들어 중국 남서부 윈난성은 수력발전량이 많아 저가 전력을 내세워 전력 고소비 산업을 상당수 유치했다. 그 결과 알루미늄 생산 기업들이 대규모로 윈난성에 자리 잡았다. 그렇지만 2021년 9월 윈난 정부는 성내 제련소들에게 2021년 남은 기간 동안 알루미늄 생산량을 30% 줄여야 한다고 지시했다. 바로 2021년 전력난으로 강화된 탈탄소화 정책 때문이다. 기업들 입장에서는 마른하늘에 날벼락이다.

　그리고 제철, 금속, 화학, 방직이 위축된다는 것은 전통적인 제조업이 위축된다는 의미이다. 제철 산업 같은 상류 산업이 위축되면 자연히 중하류의 기계, 설비 등이 위축되고 결과적으로는 제조업에도 영향을 주기 마련이다. 화학도 마찬가지로 의약 및 플라스틱, 사출 등 산업에 영향을 줄 것이다. 방직의 위축은 의류 봉제 산업의 경쟁력 약화를 초래할 것이다.

　중국 정부가 이런 중류, 하류 산업의 퇴조를 바라는 것은 아니다. 하지만 선진화를 이루는 구조조정이 필요한 것이다. 가장 이상적인 것이 신에너지 자동차 산업을 육성하는 것이다. 에너지, 탄소, 디지털 경제, 첨단 기술 개발 등이 두루두루 연관되기 때문이다.

　결국 지금 중국에서 대세 산업은 전기차이다. 2020년 중국의 신에너지 자동차 관련 기업은 6만 8천 개 이상이며, 이는 2019년 대비 85%나 증가한 수치이다. 2021년 공신부가 탄소 피크, 탄소 중립 및 목표를 중심으로 자동차 산업 구현 로드맵을 수립하고, 차량 통합 기술, 자동차 칩, 운영 체제, 네트워크 연결 및 지능형 병렬 개발 촉진을 주요 목표로 삼은 것도 이런 맥락이다.

탄소 정책 유망 업종은 두 영역에서 나올 가능성이 있다. 청정에너지 산업 그 자체가 하나이고 다른 하나는 탄소 정책을 위해 거대하게 움직이는 정책, 바로 산업 구조 개편이다. 앞서 제시한 탄소 정책 무망 산업을 혁신을 통해 유망 산업을 개조해 주는 가치를 부여하는 영역의 사업들은 향후 대박 날 가능성이 높다.

청정 저탄소 에너지로의 전환 측면을 보면 2019년 중국의 석탄 소비는 전체 에너지 소비의 57.7%를 차지하여 2012년보다 10.8% 포인트 감소했고 청정에너지 소비는 전체의 23.4%를 차지했다. 이 2019년 탄소 배출 집약도는 2005년보다 48.1%나 낮은 수치다. 반면 신재생 에너지의 설치 규모는 꾸준히 확대되어 2021년 6월 말 현재 중국의 재생에너지 발전 용량은 9억 7,100만kWh에 달한다. 재생에너지 발전도 계속해서 성장하여 2021년 상반기 재생 에너지 발전 용량은 1조 6천억kWh에 달했다. 이 중 일정 규모 이상의 수력발전은 전년 동기 대비 1.4% 증가, 풍력은 44.6% 증가, 태양광발전은 23.4% 증가, 바이오매스는 26.6% 증가했다.

관건은 이러한 에너지 전환의 비용이다. 경상 비용 측면으로는 그림 4-16과 같이 핵발전, 풍력발전, 태양광발전 등은 현행 석탄 발전보다도 저렴하다. 하지만 투자 비용이 큰 것이고 당연히 재원이 문제가 된다.

골드만삭스에 따르면 중국이 탄소 중립성 목표에 도달하기 위해서

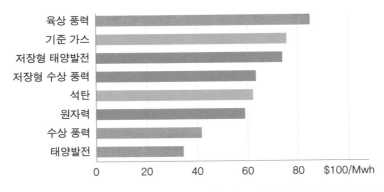

탄소 제로　　탄소 제로, 파견 가능한 발전　　화석연료

육상 풍력
기준 가스
저장형 태양발전
저장형 수상 풍력
석탄
원자력
수상 풍력
태양발전

0　　20　　40　　60　　80　　$100/Mwh

[그림 4-16] 중국의 신 에너지 발전 비용

는 향후 20년간 16조 달러를 새로운 에너지와 오염 관리 관련 프로젝트에 투자해야 한다고 한다. 정부 재정이 한계가 있으니 투자액의 최소 75%는 민간 부문에서 조달되어야 한다고 추정하고 있다.

이 재원 마련의 대안으로 중국은 세계 최대의 탄소 배출권 시장으로 진출하기 시작했다. 초기에는 전력 분야의 2,225개 회사로 시작했고 향후 3~5년 동안 석유화학, 화학, 건축 자재, 철강, 비철금속, 종이, 국내 항공 등 7개의 탄소 고 배출 산업으로 확대될 예정이다. 자오잉민(赵英民) 중국 환경부 부부장은 탄소 배출권 시장 평균 가격이 6.18~7.73달러 정도가 될 것으로 예상했다. 상하이 환경 에너지 거래소가 탄소 배출권이 변동 폭을 한 번에 10% 이하, 최대 단일 거래는 10만 톤 미만의 이산화탄소로 제한한 것을 보면 이 탄소 배출권을 둘러싼 머니 게임의 징조가 이미 있는 모양이다.

탄소 정책 투자는 이미 매우 뜨거운 이슈다. 2021년 상반기 중국 10대 ETF 중 7개가 그린에너지 테마 상품이었다. E Fund CSI New

Energy ETF가 45.5% 상승해 시장을 주도했고, China AMC(华夏资金)의 Energy ETF(ChinaAMC CSI New Energy)가 44.6% 증가로 그 뒤를 이었다. 평화 펀드(鹏华基金)의 ETF는 올해 상반기 42.5% 상승하여 3위, 핑안(平安)의 신에너지 자동차 산업 ETF는 41.9% 상승해 4위에 올랐다.

탄소 거래뿐 아니라 신재생 에너지, 기후 등을 주제로 하는 녹색 거래소에도 힘이 실릴 전망이다. 베이징시 금융감독관리국 왕잉(王颖) 부국장은 2021년 9월 녹색 금융 정책을 펼칠 것이라고 발표한 바 있다. 베이징 환경 거래소의 명칭을 베이징 녹색 거래소로 개명하고 녹색 및 기후 관련 투융자 플랫폼을 구축하겠다는 것이다. 아직 상세한 내용은 밝혀지지 않았지만 금융 플랫폼을 구축하겠다는 것은 이 사업에 거대 규모의 자금이 동원된다는 것이고 이 영역의 사업을 해온 기업들에게는 큰 기회가 찾아온다는 의미일 것이다.

5
사활을 걸다, 중국의 반도체 산업

2021년 11월 주요 반도체 제조사들로 구성된 세계 반도체 무역 통계 기구(WSTS)는 2022년 반도체 시장이 전년 대비 9% 성장하고 사상 최대인 6,014억 달러에 이를 것으로 예상한다고 발표했다. 2023년 이후 시장 전망은 엇갈린다. JP모건체이스 증권은 세계 반도체 시장이 2022년 대비 2023년까지 1.5% 감소할 것으로 내다봤다. 타이트한 수급이 해소되고 임시 조정 단계에 들어갈 것이라는 것이다.

실물 경제 측면에서 볼 때 반도체 경기의 최대 변수는 역시 중국이다. 중국에게 있어 반도체는 국가의 명운을 결정하는 절체절명의 명제이다. 앞서 미국이 압박하는 35개의 관건 기술을 보면 10개가 반도체 기술로 적시되어 있고 다른 영역으로 구분되어 있음에도 7개 기술이 들어가 있다. 즉, 중국이 인식하는 국가 관건 기술 중 대부분이 반도체인 것이다. 그 결과 중국 반도체 기업들이 사운을 걸고 기술 개발을 하는 것은 물론 어지간한 테크 기업들은 모두 적지 않은 자본으로 반도체 기술에 뛰어들고 있다. 중국 정부는 2014년에 이미 중국 IC 산업 투자기금(CICIIF)을 설립하여 1,500억 달러의 기금을 투입하고 있

중국 주식 투자 비결

다. 스위스 UBS에 따르면 2020년 글로벌 반도체 자본 지출 비율은 중국이 9% 정도인데 2019년에는 6% 정도였다는 것을 보면 중국이 반도체에 쏟는 노력을 짐작할 수 있다.

필자의 지인 중에 S라는 인물이 있다. 이 사람은 중국의 정법 계통(공안, 사법, 감찰 등 법 관련 기관)의 고위직을 지낸 사람인데 어느 날 필자에게 연락을 해 왔다. 산둥에 반도체 회사를 차렸고 TSMC의 최상급 기술팀을 영입하여 반도체 개발에 나섰다는 것이다. 필자도 자기 회사에 와서 일해 달라는 요청을 하여 해당 회사를 조사해 보았다. 이 S는 기술 분야는 전혀 무지한 사람인데 반도체를 한다고 하니 잘 믿어지지 않았던 것이다. 그런데 웬걸? 정말로 거대 규모의 자본으로 회사가 설립되었고 동사장도 정식으로 S가 취임한 것이 사실이었다.

회사 자본은 대부분 국유 자본에서 나왔다. S는 이름 들으면 누구나 아는 중국 최고 지도부 인사와 아주 가까운 인물이다. 그래서 이런 프로젝트가 가능했을 것이다. 그런데 이 회사는 설립 뉴스나 구인 광고 등 여하의 소식도 미디어에는 나오지 않는다. 그러니까 아마도 가능한 비밀리에 기술을 개발하고 있는 것이 아닌가 싶다. 그리고 S는 이런 회사가 하나만 있는 것이 아니라고 했다.

그 후 중국이 반도체 관련 기술을 개발했다는 뉴스를 접하면 필자는 '앗! 그때 그 중국 회사 갈 것을!' 그리고 중국 반도체 기술은 역시 미흡하다는 기사가 나오면 '아! 그때 그 회사 안 가기를 정말 잘했어!'라며 가슴을 쓸어내리곤 한다. 필자와 같은 소시민이야 하루하루 먹고사는 문제로 이런 일상을 보내지만 중국 지도부의 입장에서는 양쪽에 불을 붙인 촛불을 보는 심정일 것이다. 그들이 만일 반도체 기술을 장악하는 날이 온다면 그야말로 사우론이 절대 반지를 끼게 된 셈이 아닐까?

미국의 대중 반도체 제재

UBS는 2020년 보고서를 통하여 중국의 반도체 기술 개발은 다음의 네 가지 요소가 가장 크게 작용할 것으로 예상하였다.

- 중국과 기타 세계 간의 기술 격차 정도
- 미국 기술을 대체할 수 있는 다른 나라 기술의 지원 확보
- 미국 기술(IP)에의 의존도
- 정부 정책의 변화

이 중 미국 기술을 제3국 기술로 대체할 수 있는 가능성을 막기 위하여 미국 정부가 미국 기술이 25% 이상 들어갔다면 미국은 물론 제3국도 제재 대상에 포함시킨 것은 주지의 사실이다. 슬픈 일이지만 UBS가 2020년 분석한 글로벌 반도체 회사 중 미국이나 중국이 아닌 제3국 기

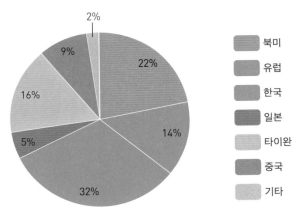

[그림 4-17] 2020년 글로벌 반도체 자본 지출 비중

중국 주식 투자 비결

술로 대체 불가능한 회사를 보면 일본의 스크린 홀딩스, 도쿄 일렉트론과 무라타가 대체 가능율 각각 0%, 15%, 20%이고 이비덴(Ibiden)이 30%로 모두 일본 기업들이다. 그 다음은 타이완의 TSMC가 25~35%로 추정되었다. 우리나라의 삼성이나 SK 하이닉스의 경우 100%다. 즉, 모든 제품이 제3국 제품으로 대체 가능하다는 이야기다. 일각에서 이야기하는 것처럼 우리나라가 반도체에서 차지하

이박사 중국 뉴스 해설
미·중의 반도체 공급망 분리

는 국가 전략적 위상이 그렇게 높지는 않다는 의미이기도 하다.

트럼프가 시작한 대중 기술 통제는 바이든 행정부에 들어서서 중국에 대해 '좁은 마당, 높은 울타리(small yard, high fence)' 정책으로 변화되었다. 트럼프 행정부처럼 넓은 범위로 무역 전쟁을 벌이는 방식이 아니라 효과적으로 좁은 영역에 집중해서 중국을 억제하겠다는 것이다. 그리고 그 억제 대상은 첨단 기술이며 주로 5G, 반도체 등이다.

하지만 이 블랙리스트 방식의 정책은 여러 측면에서 모호하다는 의견이 많다. 많은 미국 기업들이 자신들의 제품이나 서비스가 중국에 제공 가능한지 여부를 판단하지 못하고 있으며 법률 자문을 받지 않으면 안 될 정도라고 한다. 네덜란드 ASML은 자국의 제품을 중국에 파는 것은 미국 규제의 대상이 되지 않는다고 했다. 중국도 ASML의 네덜란드 공장 제품은 규제 대상이 아니고 미국 공장에서 제작된 ASML의 설비만 제재 대상이 된다고 말하고 있다. 미국의 입장은 다르다. 더욱 혼란스러운 것은 이 정책이 일관되고 고정된 것이 아니라 미·중 사태의 진전과 함께 가변적으로 적용되고 있다는 점이다.

반도체 기술의 경우 미국의 정책은 기본적으로 정밀도를 기준으로 16나노 공정까지는 중국에 허용하며 그 이상의 정밀도를 제공하는

설비들은 불가하다는 입장으로 알려져 있다. 이것도 원래는 7나노급 이상의 정밀도만을 규제하는 것이었으나 알게 모르게 점점 변동하여 지금은 16나노급이 기준이 된 것으로 보인다.

지금 TSMC와 삼성의 경쟁은 3나노에서 1나노로 가고 있고 10나노 이하 정밀도는 이 두 회사 외에는 제조 기술을 가지고 있지 못하다. 그래서 현재로서는 14나노 공정이 칩 제조 분야의 분수령이라는 것이 업계의 공감대이다. 그리고 14나노 공정이 가능한 제조업체는 TSMC, 인텔, 삼성, 글로벌 파운데이션, UMC 그리고 중국의 SMIC뿐이다. SMIC가 중국 기업이니 중국도 14나노 기술을 가지고 있다고 하겠지만 SMIC 14나노 기술은 TSMC가 통제하고 있으며 SMIC 독자적으로는 14나노 기술이 없다는 의견도 있다. 이런 시각에서 보면 16나노 정밀도를 기준으로 삼은 것은 명확한 기준이 될 수 있어 보인다.

하지만 자동차용 반도체 공급 부족 사태에서 보듯이 28나노급 등 이전 단계 기술의 제품 수요도 충분히 성장하고 있으며 그런 의미에서 이 또한 관건 기술이기도 하다. 군사용 반도체도 16나노급이면 충분히 AESA 레이더 등 많은 것들을 만들 수 있다. 그러다 보니 산업체에서 제재 대상이 아니라고 생각한 계약이나 거래가 먼저 일어나고 그 기술 제품이 기술 혁신 등을 통해 첨단 기술에 응용이 되면 뒤늦게 미 정부가 제재를 취하는 일들이 일어나고 있는 것이다.

예를 들어 중국 SMIC가 2018년 초 ASML에 7나노 이하 칩 생산에 사용할 수 있는 EUV 노광기를 발주한 일을 들 수 있다. 발주 2년 후인 2020년 12월 미 상무부는 SMIC를 금지 기업 리스트인 Entity List에 포함시키고 주식시장에서도 축출했다. 그 결과 SMIC는 지금까지 제품을 받지 못하고 있는 상태다. 또 하나의 사례로 미 정부는 2021년 4

중국 주식 투자 비결

월에 정밀도가 높지 않은 가공 설비인 DUV까지도 금지 목록에 갑자기 포함시켰다. 미국 정부가 DUV를 뒤늦게 금지시킨 것은 나름의 이유가 있다. 원래 DUV는 초고정밀도를 요구하는 공정에는 사용할 수 없다고 알려져 있었다. 그래서 원래는 DUV를 중국이 수입해도 초정밀도 반도체에는 적용할 수 없다고 보았던 것이다. 하지만 TSMC가 다중 노광 기술을 이용, DUV를 이용하여 7나노 공정에 적용하는 데 성공하는 사례가 나왔다. 그러니 미국 입장에서는 저정밀도 DUV가 갑자기 16나노 이상을 가공할 수 있는 정밀한 설비가 되어 버린 것이다. 하지만 이런 식이면 기술 혁신이 일어나면 이에 관련된 설비들이 모두 규제 대상에 해당되는 예측 불가의 상황이 되어 버린다.

반도체가 이렇게 중국의 숨통을 조이는 기술의 대표임은 틀림없다. 문제는 현대와 같이 복잡한 글로벌 경제 체제, 게다가 한 줌도 안 되는 세계 일류 기술 기업들이 반도체 기술의 한 부분만을 장악하는 현실에서 지금까지 미국이 취해 온 정책 수단들은 여기저기에서 생각하지 못한 부작용을 낳고 있다는 것이다.

구글과 넷플릭스 등에 셋톱박스를 공급하는 선전의 한 중국 회사에 근무하는 한국인 K 씨는 중국에 대한 미국의 반도체 규제로 메모리 가격이 오르자 회사가 삼성·하이닉스 메모리를 중국산으로 모두 교체하였다고 한다. 원래 중국산 메모리는 고객인 구글이나 넷플릭스에서 사용을 원하지 않았지만 미국의 반도체 제재로 가격이 오르자 미국 회사지만 어쩔 수 없이 동의했다는 것이다. 미국의 제재로 미국 기업이 영향을 받는 일이 이렇게 비일비재하게 일어나고 있다.

인피니온이나 ST마이크로 같은 유럽 반도체 회사나 한국의 삼성, SK하이닉스 같은 반도체 기업들은 미국 회사들이 중국에 공급하는 것을 주춤하는 기회를 이용할 공산이 크다. 2018년도 기준 미국이 블랙리스트에 올린 중국 기업들은 중국 전체 반도체 수요의 15% 정도를 차지하고 있었는데 이들은 모두 할 수만 있다면 미국이 아닌 국가로 구매처를 전환하고 싶어 한다. 쉽게 말해 미국 반도체 기업들 입장에서는 미 당국이 자국 기업들의 발등을 찍고 있는 꼴이다. 그렇기 때문에 미국 반도체 협회는 바이든 행정부가 중국에 대한 수출 규제를 재검토해 줄 것을 촉구하기도 했다. 하지만 의회와 국민들의 높아가는 반중 정서는 고조되고 있어 바이든 행정부가 친중으로 오해받을 조치를 취하지는 않을 것이다.

중국의 인소싱

미·중 무역 전쟁으로 미국은 중국에 대한 반도체 제재를 강화하고 있지만 이는 중국이 거국적으로 반도체 기술 개발에 들어가게 하는 결과를 초래했다. 중국은 전략적으로 인소싱을 선택한 것이다. 아니, 그 외에 달리 선택이 없었다고 할 수 있다.

반도체 기술에 대한 봉쇄는 전 중국인들에게 충격을 주었다. 그 결과, 전에는 중국 정부 혼자 반도체 기술 개발에 노력했다면 지금은 14억 중국인들이 모두 노력하고 있는 것이다. 한국 반도체 관련 협회의 중국 센터에서 일하는 P 씨에 의하면 반도체에 뛰어든 중국 기업은 최소 1만 개가 넘으며 업계 소문으로는 반도체 관련 기술을 하겠다며 창업하는 중국 회사가 한 해에 2만 개에 달했다는 말도 있다. 반도체 기술 개발에도 중국 특유의 인해전술이 도입되고 있는 것이다.

그리고 업계에서는 반도체 경쟁에서 가장 귀중한 자원이 인재라고 말한다. 팬데믹 이후 외국인들이 중국 주재를 기피하고 기존 주재원들은 중국을 떠남에 따라 중국은 하이테크 분야의 외국인들에게도 정책적 혜택을 주고 있다. 하이테크 분야에서 4년 이상 중국에서 근무한 외국인에게는 영구 비자를 발급해 주기 시작했다. 그리고 광둥성의 경우 급여에서도 소득세율이 15%를 넘으면 그 넘는 만큼은 다시 환급해 주고 있다. 어떻게 해서든 전문 인력들이 중국에 남게 하려는 중국 정부의 노력 중 일부이다.

중국인의 경우 유럽계 반도체 회사에 있는 J 씨는 중국 정부의 보조금 덕분에 전자공학과 대졸자나 대학원 졸업자 연봉이 터무니없이 높아져서 그저 그런 대학을 졸업하고 경력과 실력이 미천해도 인서울 대학 출신 한국 엔지니어들보다 연봉을 더 주어야 채용이 가능하다고 한다. 꼭 중국 축구와 같다고 보면 된다는 것이다. 중국도 이 점을 잘 인식하고 있다. 2021년 4월 중국은 칭화대학으로 하여금 칭화반도체학원을 설립하게 했다. 여기에는 마이크로 전자학과와 마이크로네틱스 학과 그리고 전자공학과가 설립되고 관련 학과와 교차 연구 센터 등도 설립된다. 교수진에서도 겸임, 복직 등 탄력적인 채용이 이루어지고 기업과도 다각적인 사업을 전개할 것이라고 한다. 학원을 이끌 우화창(吳华强) 교수는 칭화대학 재료공학과, 코넬 공학박사, AMD 및 Spansion에서 반도체 관련 연구 개발을 한 전문가이다.

이제 중국 정부는 국경 간 반도체 산업 서비스 공작위원회를 조직하여 외국 반도체 기업들과 공동 개발을 추진하고 있다. 칭화대학이 주관하며 여기에 배이징 대학, 중국 과학원, 중국 정부 산하 연구원들이 참여한다. 중국 최대의 반도체 기업인 SMIC, 중국 최고의 반도체 설비 기업 AMEC 그리고 샤오미 등도 참여한다. 현재 이 활동에 참여하고 있는 외국 기업은 인텔, AMD, 인피니온, ASML 등이다. 타이완의 세계적 반도체 기업 TSMC도 2021년 9천 명이라는 역대 최대의 인력을 충원한다고 한다. 타이완 내에서도 TSMC 외에 폭스콘(FOXCONN) 등 반도체에 뛰어드는 기업들이 늘어나면서 인력 채용이 갈수록 어려워지고 있는 것이다. 이에 따라 TSMC는 타이완에서만 일하는 전체 직원 5만 명을 대상으로 고정 임금을 20%씩 올리는 긴급 대책으로 인력 확보에 나섰다. 이것은 중국으로의 인력 유출을 막기 위한 방편이기도 하다.

중국은 적극적으로 국산 칩의 개발과 활용을 하는 것 외에 설계 사양을 낮추어서라도 국산 반도체를 사용할 수 있으면 투자를 서슴지 않고 있다. 앞서의 유럽계 반도체 회사에 있는 J 씨는 중국이 반도체 관련 기술, 그중 자국이 제조 가능한 진입 장벽이 낮은 제품들에 대해서 국가가 보조금을 주어 가며 시장을 장악해 가고 있다고 필자에게 전해 주었다. 예를 들어 한국이나 글로벌 기업의 제품이 50원이 원가라면 상식적으로는 70~80원에 팔 수밖에 없는 가격 구조지만 중국 기업들은 보조금을 받아 20~30원에 전 세계에 판매하고 있어서 저급 제품 시장부터 야금야금 침식해가고 있다는 것이다. 과거 디스플레이 시장에서 적용했던 전략을 다시금 적용하고 있다는 것이다. 그 결과 중국 국산 반도체의 생산은 일취월장하고 있다. 2021년 1~7월 사이에 중국 기업이 생산한 칩은 2,036억 개로 전년 동기 대비 47.3%나 증가해 하루 평균 10억 개가 넘는다.

자, 이제 이들 반도체 각 분야에 어떤 중국 기업들이 포진하고 활동하고 있는지를 살펴보자. 이들이 성공적인 성과를 낸다면 그들의 주가는 하늘 위를 날 것으로 보이니 말이다.

중국 주식 투자 비결

반도체 제조(파운드리)

반도체 산업 사슬 중 중국이 가장 고전하고 있는 분야가 제조업, 즉 파운드리다. 가장 비근한 예가 칭화즈광(칭화유니)이다. 칭화즈광은 스마트 칩을 개발한 프랑스 Linxens, HP의 네트워크 장비 계열사, Western Digita의 지분, 중국 이동 통신칩 Spreadtrum 등을 인수하며 사세를 확장하는 등 기세를 올렸었다. 그러나 정부를 믿고 지나치게 방만한 경영과 과도한 인수를 거듭한 끝에 2020년 말 36억 달러 규모의 채권이 디폴트되었고 중국 정부는 구제하지 못했다. 이는 중국 정부의 반도체에 대한 국가 전략에 제대로 부응하지 않고 개인적 이익에 주로 이용하던 많은 중국 기업들에게 경종을 울린 사건이다. 칭화즈광의 310억 달러 규모 채권은 자산의 4배에 달한다고 한다. 칭화대학은 이 회사 주식 51%를 지방정부에게 넘기려 하지만 대부분 재정 적자 누적으로 신음하고 있는 지방정부들이 인수 능력이 있을리 없다. 결국 알리바바 그룹이 중국 정부의 환심을 사는 차원에서 해당 회사를 인수하는 결과를 맞이하였다. 이 칭화즈광에서 진행되던 프로젝트들 중에 앞으로 중국 반도체 기술에 도움을 줄 수 있는 개발이 이루어질 가능성은 충분히 크다. 누가 뭐래도 칭화는 중국 최고의 엘리트 엔지니어 집단이기 때문이다.

비주류 분야에 있어서는 중국 반도체 기업들이 약진하고 있다. 이미지 센서 기업 웨이얼(韦尔股份)은 2020년 순익 27억 위안으로 동비 대비 481.17% 증가했다. 생체 인식 기업인 GOODIX(汇顶科技)는 미국의 제재로 순익이 28.40% 하락했지만 메모리 인터페이스같이 규제 대상이 아닌 품목을 하는 MONTAGE(澜起科技)는 매출이 동비 대비 18.31% 올랐고 RF 기업 MAXSCEND(卓胜微)도 순익이 115.78% 상승했다. 앞서 지적한 대로 중국 고객들이 다소 문제가 있더라도 중국산 반도체를 사 주는 영향이 크다.

하지만 이들 제품들은 주변 기기에 해당되는 것이고 주류 첨단 제품이나 국방 제품으로 사용되는 고도 제품은 역시 삼성과 TSMC 두 회사 외에는 다른 대안이 없는 실정이다. 대부분의 파운드리 고객들은 삼성과 TSMC 중에서 아무래도 TSMC를 선호한다. 전문 기업이기 때문에 서로 경쟁하는 영역이 없고 콧대가 높은 삼성에 비해 TSMC는 소통이 쉬운 것이 장점이다.

타이완 국민들은 반도체 파운드리 세계 1위 기업인 자국의 TSMC가 서방 각국이 타이완을 지지하고 보호해 주는 이유라며 TSMC를 호국신산(护国神山)이라고 부르기도 한다. 이 타이완의 TSMC가 향후 3년간 1,000억 달러를 투자하여 반도체 생산 능력을 확대한다고 2021년 발표했다. 중국은 각종 발표에 타이완의 TSMC를 중국 기업으로 표시하고 이에 근거한 통계를 제시하기도 하기 때문에 중국 자료를 읽을 때 잘 살펴보아야 한다.

미 반도체 산업 협회(SIA)의 보고서에 따르면 최첨단 반도체 공장의 92%가 타이완에 집중되어 있다. 타이완에서 1년 동안 반도체를 생산하지 못하면 글로벌 전자 산업 매출은 5천억 달러 가까이 줄어들 것이고 글로벌 전자 산업 공급망이 중단될 것이라고 했다. 미국 반도체 산업 협회는 미국에서의 반도체 제조 능력이 충분치 않다며 이 문제를 정부의 협조하에 해결해야 한다고 주장하기도 했다. 그 결과 미국이 TSMC를 압박하여 미국에 대규모 공장을 짓게 한 것이나 일본이 각종 혜택과 거대 자금을 지원하여 TSMC에게 일본에 공장을 짓게 한 것도 같은 맥락이다. 유럽도 '반도체 유럽' 프로젝트를 추진하며 반도체의 타국 의존도를 낮추려고 하고 있다.

세계 각국의 이런 우려는 2021년 발생한 자동차용 반도체 공급 부족 사태로 현실이 되었다. 그리고 이 반도체 부족 상황은 최소 2022년 중반까지 이어질 듯하다. 대형 전자 제조업체인 싱가포르의 Flextronics는 30개국에 100개 이상의 공장을 두고 있는데 최고 조달 및 공급망 책임자인 린 토렐(Lynn Torrel)은 반도체 부족이 언제 끝날지에 대한 추측을 포기했다고 한다. 그런가 하면 테슬라는 반도체 공장을 직접 인수할 것을 고려하고 있는 등 글로벌 빅테크 기업들은 아예 자신들이 통제할 수 있는 반도체 공급망을 만들려 하고 있다.

그러나 반도체 제조는 엄청난 자본과 기술 그리고 경험이 집적되어야 한다. 따라서 반도체 제조에 진입하는 것은 지대한 리스크를 안는 행위이다. 중국 파운드리 유망주였던 HSMC가 파산한 것도 자본 투하만으로는 반도체 제조를 이룰 수 없다는 증거이다.

현재 중국에서 비교적 안정적인 공정은 28나노 공정이며 TSMC 난징 공장이 16나노로 공정 개선을 하고 있는 것으로 알려졌다. 중국 평안 증권은 2021년 5월 보고서에서 SMIC가 14나노 양산 수준에 있고 7나노의 시험 생산 중이라고 하였다. 그러나 Gartner의 애널리스트인 사무엘 왕(Samuel Wang)은 SMIC의 프로세스에 대한 생산량과 수율 개선은 아직 나타나지 않았고 SMIC의 N+1 기술은 7나노 공정이 아니라 8나노로 간주할 수 있다는 입장을 밝히기도 했다. 칭화대학 반도체학원에 재임 중인 한국인 L 교수는 중국의 반도체 기술 수준은 14나노로 보아야 한다는 의견을 주기도 하였다.

TSMC의 난징 공장 생산 확대 결정은 그런 면에서 매우 시사하는 바가 크다. 왜냐하면 난징 공장에 28억 7천만 달러를 들여 자사의 최신 라인보다 최소 2세대 뒤처지는 28나노급 생산 라인을 확대하겠다는 계획이기 때문이다. 이 공장은 중국 기업도 생산 가능한 28나노 공장이니 일단 미국의 제재 범위 밖이다. 중국에게 자국 기업으로도 볼 수 있는 애매한 입지의 TSMC는 삼성이나 SK 하이닉스 같은 외국 기업과는 달리 중국 기업들과도 동일 선상에서 경쟁할 수 있다. 무엇보다 중국 내 수요가 증가하고 있는 이상 라인 확대를 하지 않을 이유가 없다는 것이다.

그러나 타이완 입장에서는 중국의 반도체 기술 도용 위험 증가를 우려하고 있고 중국에서는 반도체 개발 생산에 뛰어들고 있는 자국 기업들에 대한 피해를 우려하고 있으니 세상은 정말 요지경이다.

한국 입장에서 볼 때는 타이완의 TSMC가 3나노 공정의 양산에 성공하여 글로벌 주요 고객들의 오더가 쏠리고 있는 상황으로, 하이엔드 고객은 TSMC로 쏠리고 있고 로우엔드 제품은 중국이 추격해 오는 꼴이다. 로우엔드 시장에서 중국에게 추격당하는 것은 단순히 반도체 제품 판매 경쟁으로 볼 수가 없다. 한국에는 삼성, SK 외에도 다수의 중소 반도체 기업들이 있다. 이들은 주로 중국 파운드리에 생산 위탁을 하는데 현재와 같은 상황에서 당연한 일인지 모르겠으나 SMIC나 화홍 같은 중국 파운드리 회사는 중국 기업에게 우선적으로 웨이퍼를 할당해 주고 또 자국 산업에 영향이 큰 회사부터 우선순위를 주고 있기 때문에 로우엔드 반도체부터 한국 기업들이 점점 중국에게 종속되는 결과가 나올 수 있는 것이다.

그러므로 투자자의 입장에서는 하이엔드 반도체뿐만 아니라 로우엔드 반도체 시장의 동향도 살필 필요가 있다. 중국의 경우 '양보다 질'은 먼 길이고 '질보다 양'이 가까운 길이어서 로우엔드를 치고 나오는 중국 기업에 주목할 필요가 있는 것이다.

뒤돌아보면 2021년 예상치 못한 중국의 수출 호조와 반도체 부족 현상은 중국 반도체 기업들에게 대폭적인 매출 신장의 기회를 부여했

반도체 제조 중국 기업	공정 정밀도 수준	비고
CR Micro 충칭	300 나노	
화홍 우시	300 나노	
Nexchip 허페이	300 나노	
SMIC 상하이	300나노, 14 나노	2015년 14나노 finFET 공정 개발 시작, 2019년 출시
SMIC 베이징	300나노, 28나노	
Wingtech 상하이	300나노	

[표 4-7] SEMI의 세계 FAB 전망 보고서

다. 심지어 SMIC의 자오하이쥔(赵海军)은 모든 제품의 판매 재고가 부족하다고 말했다. SMIC는 2021년 1분기 매출이 전년 대비 22% 증가했으며 총수익은 7.1% 증가한 2억 5천만 달러에 달한다고 보고했다. 이런 매출 호조에 따라 베이징과 상하이 공장의 확장이 진행되고 있으며 선전의 12인치 웨이퍼 파운드리도 2022년 하반기에 2차 양산을 시작할 것이라고 한다. 이 프로젝트는 28나노 이상의 집적회로 생산을 목표로 하며, 최종 월간 4만 개의 12인치 웨이퍼 생산 능력을 달성할 계획이다. 중국의 28나노 공정은 이제 안정적 수준으로 볼 수 있고 따라서 다음 목표인 14~16나노 기술의 개발에 지금부터 각축전이 벌어질 것이다. (표 4-7 참조)

반도체 설계

반도체 제조, 즉 파운드리와는 달리 중국의 반도체 설계 분야는 상대적으로 활발하다. 앞서의 칭화대학 반도체학원 L 교수에 의하면 반도체 수주 설계를 전문으로 하는 중국 기업은 1,400여 개에 이른다.
(표 4-8 참조)

비록 미국이 EDM 등 반도체 설계 기술을 제재하고는 있지만 이미
일정 수준 중국에 널리 EDM이 보급이 되어 있는 상태다. EDM은 반
도체 설계 시 이용되는 소프트웨어인데 반도체 생산 공정과 파라미터
등의 정보를 반영하고 있어 사실상 파운드리에 종속적인 면이 있다.
중국의 경우 빅테크 기업들은 TSMC에 의존하고 있고 이에 따라 타
이완 기업들의 솔루션을 주로 사용한다. 현재 반도체 중 중국 입장에
서 가장 관건이 되는 반도체는 CPU이다. 대부분의 서버 그리고 네트
워크 장비에서 CPU는 핵심이다. 더구나 미국 기업인 인텔과 AMD가
전 세계 시장의 95% 이상을 점유하고 있다.

CPU 개발에 있어 중국 기업들은 두 가지 선택이 가능하다. 하나는
비X86 계열의 기술인 ARM이나 공개 기술에 속하는 Risc-V 같은 기

	기업	내용
1	THATIC (天津海光先进技术投资有限公司)	2016년 AMD가 중국에 설립한 JV. AMD는 당시 x86 IP를 JV에 라이선스를 부여하기로 동의한 바 있다. 그러나 2019년 AMD는 입장을 바꾸어 Zen 아키텍처에서 멈추고 더는 기술을 제공하지 않기로 하였다. 2019년 미국은 JV를 블랙리스트에 올렸다.
2	Zhaoxin	타이완의 Via Technology가 2013년 상하이에 설립한 회사로서 x86형 CPU를 VIA 아키텍처로 만들었다. 주로 일반 사용자용 PC에 사용되는 CPU이다.
3	Imagination	2017년 Imagination Technology는 GPU와 MIPS CPU 아키텍처를 분리하여 그래픽 사업은 중국 사모 펀드인 Canyon Bridge에 매각하고 M IPS는 미국의 벤처 캐피털에 매각했는데 이 회사는 나중에 AI 스타트업이 되었다고 한다.

[표 4-8] 중국의 주요 반도체 설계 기업

술을 채택하는 것이다. 그리고 다른 하나는 완전히 중국 기술로 설계해 내는 것이다. 그리고 지금 중국의 반도체 설계 기술 기업 중 가장 큰 불씨로 남아 있는 것이 ARM이다. 현재 응용 분야가 넓으며 특히 중국에서 개발하는 반도체는 99% ARM 베이스라고 할 수 있다. 서버급 CPU는 이 ARM 베이스로 개발하는 경우가 많은데 아마존의 Graviton2 칩이 그 예이다. 중국의 화웨이 산하 HiSilicon의 Kunpeng 920 칩도 ARM 기반 설계이다.

ARM은 중국 법인장이 본사와 분쟁 중이고 중국 측 주주들과 본사 간에 법리를 다투고 있다. 이미 ARM China의 지분 50%를 초과하여 중국 측이 보유하고 있다. 영국의 ARM 본사와도 계약이 되어 있고 중국 내에서도 연구 개발 기능이 있어 어느 정도 독립이 가능한 상태이다. 여기에 경영권 분쟁도 있어 상황에 따라서는 중국이 ARM 기술을 확보할 가능성도 있다. 이는 처음부터 중국 측에 절반 이상의 지분을 넘긴 소프트뱅크의 문제가 크다.

브런치 : ARM 차이나

그리고 중국과 서방의 갈등이 심해지거나 파열되면 어차피 각국은 자기가 하고 싶은 대로 할 터이다. 그러므로 서방 투자자의 관점에서 어차피 중국 기업이 ARM 베이스로 개발하는 반도체에 대해서는 투자하기 어렵다. 하지만 중국 테크 기업들로서는 CPU를 백지 위에서 개발한다는 것은 무모한 짓이며 ARM 베이스로 개발하거나 AI의 경우 전용 아키텍처를 이용하여 개발하는 것이 합리적이다.

반도체 설계는 EDM의 도움으로 이론상 제조 공정과 독립적으로 수행할 수 있어 중국의 노력이 집중되는 분야이다. 그 결과 주요 중국 빅테크들이 개발한 반도체들이 속속 나오고 있다. 빅테크들로서는 자신들의 사업 비전상 추구해야 하는 목표인 데다가 국가의 적극적인 후원도 얻을 수 있고 동일 기술이라도 반도체의 형태로 개발해 시장에 내놓으면 뜨거운 중국 인민들의 호응도 기대할 수 있는 것이다.

화웨이가 개발해서 유명해진 기린 칩의 경우 미국의 제재를 직접 받아 생산이 불가능해졌지만 미국의 제재를 회피한 중국의 반도체가 속속 나오고 있다. 바이두는 AI 반도체 쿤룬(昆仑)을 개발하였고 자율주행, 클라우드 컴퓨팅, 음성인식 등 다양한 애플리케이션에 적용하기 시작했다. 내용은 밝히지 않고 있으나 쿤룬의 개발에는 CITICPE(中信产业基金), IDG Capital, Legend Capital(君联), Oriza Hua(苏州元禾控股股份有限公司) 등 대형 중국 금융기관들이 투자에 참여한 것으로 알려졌다. 바이트댄스 또한 반도체 사업 진입을 선언했다. 바이트댄스는 클라우드 기반 AI 칩과 ARM 기반의 서버 칩을 자체 개발할 예정이다.

이런 중국의 첨단 반도체 설계는 주로 TSMC가 제조를 한다. 그리고 최근 들어서 중국 기업들은 자신들이 개발한 반도체를 대외 판매를 하지 않고 내부 용도로만 사용하고 있다. 예를 들어 CPU는 자신들의 클라우드 서버에 적용하고 AI 칩은 자신들의 내수용 자동차에만 적용하는 식이다. 이런 동향이 중국 정부의 의도인지 아니면 업체들이 고심한 결과인지는 아직 판단하기가 어렵다. 그러나 이런 추세가 계속되면 중국과 미국 사이에 기술 표준 또는 De Facto 표준은 서로 달라져 갈 것이다. 그리고 그 결과가 어느 나라에 더 유리할지 판단이 어렵다.

CPU 다음으로 중요한 반도체라고 할 수 있는 GPU에도 중국 스타트업들이 엔비디아의 지배력에 도전하며 차세대 GPU 개발에 뛰어들었고 중국 벤처 캐피탈의 투자도 쏟아지고 있다. 특히 차세대 범용 그래픽 처리장치(GPGPU)에 대한 투자가 호황을 누리고 있다. 기존의 그래픽 처리장치(GPU)가 컴퓨터에서 이미지를 렌더링하는 반면, GPGPU는 인

순위	기업명
1	Hisilicon
2	OmniVision
3	SmartChip
4	Sanechips
5	Unicoc
6	HDSC
7	Goodix
8	GalaxyCore
9	Silan
10	GigaDecvice

[표 4-9] 2019년 중국 10대 IC 설계 기업

공지능(AI) 컴퓨팅에 데이터 처리 능력을 활용하도록 설계되었다. 그 결과 중국 최초의 서버급 4K 고성능 그래픽 GPU 개발에 신동커지(InnoSillicon, 芯动科技)가 성공했다고 발표하였다. 이 칩은 AI 기능을 반영한 것이며 특히 AMD가 하지 못한 PAM4 병렬 기술을 채택했다고 한다.

이렇게 지속되는 투자의 효과로 2021년 상반기 중국 칩 설계 매출은 1766.4억 위안(약 32.6조 원)에 달했다. 2020년 중국 설계 업체 수는 2,218개로 2019년의 1,780개보다 438개 늘어 24.6% 증가했다. 2021년에도 역시 18.5% 증가하는 등 급속한 신장세를 보이고 있다. 중국 반도체 설계 업계는 상위 10개 집중도가 50%에 육박하고 하이실리콘(海思半导体)이 중국 국내에서 가장 앞서고 있다. 중국 반도체협회가 이미 발표한 2019년 국내 10대 IC 설계 기업은 표 4-9와 같다.

이 외에 통신을 포함한 고성능 아날로그 칩 등에 중국의 기술 발전이 상당 수준 이루어지고 있다. 통신 분야에서는 화웨이 계열의

번호	회사명(한글)	회사명(중문)
1	칭화즈광	紫光国芯微电子股份有限公司
2	스란웨이	杭州士兰微电子股份有限公司
3	환쉬뎬즈	环旭电子股份有限公司
4	창징커지	江苏长晶科技有限公司
5	구얼	歌尔股份有限公司
6	중환반도체	天津中环半导体股份有限公司
7	산안광뎬	三安光电股份有限公司
8	타이지스예	无锡市太极实业股份有限公司
9	SMIC	中芯国际集成电路制造(上海)有限公司
10	인허뎬즈	江苏银河电子股份有限公司

[표 4-10] 중국 반도체 상장사 TOP10

HiSilicon이 독보적이다. 아날로그 영역에서는 SG Micro, Sillergy 등이 대표적이다. FPGA[10] 영역은 ANLOGIC(安路科技), GOWIN(广东高云半导体科技股份有限公司), Pango(紫光同创电子有限公司) 등이 대표적 기업이다. 파워 칩에는 Vanchip(唯捷创芯(天津)电子技术股份有限公司), OSAT[11] 영역은 JCET(长电科技), 화톈(华天科技)이 있다.

우리나라의 강점 분야인 메모리 영역에서는 DRAM의 경우 중국이 아직 따라오지 못하고 있지만 NAND의 경우 칭화즈광의 Yangtze Memory(长江存储科技有限责任公司)가 2019년 제품 개발에 성공하였고 국제 경쟁력 보유 수준에 와 있다. 그 외에도 푸젠진화(福建锦华), Changxin

---

10) FPGA(Field Programmable Gate Array)는 설계 가능 논리 소자와 프로그래밍이 가능한 내부 회로가 포함된 반도체 소자
11) OSAT(Outsourced Semiconductor Assembly and Test)는 반도체 제조공정에서 전공정인 설계와 제조 이후 후공정인 패키징과 테스트를 전문으로 하는 단계

Memory(長鑫存儲技術), 칭화유니 등이 미국의 제재를 받으면서도 분투 중이다.

거국적 노력을 기울이고 있던 중국의 반도체 개발 러쉬는 2021년 들어 정비를 하게 된다. 워낙 국가적 성원이 있는 데다가 정부가 맹목적으로 지원을 하자 자격 미달 업체들이 대거 뛰어들었고 나름대로의 꽌시를 동원하여 나라의 자원을 쏟아부었다. 하지만 성과물은 나오지 않았고 세계적인 웃음거리가 되는 결과를 초래했기 때문이다. 중국 정부는 자칫 국가적 자원 낭비를 초래하는 결과를 우려하기 시작했고 반도체 개발에 질서를 부여하기로 했다. 그에 따라 2021년부터 중국 당국이 투기에 대해 본격적으로 경고하면서 중국 반도체의 과열은 진정되기 시작했다. (표 4-10 참조)

반도체 장비 및 기타

2021년 반도체 장비 시장은 최초로 1천억 달러를 돌파하였고 특히 제조 설비의 시장이 급격히 증가하였다. 2020년 중국 반도체 시장은 39.2%라는 기록적인 성장을 기록했다. 이제 전 세계 반도체 제조 장비 업체들에게 중국은 무시하기 힘든 시장이다. (그림 4-18 참조)

반도체 설비는 공정에 따라 다양한 설비가 투입된다. 반도체 공정이 크게 설계 단계, 제조(웨이퍼) 단계 그리고 패키징 단계로 분류되는데 설계 단계에서 설비는 필요치 않으며 주로 제조 단계에서 80% 정도의 설비 시장이 형성된다. 그리고 노광, PVD, 에칭 등 핵심 장비의 TOP3 시장 점유율이 90% 이상으로 후발 업체들의 생존 여지가 별로 크지 않다. 즉 선점자 우위 시장의 특성을 갖는다. 반도체 설계 기

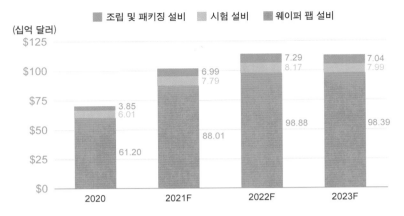

[그림 4-18] SEMI 2021년말 분야별 설비 수요 예측

술은 제조 기술에 종속되며 제조 기술은 웨이퍼 공정상의 가공 기술에 종속된다. 그리고 가공 기술은 가공 장비에 종속되지만 제조사의 통합 기술이 함께 요구된다. 즉 ASML의 EUV 없이는 정밀 반도체를 만들 수 없지만 삼성의 통합 기술이 없으면 ASML도 장비 기술을 개발할 수 없는 것이다.

SEMI 통계에 따르면 28나노 공정은 약 650개, 14나노 공정은 약 1,000개, 7나노 공정은 1,500개의 공정이 필요하다. 제조(웨이퍼) 단계 공정 기술은 어렵고 상대적으로 복잡하며 장비 수요가 커서 집적 회로 생산 라인 투자의 약 80%를 차지한다. 공정 정밀도가 16나노, 14나노에 도달하면 장비 투자 비중이 85%를 차지한다. 따라서 정밀도가 7나노 이상이 되면 이 단계 공정에 필요한 설비가 차지하는 비중은 훨씬 더 높아질 것이다.

2021년 에릭 슈미트 전 구글 회장이 이끄는 국가안전위원회(NSCAI)는 반도체 제조 장비들은 이미 미국의 수출 규제를 받고 있는 Applied

　　　　　　　　　　　중국 주식 투자 비결

Materials Inc.와 Lam Research Corp과 같은 미국 회사들 외에 일본의 니콘과 캐논 주식회사, 네덜란드의 ASML 홀딩과 같은 회사들도 제재하는 정책을 건의했다. 또 타이완과 한국이 미국에서 반도체 제조할 것을 촉진하기 위한 조치도 권고했다. 이 권고는 바이든 행정부에 받아들여져 삼성과 TSMC가 미국에 공장 설립을 결정하게 되었다. 네덜란드 ASML도 미국의 정책을 따를 수밖에 없었다. 2020년 네덜란드 주재 중국 대사는 ASM이 중국에 첨단 장비를 판매하는 것을 허용하지 않으면 미국과 무역 관계가 손상될 것이라고 저항한 바 있지만 소용없었다.

그 결과 SK 하이닉스가 유탄을 맞았다. 메모리 생산의 절반을 담당하는 중국 이우 공장에 도입하려던 DUV 장비가 미국에 의해 중지된 것이다. 애널리스트들은 SK 하이닉스가 생산성 향상과 원가절감 측면에서 삼성전자, 마이크론 테크놀로지 등 글로벌 칩 제조사들을 따라잡기 위해서는 향후 3년 안에 EUV 장비를 설치해야 한다고 말한다.

이번 반도체 사태로 중국의 반도체 장비 회사들은 어느 때보다도 주목받고 있다. 중국이 반도체 기술을 확보하려면 가장 중요한 것이 반도체 장비 기술이기 때문이다. 2020년에는 전 세계 반도체 장비 매출이 약 712억 달러에 이르렀고 이 중 전 공정 장비가 약 87%를 차지하였고 포토 리소그래피, 박막 증착 및 식각 장비가 장비 매출의 약 62%를 차지하였다.

관건 장비인 포토 리소그래피가 중국 회사의 손에서 만들어진 것은 2020년 ANXINSEC(福建安芯半导体)가 포토리소그래피 2대를 국가 기관에 납품한 것이 시작이다. 이 회사는 완전히 100% 국산이 아니라 변형 및 업그레이드를 통해 60%에서 70%의 현지화를 달성했다 한다. 핵심 장비들의 공급이 어려워진 시점부터 중국에서는 중고 설비를 외국이나 중국 내 외국 기업으로부터 구매하는 일들이 많았는데 이렇게 개조를 하여 스펙을 향상한 것으로 추정된다. 그런데 획기적인 사건이 발생하였다. SMEE(上海微电子)라는 회사가 자체 EUV 개발에 성공한 것이다. SMEE는 2018년 3월 90나노의 EUV 개발에 성공했고 이어서 2021년 9월에 28나노 DUV 개발에 성공했다. 중국 최초의 28나노 장비는 2021년 11월 인증을 받았으며 2021년 말까지 양산에 들어갈 예정이라고 했다. 이 장비는 DUV로서 28나노 및 14나노 공정 칩을 양산할 수 있는데 다중 노광을 통해 7나노 공정까지도 구현할 수 있다고 한다. 즉 2022년부터는 중국이 고급 칩 양산 시대에 진입한다는 뜻이다.

사실 중국의 이런 발표나 뉴스 중에는 사실과 다른 것들도 많아 액면 그대로 믿기도 어렵다. 하지만 중국의 28나노 기술은 이미 안정적인 수준에 들어섰다고 할 수 있고 14나노와 7나노 일부 장비는 중국의 국산화가 상당한 진전을 이루었을 것으로 볼 수 있다. 38나노 DUV로 구현 가능한 공정이 10나노라고 하니 SMEE의 28나노 장비가 7나노를 구현할 수 있다는 것도 아무 근거가 없는 것은 아닐 것이다.

여기에 AMEC(中徽半导体设备)[12]이 자체 기술로 5나노급 식각 장비를 개발한 것은 큰 발전이다. AMEC은 TSMC가 개발하는 5나노급 생산 라인에 들어갈 식각 장비를 개발하여 이미 시험 생산에 성공한 것으로 알려졌다. AMEC은 어떻게 이런 기술을 확보할 수 있었을까? 일각에서는 미국의 기술을 훔쳤다는 말도 있다. 긍정적인 시각에서 바라보면 중국의 반도체 기술은 역시 중국 최대의 전략 자산인 '사람'에 의해 이루어지고 있다고 평가할 수 있다.

AMEC을 창업한 인즈야오(尹志尧)는 1980년 미국에서 박사를 하고

---

12) 2004년에 설립된 회사로 주력 사업은 MOCVD이다. 주로 TSMC와 SK하이닉스에 공급하고 있다.

인텔의 연구소에서 경력을 시작하여 1986년 Panlin Semiconductor 로 옮긴 후 식각 장비를 개발, Panlin이 단숨에 글로벌 40%의 시장을 점유하게 만든 장본인이다. Panlin은 그 후 어플라이드 매터리얼에 인수되었고 인즈야오는 식각 장비 부분의 CTO를 오래 역임했다. 그런 그가 2004년 실리콘밸리의 중국계 핵심 기술 엔지니어 15명과 함께 중국으로 들어와 AMEC을 설립한 것이다. AMEC은 CCP 에칭, ICP 에칭 모두 5나노 기술을 개발하였다. AMEC은 MOCVD(금속 유기화학 기상증착법) 개발에도 들어가 현재 1세대 장비 PrismoD-Blue, 2세대 장비 PrismoA7 및 3세대 30인치를 포함하여 청색 및 녹색 LED 및 전력 장치 처리에 사용할 수 있는 제3세대 MOCVD 장비도 개발하였다. 중국 정부의 천인 계획이나 해외 인력 유치 그리고 각 지방정부의 무모할 정도로 적극적인 하이테크 기술 기업에의 창업 지원이 성공한 경우다.

중국의 반도체 기술 개발에 인력 자산 외에 또 하나 전략적인 힘을 발휘하고 있는 것이 시장 규모이다. 특히 반도체 제조업에 뛰어드는 기업이 많고 여기에 각 지방정부의 묻지마식의 지원이 더해지면서 반도체 설비 기업들에게 풍부한 시장 수요를 제공하고 있는 것이다.

최근 두각을 나타내고 있는 중국 기업 중의 하나인 ACM Research(盛美半导体)의 경우 보유한 SAPS 방식의 세정기가 2018년 136대, 2019년 221대로 각각 4억 달러, 6.63억 달러로 추정되는 시장을 얻을 수 있었고 단엽 습식 세정기를 개발해서 시장에 내놓자 곧바로 2020년 시장 점유율 20%를 차지할 수 있었다. 그리고 이제 14 나노 세정 장비의 생산 라인 검증에 들어갔다. 즉, 큰 시장 규모는 충분한 기술 개발 자금을 가능하게 하고 또 새로운 기술 성공이 엄청난 신규 매출을 기대하게 하는 선순환이 되고 있는 것이다. 혹자는 ACM 을 중국 반도체 설비 기업의 떠오르는 별이라고 부르기도 한다.

2021년 기준 중국의 반도체 회사 중 가장 큰 매출을 보인 TOP3는 NAURA(北方华创)[13], AMEC, JSJD이다. 이중 NAURA는 중국 반도체 장비 산업의 대표 기업이라고 할 수 있다. 원래 항공우주산업부 제1연구소 산하 베이징 광화전파공장에서 설립한 기업으로 1993년에 설립되었으며 가장 제품 라인이 다양하고 매출도 가장 크다. 반도체 테스트 설비 시장의 50~60%을 점유하고 있다. 중국 반도체 설비 기업 중 시가 총액이 가장 크기도 하지만 그만큼 더는 주가에 반영될 호재가 없다는 말도 있다.

비슷한 유형으로 PioTech(拓荆科技)이 있다. 해외 전문가 및 중국과학원 산하 기업으로 구성된 팀이 2010년 공동으로 설립한 국가 첨단 기술 기업으로 고급 반도체 박막 장비 개발을 전문으로 하는 정책 기업이다. 한국의 첨단 반도체 기업에 유일하게 납품을 한 기업이라고 하는데 그 한국 기업이 어디인지는 공개하지 않고 있다.

그 외 Mattson Technology같이 원래는 실리콘 밸리에 기반한 민간 기업이었는데 중국의 E-Town Dragon에 2015년 인수된 경우도 있다. Rapid thermal anneal(RTP), wet clean and ALD 등이 주력이며 글로벌 시장에서 강력한 위치를 점하고 있다.

반도체 장비를 제재하는 미국의 정책은 엉뚱하게도 타이완이 반도체 장비 산업에 뛰어들게 만들었다. 타이완의 칩 제조업체들이 2021년 12월 자체 반도체 장비 산업을 창설하기로 한 것이다. 타이완의 하이테크 산업 전체를 대표하는 4개의 타이완 무역 그룹과 3개의 비영리단체가 이 합의에 서명했는데 이 합의는 '서구와 분리할 수 있는 옵션'을 제공한다는 것이다. 반도체 연구 그룹 VSLI의 산업 분석가인

---

13) 베이징에 있으며 반도체, 과학 장비, microelectromechanical systems, LED 등 분야의 장비를 만들고 있다. 명실상부하게 중국의 반도체 시장을 이끌어 나가는 선도 기업.

설비	중국 내 시장 점유율	글로벌 시장 주도 업체	대표적 중국 기업	중국 기술 수준
노광기	~20%	ASML, Nikon, Cannon	上海微电子	28나노
식각기	~20%	LAM, TEL, AMAT	中微, NAURA, Mattson	7나노 양산, 5나노 시험 생산
CVD	~15%	AMAT, LAM, TEL	PioTech	28나노
PVD	~5%	AMAT	NAURA	28나노, 14나노 시험 생산
세정기	~6%	DNS, TEL, LAM	ACM Research, NAURA	28나노, 14나노 시험 생산
확산로	~4%	TEL, KE	NAURA	28나노, 14나노 시험 생산
건식	~2%	PSK(한), Mattson	Mattson	글로벌 수준
원자층식각	~3%	TEL, ASML	PioTech, NAURA	부분적 검증
도포기	~3%	TEL, DNS	KINGSEMI	비관건 공정 일부 40나노
모니터링	~10%	KLA, AMAT	RSIC	비관건 공정 일부 40나노
CMP	~2%	AMAT	HWATSING	비관건 공정 일부 40나노
LPCVD			NAURA	14나노
ALD			NAURA	7나노
PECVD			NAURA, PioTech	14나노
PVD			NAURA	14나노
이온주입기			CETC, KINGSTONE	

[표 4-11] 주요 중국 반도체 설비 업체 현황

댄 허치슨(Dan Hutchison)은 중국을 폐쇄하려는 현 미국 행정부의 조치와 자체 장비 산업을 개발하려는 중국에 대응하기 위한 방어적인 움직임이라고 평가했다. 이렇게 심지어 가장 미국의 보호를 받고 있는 타이완 산업체들마저 장비 기술을 확보하여 미국의 영향력으로부터 벗어나려고 하는 것이다. (표 4-11 참조)

패키지 및 테스트 분야는 중국 기업들이 상당히 경쟁력을 갖추고 있는 분야이다. 2018년도 데이터를 보면 OSAT 글로벌 국가별 점유율은 타이완이 53%, 중국이 21%로 압도적이다. 주요 업체는 다음과 같다.

- JCET : 중국 최대, 글로벌 3위 업체이다. 2014년에는 당시 4위던 STATS ChipPAC(SC)를 인수했다. 생산 공장은 한국, 싱가포르, 중국 등에 소재해 있다.
- 화톈 : IC 조립에 상당한 기술 진전을 보이고 있는 업체이다. Flip chip, 웨이퍼 레벨 패키징, SiP(System in Chip) 등 고급 IC 조립 제품을 제공한다.
- TechWeb(华峰测控) : 중국 반도체 테스트 장비 선도 기업으로 패키징 분야 매출 최대 기업이다.

중국은 장비를 구매하기가 어려운 기업들을 지원하기 위한 사업도 전개하고 있다. 예를 들어 우리나라의 산업 센터와 유사한 개념으로 만들어진 북경 경제 기술 개발구에는 집적회로 관련 입주 기업이 약 100개이고, 중국 최초의 12인치 집적회로 웨이퍼 생산 라인을 보유하고 있다. 그러니까 생산 라인이 없는 기술 기업들은 여기에 입주하여 생산 라인을 공유하면서 개발을 할 수 있다. 연간 집적회로 장비 500대, 신형 반도체 장비 500대, LED 장비 300대, 태양광 장비 700

대 등을 마련한다. 이 센터는 차세대 정보기술을 기반으로 첨단장비, 소재 및 핵심 부품 기업을 유치하여 IC 산업망 생태계를 조성하려 한다. 총 투자액은 2천억 위안(한화 약 37조 4천억 원) 이상이며, 첨단장비 및 소재의 국산화를 추진한다.

베이징 센터의 경우 핵심장비 산업단지 조성 사업에 66억 위안(한화 약 1조 2,300억 원)을 투입하여 중국 리소그래피 R&D 센터를 조성하고 이온 주입기, CMP, 고급 패키징 등 집적회로장비 연구 개발 및 산업화 기지를 만든다. 중국 반도체 장비 대표 기업인 NAURA도 여기에 있다. NAURA는 여기서 반도체 장비 연구 개발 및 산업화에 85억 위안(한화 약 1조 5,870억 원)을 투입받고 있다. 이런 식으로 SMIC, NAURA를 중심으로 디자인, 웨이퍼 제조, 패키징을 포함한 '칩 - 소프트웨어 - 장비 - 시스템 - 정보 서비스' 집적회로 생태계를 구축하여 중국 최대 규모와 수준을 갖춘 고급 집적회로 산업기지로 발전시키려는 계획인 것이다.

반도체 재료 중 가장 중요한 것은 웨이퍼이다. 중국은 8인치 웨이퍼에서는 안정적인 기술을 가지고 있지만 글로벌 공급 비중은 5% 정도에 불과하다. 중국은 12인치 웨이퍼 생산 기술을 개발하려고 노력 중이지만 아직은 경쟁력이 충분하지 않다는 평가이다. 하지만 미국의 제재 범위 안에 들어가지 않기 때문에 미국 제재의 영향은 적다.

다음의 기업들이 중국의 대표적 웨이퍼 기업이다.

- Zing Semiconductor(上海新昇半導体科技有限公司) : 12인치 웨이퍼의 선두 주자로 2016년 SMIC의 설립자인 장루징(张汝京)이 만든 민간 기업이다. 글로벌 2% 정도의 생산 능력을 보유하고 있다.
- Advanced Silicon Technology(AST/上海超硅半導体股份有限公司) : 2018

년 상하이에 생산 라인을 만들면서 시작된 AST는 raw wafer가 주력이다. 12인치와 20인치 웨이퍼에 주력하고 있다.

- Semis(中环, 중환) : 이 회사는 원래 solar wafer가 주력이었으나 반도체 산업으로 진입한 경우이다. 8인치 제품을 보유하고 있고 12인치를 개발 중이다.

반도체 생산에는 19가지 필수 재료가 필요하며 그중 어느 것 하나라도 빠질 수 없다. 대부분의 재료가 기술 장벽이 매우 높고 일본 기업들이 장악하고 있다. 일본 기업은 14종(실리콘 웨이퍼, 합성 반도체 웨이퍼, 포토마스크, 포토 레지스트, 의약품, 타겟 재료, 보호 코팅, 리드 프레임, 세라믹 플레이트, 플라스틱 플레이트, TAB, COF, 본딩 와이어, 포장재)의 중요 소재에 50% 이상의 점유율을 차지하며 오랫동안 세계에서 절대 우위를 유지해 왔다. 그리고 세계 반도체 실리콘 재료의 70%는 신에츠 화학에서 제공한다. 일본이 우리나라에 대하여 반도체 재료 수출 제재를 가한 것은 중국에게도 언제든 발생할 수 있는 일인 것이다.

중국 반도체 재료 산업에서도 영향은 발생하고 있다. 미디어 Jiwei는 일본 신에츠 화학의 생산 능력 부족 등의 이유로 포토 레지스트 공급이 빠듯하고 일부 중소 FAB에는 공급이 차단되고 있다고 2021년 5월 보도했다. 관계자에 따르면 국내외 FAB에서 생산 능력을 많이 늘리고 있어 포토 레지스트 공급사가 생산량이 제한되어 있고 포토 레지스트 제품 자체도 유통 기한이 있어 모두 공급에 영향을 주고 있다고 한다.

그러나 중국 정부의 국산화 정책에 힘입어 중국 업체인 Nanda Optoelectronics(珠海南大光电有限公司)는 25톤 ArF 포토 레지스트 생산 라인을 완공했고 2022년부터 양산에 들어갈 것이라고 발표했다. 이 제품의 성능은 일본 제품과 동일하다고 한다. Kempur Microelectrnics(北京

科华微电子材料有限公司)는 SEMI가 유일하게 글로벌 포토 레지스트 8강에 선정한 중국 기업이다. 중국 최초로 국내 8인치와 12인치에 KrF 포토 레지스트를 대량 공급한다. 이어서 2021년 12월 우리나라의 동진쎄미캠도 포토 레지스트의 국산화를 발표하였다. 국가적 노력을 지속하면 결국 이런 식으로 하나 둘 성과를 이루기 마련이다.

중국 반도체 장비 산업의 문제점으로 중국 내에서 지적하고 있는 것들은 다음과 같다.

- 설비를 개발해도 대형 웨이퍼는 수입에 의존하고 중소형 웨이퍼 설비는 확대가 늦어 설비 개발과 잘 연계되지 못한다.
- 외국 기술과 격차가 크고 중국 내 제조 기업의 수준이 낮아 기술 개발이 어렵다.
- 국내 소수 기업의 성공으로 해당 기업의 시장 독점이 진행되며 다른 기업의 기술 개발에 의한 진입이 어려워지고 있다.
- 미국의 반도체 장비 통제 강화로 특정 장비 확보가 불가능해졌고 글로벌 반도체 공급망이 파편화하고 있다.
- 팬데믹이 예상보다 장기화되며 불확실성을 키우고 있다.

제3세대 반도체

제3세대 반도체란 탄화규소(SiC), 질화 갈륨(GaN)를 주원료로 하는 1960년대부터 개발된 반도체를 말한다. 그에 반해 1세대 반도체란 우리가 주변에서 흔히 보는 실리콘 반도체를 지칭한다. 2세대 반도체는 인화 인듐, 갈륨 비소 반도체를 말하며 주 응용 분야는 통신 기지국, WiFi, 광 전송 등 주로 대용량의 통신 전송에 사용된다.

제3세대 반도체는 과거 1961년 미국의 CREE 사가 탱크와 같이 고압 전력을 견디는 제품을 만들기 위해 사용하는 등 주로 국방 분야에 사용이 되었고 현재에 들어와서는 전기차, 위성 통신 그리고 신재생 에너지 분야에 필수 불가결한 재료가 되었다. 우리나라가 개발에 성공한 KF-21 보라매의 AESA 레이더도 바로 이 제3세대 반도체를 사용하여 구현한 것이다.

제3세대 반도체의 특징은 고열, 고온, 고압 전기의 환경에 잘 견디는 것으로 1000V 이상의 고압 전기에서도 잘 동작한다. 또 전송 속도가 빠르다. 따라서 발전, 송전, 축전 그리고 전기차의 동력 계통 등 에너지 산업 각 분야에 활용되는 것이다. 또 5G와 위성 통신 분야가 약진하면서 이 분야에서도 활용이 급증하고 있다. 티엔펑 증권(天风证券)에 따르면 전 세계의 실리콘 칩 장치를 사용하는 데이터 센터를 질화갈륨 전력 칩 장치로 업그레이드하면 에너지 낭비를 30~40% 줄일 수 있다고 한다. 질화갈륨은 현재 5G 기지국에서 사용되고 있으며 많은 기업에서 데이터센터용으로 질화갈륨 전력 제품을 사용하고 있다. 전기차 영역에서도 제3세대 반도체를 응용하여 주행 거리에서 4% 정도의 개선을 보았다고 한다.

제3세대 반도체는 구식인 4인치 웨이퍼에 구현한 경우 한 장에 만 달러가 넘는 가격으로 전통적인 실리콘 웨이퍼 가격의 10배가 넘는다. 현재의 시장 규모는 극히 적어 1억 달러가 채 되지 않으나 제3세대 반도체는 시장 규모가 2025년 361.7억 달러, 2030년에는 430억 달러 이상에 달할 것으로 추정되고 있다. 이 제3세대 반도체 기술은 현재로서는 90% 이상의 기술이 서방에 있다고 한다.

제3세대 반도체를 보는 세계열강의 시선은 각기 다를 수 있으나 자국이 주도권을 장악해야 한다고 하는 생각에는 동의한다. 미국은 반도체 기술의 주도국이지만 제조 분야에서 상실한 우위를 제3세대 반도체에서도 빼앗길 수는 없다는 생각이다. 유럽은 원천 기술은 미국, 제조 기술은 한국과 타이완에 장악되고 있는 현 상황을 타개하고 제3세대 반도체 영역에 있어서만큼은 경쟁력을 확보하겠다는 계획이다. 타이완의 경우 현재 타국을 압도하고 있는 반도체 제조 능력을 활용해 향후 다음 세대 먹거리가 될 큰 시장에서 경쟁력을 유지하여 선도자 위치를 유지하겠다는 생각이다.

중국은 이 제3세대 반도체 개발에 국가의 명운이 걸려 있다고 생각한다. 제3세대 반도체 기술이 미래의 먹거리라는 수준을 넘어 중국이 생존하는 데 필수 불가결하다고 보는 것이다. 제3세대 반도체 제조 기술은 이미 60년대에 나온 것이다 보니 상업적 경쟁력이 문제가 될 뿐 제조 기술 자체는 어려운 것이 아니다. 중국은 이 제3세대 반도체가 반도체 산업에 주는 영향은 물론 국가 전략 사업인 에너지 산업, 신재생 에너지 자동차 산업, 항공우주 산업, 군수 산업에까지 이르며 중국 국내 기술로도 제조가 가능하여 전략적으로 투자하고 장려하고 있다.

중국은 전기차 산업을 대규모로 조성하면서 이에 따라 에너지 안보를 이룩하고 제3세대 반도체에서 우위를 점하여 종국적으로 전기차 및 신에너지 분야에서 세계를 리드하는 국가로 발돋움하려 한다. 그리고 제3세대 반도체에는 희토류가 필요하다. 알다시피 희토류는 중국이 통제하는 전략 자산이다. 이를 위하여 희토류 그룹도 설립하였다.

모든 준비는 끝났다. 이제 중국은 2020년 10월 10조 위안, 그러니까 우리 돈 1,860조 원이라는 엄청난 자금을 투자하여 제14차 5개년 계획 기간에 제3세대 반도체를 개발하겠다고 선언하였다. 이렇게 무시무시한 국가 전략이 진행 중인 것이다. 삼성이나 SK 하이닉스의 메모리가 잘 팔린다고 좋아하고 있을 때가 아니다. 시진핑 주석의 측근인 류허(刘鹤) 부총리가 중국의 제3세대 반도체 개발을 총책임진다는 말도 전해진다. 정부 소식통들에 의하면 류허 부총리가 지난 2021년 5월 차세대 반도체 기술 성장 전략을 논의하는 기술 태스크 포스 회의를 주재했다는 것이다.

중국 정부는 광둥, 장쑤, 후난 등에 국가 제3세대 반도체 기술 혁신 센터를 설립하였다. 제3세대 반도체 소재 관련한 중국의 특허는 2021년 12월 현재 5,232건에 달하고 있어 향후 중국이 기술 경쟁에서 이길 가능성이 높을 것으로 예상되고 있다. 중국은 제3세대 반도체 개발의 인프라를 조성하기 위하여 제3세대 반도체 부품의 수요에 따라 장비 핵심기술, 기술 연구 개발 및 산업 인큐베이팅 플랫폼, 수준 높은 인재 육성 등을 추진하여 제3세대 반도체의 협동 혁신 생태계를 조성하려 한다. 성과 이전과 장비 제공을 하는 제3세대 반도체 산업 클러스터 또한 조성할 계획이다.

제3세대 반도체의 발전에는 역시 시장, 수요 측을 자극하는 전략이 동원되고 있다. 가장 큰 수요처인 자동차 산업에서 모든 자동차를 전기차로 전환하도록 한 것이다. 단기적으로는 자동차용 반도체 제조업체 명단을 제공하는 등 반도체 부족을 겪고 있는 자동차 제조 기업들의 지원에 나섰다. 중국 자동차 공업협회에 따르면 2021년 중국의 자동차 생산량은 반도체 부족으로 감소세이다. 중국 정부는 컴퓨터, 제어, 통신 부품 등 주요 차량용 59개 반도체 업체 568개 제품과 자동차 업체들이 원하는 제품 수요 정보 천 개가 수록된 핸드북을 작성했다. 즉, 아직 서로를 잘 알지 못하는 자동차 업계와 반도체 업계를 연결해 준 것이다. 이런 정부 행정은 이후 내순환 경제 체제에서 공급망 관리에서도 재현될 것으로 생각된다. (그림 4-19 참조)

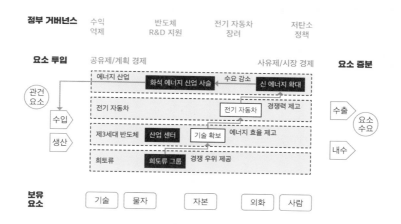

정부 거버넌스   수익   반도체   전기 자동차   저탄소

[그림 4-19] 전기차 수요 증대를 통한 제3세대 반도체 개발 자극

    타이완의 폭스콘도 지금은 이미 낙후되어 가치가 없다고들 이야기 하는 6인치 공장을 다시 사들여 이 제3세대 반도체 개발에 뛰어들었 다. 애플카의 외주 생산과 자체 전기차의 개발을 추진하고 있는 타이 완의 폭스콘으로서는 제3세대 반도체 기술의 확보는 미래를 결정 짓 는 대 사명이다. 폭스콘 반도체 연구소장 궈하오중(郭浩中)은 제3세대 반도체의 수요는 지금은 매우 적지만 전기차의 경우 대당 약 60개의 제3세대 반도체를 필요로 하고 있어 전기차 2대당 6인치 웨이퍼 분 량의 반도체를 소비할 것이라고 한다. 이들은 중국의 국가 계획 그리 고 유럽 등의 계획에 따르면 2030년이 되면 주요 국가의 자동차는 모두 전기차로 바뀔 것이니 제3세대 반도체의 수요는 폭발적일 것이 라고 예측하고 있다.

    지리 자동차 및 바이두가 투자한 자동차 기술 스타트업인 ECARX 는 이르면 2022년부터 ARM 차이나와의 합작 회사를 통해 7나노 칩을 공급할 계획이다. 이 칩은 이르면 2022년 말이나 2023년 초부터 TSMC에 의해 생산될 것이라고 한다. ECARX는 미국 서스퀘한나 인터내셔널 그룹을 포함한 투자자들로부터 약 4억 달러를 투자 유치한 바 있다. ECARX는 이미 250만 대의 차량에 제품을 공급하여 알리바바, 바이두, 바이트댄스, 텐센트 등 다양한 업체의 콘텐츠를 자동차 사용자가 이용할 수 있도록 하고 있다.

중국으로부터 하루가 다르게 침략의 압박을 받고 있는 타이완은 이 제3세대 반도체 기술에 성공하는 것이 바로 미래의 국가 안보와 국민의 생명을 보호하는 방법이라는 공감대가 형성되어 있다. 따라서 타이완은 문자 그대로 목숨을 걸고 이 제3세대 반도체 기술을 확보하려 하고 있다. 타이완 반도체 산업은 연평균 25% 이상의 성장을 보이고 있는데 타이완 상장사 시총에서 제3세대 반도체 관련 기업들의 시총 합계는 34%에 이른다. 다만 타이완으로서는 기술에 성공해도 원재료를 확보할 수 있을지 지금부터 걱정을 하고 있다.

물론 경쟁국들도 제3세대 반도체 개발에 노력을 기울이고 있다. 일본 나고야 대학의 토루 우지하라 교수 등은 AI를 사용하여 차세대 반도체에 사용되는 고정밀 탄화규소 결정을 생산하는 방법을 개발했다. 이 방법은 결정 결함의 수를 기존의 1%로 줄이고 반도체 생산 수율을 향상시킬 수 있다고 한다. 2021년 6월에 회사를 설립하였고 2022년 샘플 판매, 2025년 양산을 목표로 하고 있다는 것이다. 이런 식으로 기술 혁신이 일어나면 전통적인 제3세대 반도체 기술은 하루아침에 의미를 잃을 수도 있다. 그런 의미에서 제3세대 반도체는 연구 개발이 중요한 분야이며 전문 인력의 부족이 큰 이슈가 되는 이유이기도 하다. 그동안 반도체 산업은 실리콘에 집중되어 있어 기타 소재의 개발과 응용에 경험이 있는 인력이 희소한 것이다.

중국 주식 투자 비결

중국에서 제3세대 반도체 분야에 주목받는 기업으로는 Nexperia(安世半导体)가 있다. 이 회사는 2021년 7월 영국에서 가장 큰 웨이퍼 FAB인 뉴포트 웨이퍼(Newport Wafer)의 지분 100%를 인수 완료하여 자동차 등급 IGBT, MOSFET, 아날로그 및 화합물 반도체 제품의 IDM 기능을 효과적으로 향상시켰으며 독립 반도체 장비 회사인 ITEC도 설립하였다. 또한 고효율 전력 질화갈륨(GaN) 및 탄화규소(SiC) 등 제3세대 반도체 재료의 안정적인 공급업체가 되고 있다. 당시 웨일즈 정부는 국가 안보에 문제가 된다며 심의를 요청하였으나 존슨 총리나 콰시 콰르텅(Kwasi Kwarteng) 국무장관은 국가 안보를 이유로 이 인수 계약에 개입하는 것을 거부했다. 뉴포트 웨이퍼가 적자로 신음하고 있었기 때문에 회사를 살리는 것이 영국의 국익에 맞았던 것이다.

이 제3세대 반도체는 곧 세계적인 이슈가 될 것으로 보인다. 특히 중국의 희토류 정책과 맞물려 여러 가지 뉴스거리를 생산할 것으로 보이는데 전기차용 배터리와 함께 앞으로 중국이 공급망 분리에 대항하는 전략적 무기 역할을 할 공산이 크다. 중장기를 보는 투자자라면 전략적으로 집중해도 좋지 않을까.

6
제14차 5개년
정책 관련 업종

중국의 알리바바나 디디추싱이 곤경에 빠진 동안 투자자들 사이에는 점차 투자자에게 좋은 중국 기업이란 중국 공산당의 정책적 비호를 받는 기업이라는 인식이 형성되기 시작한 모양이다. 필자의 관점에서 볼 때 이는 매우 정확한 인식이면서 이제야 이런 인식이 형성된 것이 때늦은 감이 있다. 앞에서도 말했지만 '중국 공산당의 전략, 정책을 이해하면 어느 산업, 어느 업종이 유망한가?'라는 문제에는 이미 답이 나온 것이다. 그러면 중국 정부가 공식화하고 있는 향후 국가가 추진할 주요 산업과 기술은 어떤 것이 있는지 알아보자.

신에너지와 전기차

중국 당국의 기업에 대한 규제가 증대되는 것을 지켜본 투자자들도 대부분 기존의 인터넷 기업 위주 투자에서 반도체와 재생 에너지를 포함한 부문으로 전환하고 있다. 프레킨 데이터에 따르면 43개의 중국

중국 주식 투자 비결

중심 펀드가 올해 총 490억 달러를 조달하여 2020년 연간 총액 500억 달러에 근접했다. 그러나 올해 모금된 기금은 지난해의 3분의 1에도 못 미치는 수준으로, 2016년과 2017년 연간 1,100개 이상의 기금이 모였을 때 최고조에 달했던 것과 비교하면 큰 폭으로 감소한 것으로 나타났다. 필자가 개인적으로 접촉한 대부분의 중국 금융 전문가들도 가장 확실한 투자 유망 영역으로 신에너지 산업을 추천하고 있고 크레딧 스위스도 매우 유망한 분야로 집중 투자할 예정이라고 한다.

앞서 우리는 중국의 에너지 산업의 공급 측을 알아보았다. 그리고 이제 수요 측을 보고자 한다. 신에너지 분야 수요의 두 축은 전기차와 에너지 저장 장치(ESS)이다. 에너지 저장 분야는 중국이 제14차 5개년 기간 동안 신속하게 확장해 나갈 것으로 보인다. 중국은 2025년까지 ESS 용량을 거의 두 배로 늘릴 계획이다. 에너지 저장 장치의 보급은 전기차의 충전 인프라의 보급과 통한다.

중국 정부의 에너지 정책에서 신재생 에너지를 이용하는 교통수단, 쉽게 말해 전기차에 대한 정책은 너무나 분명하게 확립되어 있기 때문에 중국의 모든 대기업들이 이 분야에 진입하고 있다. 하지만 동시에 많은 기업의 진입은 무한 경쟁을 가져오고 기업으로서는 경쟁 원천 확보를 어떻게 할 것이냐가 관건이다. 그래서 중국식으로 말하면 팔선과해(八仙过海)의 양상을 띠게 된다. 각자 자기만의 방식으로 이 아수라장 같은 경쟁 시장에서 살아남아 승자가 되기 위한 방법과 전략을 채택하고 있는 것이다. 이 중 상대적으로 두각을 나타내고 있는 업체들을 정리해 보면 테슬라라는 외국 기업과 니오, Xpeng, 리샹(理想汽车)의 3개 스타트업이다.

자동차 업계는 2021년 중국 신에너지차(NEV) 판매량이 지난해보다 40% 가까이 급증해 180만 대에 이를 것으로 보고 있으며 업계 임원들은 2021년을 EV 제조사들의 시장점유율 확보의 결정적인 해로 꼽았다. 중국은 NEV 시장 비중이 2020년 5% 안팎에서 2025년까지 연간 자동차 판매량의 20%를 차지할 것으로 전망하고 있다.

지금까지의 추세를 볼 때 당분간 테슬라, 니오, Xpeng, 리샹, 위통의 5대 기업이 전기차 시장을 주도할 것으로 보인다. 주요 중국 전기차 기업들을 살펴 보면 표 4-12와 같다.

구분	기업	내용
외국 업체	테슬라	테슬라는 미·중 무역 전쟁이 뜨겁던 시점에 중국에 공장 건설을 결정하여 중국 정부의 강력한 지원과 중국 민중들의 열화와 같은 성원을 얻었다. 세계가 중국에 등을 돌릴 때 중국 편이 되어준 기업이라는 인식을 얻었다. 테슬라가 중국에서 제작한 Model Y의 가격을 인하한 것에 대한 평판도 좋았고 중국 승용차 협회(CPCA)에 의하면 중국산 Model 3는 중국에서 가장 인기 있는 전기차 모델이다.
	르노	르노는 지리와 함께 하이브리드 자동차를 생산할 계획이다. 한국에서도 협력할 예정이다. 양사는 Lynk&Co의 플랫폼을 기반으로 자동차를 생산할 계획이다. Lynk&Co는 2016년 지리가 설립한 하이브리드 브랜드이다.
	폭스바겐	폭스바겐도 중국에서 전기차 판매를 강화하겠다고 한다. 폭스바겐은 두 개의 전기차 모델을 전통 자동차 디자인으로 중국 고객들의 마음을 사는 데 실패하고 있다.
스타트 업	니오	니오는 2021년 12월에 7,007대의 차량을 판매하여 전년 대비 121% 증가, 9개월 연속 전년 대비 성장을 기록했다. 테슬라와의 경쟁을 위한 첫 번째 세단 모델, ET7의 실적이 좋았다. 니오는 배터리 팩의 대용량화 및 개선된 자동주행 시스템도 발표하는 등 중국 전기차의 선도 그룹의 역할을 하고 있다. 니오는 중국 정부의 전폭적인 지원을 받고 있다. 니오는 이미 2020년 국유 기업들로부터 10억 달러의 현금 투입을 확보한 바 있다.

스타트업	Xpeng	중국의 Xpeng은 가장 미래지향적인 디자인을 내놓은 전기차 회사다. 2021년에 차량의 고객 인도가 시작되고 2021년 11월에는 5,700대의 차량을 판매하여 전년도에 대비 326% 증가하는 기록을 세웠다. 차량 성능 개선 분야를 담당하고 있는 한국인 중역 L 씨는 Xpeng이 중국 전기차에서 큰 비중을 차지할 것을 믿고 있다.
	리샹	리샹은 2021년 12월 6,126대를 납품하여 전년 대비 530% 성장했으며 판매 이후 월별 판매 기록을 세웠다.
자동차	장성 자동차	BMW와 JV를 만들어 2023년에 생산을 시작할 예정이다. BMW는 두 대의 미니 EV 모델을 2023년에 생산 시작하여 중국과 세계에 판매하겠다는 계획이다.
	지리 자동차	VOLVO와 엔진, 변속기, 가솔린 - 전기 병용 시스템 등을 담당할 JV를 만들 계획이다. 그러나 VOLVO는 이미 지리에게 인수된 회사이어서 기술적 혁신 내용에 대한 기대가 크지 않다.
	지두(吉度) 오토	바이두와 지리 자동차가 2021년 3월 지두 오토를 합작 출범했다. 자본금은 20억 위안이며 바이두가 55%, 지리 자동차가 45% 지분이다. 3년 안에 첫 번째 모델을 출시할 계획이라고 한다. 바이두는 2015년 12월부터 자율주행 사업부를 만들어 오토 파일럿 솔루션을 개발해 왔다. 바이두는 중국에서 가오더(高德)와 함께 전자 지도 시장을 양분하고 있다. 따라서 이미 시장을 장악하고 있는 전자 지도 그리고 내비게이션 서비스에 자율주행을 얻는 방식이어서 가장 실용화에 접근해 있다.
	위통 (宇通)	헝다 전기차 배터리 계열사의 경영진이던 K 임원은 이 회사야말로 투자자들이 주목할 만한 회사라고 지목했다. 상용차 영역에서 가장 실력이 있는 회사이며 특히 전기 동력을 버스에 접목하여 시장을 석권하고 있기 때문이다. 우리나라를 비롯한 세계 각국에서 이 위통의 버스를 수입하여 사용하고 있으며 당분간 시장 지배력이 유지될 것으로 보인다.

[표 4-12] 중국 주요 전기차 기업

2021년 첫 9개월 동안 중국의 자동차 수출은 코로나 19 전염병의 여파로부터 산업이 회복됨에 따라 1년 전보다 두 배 이상 증가했다. 중국자동차공업협회(CAAM) 통계에 따르면 중국은 1월부터 9월까지 136만 대 이상의 차량을 수출하였다. CAAM은 중국 자동차 제조업체들이 전기차를 주도하는 조짐을 보이면서 중국의 자동차 수출이 계속 증가할 것으로 보고 있다.

이들 수출 물량의 대부분은 중국을 생산 기지로 삼는 다국적 기업들에 의한 것이지만 순수 중국산 차량, 특히 전기차의 수출이 늘고 있다. 니오의 경우 2021년 6월에 모든 EU 국가에서 차량을 판매할 수 있는 ES8에 대한 전체 차량 형식 승인을 받았다. 9월 30일 노르웨이에서 플래그십 ES8 전기 SUV 판매를 시작했으며, 2022년 하반기에는 ET7 전기차를 선보일 계획이다. 중국산 전기차의 수출이 제대로 이루어진다면 이후 글로벌 전기차 시장을 중국 기업들이 석권할 가능성이 있다. 중국산 전기차의 대일 수출도 급증하고 있다. 2021년 1~3월 실제 대일 수출량은 879대로 2020년 같은 기간의 9배에 달했다. 테슬라의 중국산 모델3도 일본에 수출하고 있다.

여기에 새로운 참여자들도 나오고 있어 관심을 부른다. 대륙의 실수로 유명한 중국 스마트폰 기업 샤오미가 전기차 회사를 공식 사업자 등록을 했다. 샤오미 EV는 등록 자본금 100억 위안(약 15억 5천만 달러)이며 법정대리인은 샤오미 CEO 레이쥔이다. 이들은 베이징에 연간 30만 대의 차량을 생산할 수 있는 공장을 건설할 예정이라고 밝혔다. 샤오미는 10년 동안 새로운 전기차 부문에 100억 달러를 투자하겠다고 밝혔다. 그러나 아직은 개발 단계이며 2024년에 대량 생산을 할 수 있을 것으로 예상하고 있다.

전기차 부대 사업

완성차 전체를 추구하는 앞의 기업들과는 달리 전기차의 핵심 부품에 역량을 집중하는 전략을 취하는 기업들도 있다. 가장 대표적인 기업이 화웨이다. 화웨이는 자신은 전기차, 즉 완성차는 만들지 않겠다고 선언하였다. 화웨이는 자동차 제조사가 아니지만 ICT를 통해 디지털 자동차 지향의 새로운 부가형 부품 제공 업체가 되어 더 나은 차량을 구축할 수 있도록 하는 것을 목표로 하겠다는 것이다. 핵심 전기차 부품을 개발하여 과거 인텔이 PC에 '인텔 인사이드'를 추진했듯이 '화웨이 인사이드'를 추진하겠다는 것이다. 그래서 화웨이는 자사의 자율주행 기술을 채택하는 자동차에 화웨이의 로고를 부착할 것이라고 한다. 최근 폭스바겐이 화웨이의 자율주행 계열사를 인수하고 싶어 한다는 말도 나오고 있다.

중국 정부 또한 화웨이를 지원하는 입장에 있어 인색하지 않아 국유 기업이 대부분인 다수의 자동차 기업들과의 협력이 예상된다. 게다가 국유 자동차 기업들은 앞서의 니오, Xpeng 등 신예 민간 기업에 비해 기술 개발이 많이 뒤처져 있기 때문에 정부로서는 국유 기업들의 경쟁력을 높이고 국유 기업들이 성공적으로 전략 정책인 전기차로의 전환을 할 수 있는 방법으로서 화웨이의 기술을 이용하는 것은 매우 합리적인 선택이기도 하다.

먼저 화웨이는 장안자동차(長安汽车) 등 국유 자동차 업체와 협의해 전기차(EV)를 만드는 방안을 추진 중이다. 화웨이는 베이징 자동차 그룹(BAIC)의 블루 파크 신에너지 테크놀로지(北汽蓝谷新能源科技股份有限公司)와 EV 제조를 위한 논의도 진행 중이다. 충칭의 장안 자동차 주가는 이 보도 당일 주가가 8% 상승했으며 블루파크의 주가는 최대 한계인

10%까지 오르기도 했다.

그러면 화웨이의 전기차 관련 기술은 어느 정도일까? 화웨이는 자율주행 및 전기차 기술 연구에 10억 달러를 투자하면서 세계 최대 차량 분야에서 테슬라, 샤오미와 경쟁하려 한다. 화웨이의 자율주행 기술은 사람의 개입 없이 자동차가 1,000km 이상 주행할 수 있어 일부 분야에서 이미 테슬라를 능가했다고 주장하고 있다. 화웨이는 앞서 거론한 베이징 자동차 그룹, 충칭 창안 자동차 외에 광저우 자동차 그룹과도 협력하기로 했다.

우한의 SiEngine Technology(湖北芯擎科技有限公司)는 최초의 자동차 등급 오토파일럿 칩을 공개했다. 이 칩은 TSMC가 7나노 기술로 제조한다. 이 회사는 화면을 스마트폰 화면처럼 만들어 사용자 친숙도를 높인다고 한다.

충전 인프라 쪽을 보면 전기차가 국책으로 추진되면서 이에 따라 충전 인프라도 크게 개선되고 있다. 중국 정부는 단 한 사람의 주민이 전기차를 구매하더라도 그 주민이 주거하는 단지는 전기차 충전 설비를 제공할 것을 의무화했다. 대형 쇼핑몰이나 주차장 같은 공공시설에도 전기차 충전 시설이 들어서고 있다. 중국은 전기차(EV) 배터리 교환 센터 건설에도 박차를 가하고 있다. 최근 발표된 중국 전기차 충전 인프라 진흥연합의 자료에 따르면 2021년 6월 말 현재 중국의 배터리 교환 센터 네트워크는 716개로 2020년 말의 약 3배에 달한다고 한다.

여기에 테슬라도 참여하여 자사의 충전 시설을 다른 브랜드의 차량도 이용할 수 있도록 인터페이스를 개방했다. 중국에서의 성공으로 제2공장 설립에 대한 소문이 끊이지 않고 있는 테슬라는 중국 공장의 생산량 증가를 위한 공정 조정을 하여 전력 시스템, 섀시, 전기 모터 개선 계획 등을 추진하고 있으며 테슬라 충전 설비인 슈퍼 차저 폴을 연간 1만 개 생산하겠다고도 하고 있다. 테슬라는 자사의 전기차 플랫폼을 개방했듯이 충전 시설도 개방하여 인프라의 통일과 확산을 도모하는 것으로 보인다.

자동차 회사가 아닌 제삼자 서비스도 개발되고 있다. 중국 에너지 스타트업 뉴링크(Newlink)는 2016년 설립되었는데 이 회사는 중국 내 운전자들에게 주유소와 충전용 말뚝을 매칭할 수 있도록 돕는 온라인 플랫폼이다. 뉴링크는 투안유(团油)와 콰이디안(快点)이라는 앱을 통해 중국 내 4억 명의 운전자를 대상으로 중국 내 23,000개의 협력 주유소(중국 전체의 1/5에 해당)를 연결해 70만 개의 충전 폴(전체 90%)을 제공하고 있다. 테슬라의 의도대로 중국 전기차들의 충전 인프라가 통일되면 이 회사의 가치는 더욱 상승할 것이다.

전기차만큼이나 전략적 의미를 가지는 핵심 부품이 배터리이다. 그중 가장 앞서고 있는 중국 회사는 CATL이다. 중국 정부가 한국 기업에 대한 보조금을 중단하고 이어서 사드 사태를 이유로 한한령을 내린 5, 6년 동안 CATL은 순식간에 한국 기업들의 자리를 채웠고 이제는 규모의 경제를 달성하여 해외 수출에 적극적으로 나서고 있다. 또한 3원 배터리의 재료 중 가장 관건인 코발트 자원의 확보에도 나서 콩고에 있는 차이나 몰리브덴 사의 구리 - 코발트 광산의 지분을 1억 3,750만 달러에 인수하였다. CATL의 자회사인 닝보 브런프 CATL 신에너지가 키산푸 광산의 95%를 보유하고 있는 몰리 유닛 KFM 홀딩 리미티드의 지분 25%를 인수한 것이다. 2021년 한 해 EV 수요 급증과 공급 압박 우려로 코발트 가격은 50% 이상 오른 바 있다. 이로서 중국은 전 세계 코발트 공급의 90%를 장악하게 되어 사실상 3원 배터리의 전략적 위치를 점령하였다.

CATL에 뒤이어 치고 올라오고 있는 신예 기업들로 AVIC(中航锂电),

Gotion(国轩高科)과 EVE(亿纬锂能)이 있다. 앞서의 형
다 배터리 계열사 경영진을 지낸 한국인 K 씨의
말에 의하면 Gotion의 경우 NFT 배터리를 오랜
기간 제조하며 경험이 축적되어 폭스바겐도 투자
를 한 회사로 주목된다. EVE는 서두르지 않고 차
근차근 기술을 개발하고 축적해 나가고 있는 회
사로서 제품의 기술과 성능을 업계에서 인정받고
있다고 한다. K 씨는 이 두 회사를 특히 전기차용
배터리 분야에서 주목할 만한 회사로 꼽고 있다.

이박사 중국 뉴스 해설
형다 에버그란데, 내부로
부터 듣는 이야기 2 부

　중국 시장의 경쟁이 치열하다 보니 눈을 돌려 해외부터 투자하는
회사도 있다. Envision(远景集团) 같은 경우 중저가 르노 SA 전기차를
위한 프랑스 북부 배터리 공장에 20억 유로를 투자할 계획이다. 르노
에 따르면 대형 및 프리미엄 모델을 대상으로 하는 고성능 파워팩을
위해 베르코르(Verkor)라는 프랑스 신생 기업의 지분을 20% 이상 확보
하는 것이라고 한다. 중국산 전기차의 유럽 수출을 전제하고 선도적
으로 투자한 것으로 볼 수 있다.

　리튬 전지의 주재료인 리튬 분야에서는 스테인리스강 제조업체인
칭산(青山控股集团)이 저품위 니켈 선철을 선도적으로 활용하여 2018년
이후 세계 최고의 니켈 생산업체로 등장하였다. 칭산과 자매사인 청
신 리튬 그룹(深圳盛新锂能集团股份有限公司)이 인도네시아의 리튬 처리 시설
을 확보하였다. 연간 6만여 톤의 리튬 제품을 처리할 예정인데 배터리
사업이 새로운 핵심이라고 한다. 이렇게 중국 기업들이 전기차의 업
스트림을 장악하고 있으며 중국의 경제 구조상 업스트림으로 갈수록
국유 기업이 주도하기 때문에 그 동향을 살펴 투자 기회를 보아야 한
다. 한번 국유 기업이 업스트림을 장악하면 장기 독점하기 때문이다.

중국이 희토류 같은 전략 자원을 보유하면서 기술을 가진 외국 기업들이 협력을 도모하는 일도 늘고 있다. 토요타도 Beijing SinoHytec(亿华通)과 50대 50으로 상용차용 연료전지 생산 공장을 설립하기로 하였다. 이 두 회사는 Toyota SinoHytec Fuel Cell Ltd.라는 합작 법인을 각각 3,600만 달러를 투자하여 베이징에 설립하고 2023년부터 영업을 개시할 예정이다.

디지털 경제

2020년 말 마윈의 앤트 그룹 상장이 중단되었고, 2021년에는 디디추싱이 중국 당국의 압박으로 미국 증시에서 퇴출이 확정되었다. 많은 미디어들이 중국 공산당이 민간 기업가들을 괴롭히고 있다는 논조의 글들을 올렸다. 세계는 이제 시진핑 주석이 외치기 시작한 '공동부유'가 어떤 영향을 줄지 촉각을 세우고 있다.

시진핑 지도부가 과거의 전통적 공산주의 이념으로 회귀하는 것은 사실이다. 그러나 앤트나 디디추싱을 보고 중국 당국이 빅테크들을 괴롭힌다고 보는 것은 비록 사실일지라도 과다한 평가일 수도 있다. 중국 정부가 디지털 경제에 대한 새로운 정책들을 추진하면서 이에 적응하지 못하고 있는 기업들의 모습일 수도 있는 것이다.

중국 정부가 2021년 9월 발표한 '2021 중국 500대 민간 기업 조사 분석 보고서'에 따르면 인터넷 기업은 11개에 불과해 전체 기업의 7% 미만을 차지했다. 상위 500개 기업의 총 수익을 살펴보자. 민간 기업 중 98개 기업은 자산이 1,000억 달러 이상이고 해당 산업은 제조업, 에너지, 부동산, 금융이다. 기업의 핵심기술은 80%가 독자적으로 개발되고, 기업의 R&D 인력은 20%가 10% 이상을 차지한다. 이것은 생각보다 중국 경제에서 인터넷 경제가 차지하는 비중이 이제는 그렇게 높지 않다는 것을 시사한다.

그럼에도 불구하고 중국은 디지털 경제를 국가 핵심 사업 중의 하나로 선정했다. 앞서 거론하였듯이 미국과 전쟁하게 되면 국가 공급망은 전시 통제 체제에 돌입하게 되고 그때 핵심적 역할을 하게 되는 것이 디지털 경제이다. 디지털 경제야말로 계획경제, 통제 경제, 전시 동원 체제에 가장 부합하는 인프라인 것이다. 그리고 중국 공산당의 입장에서 디지털 경제 체제에서 가장 중요한 것은 인터넷 인프라와 전자 거래 체제 그리고 그에 대응하는 물류 체계이다.

다시 말해 지금 중국이 추진하는 디지털 경제는 이미 과거의 알리바바나 텐센트로 대표되는 인터넷 빅테크들의 범위를 훨씬 초월하는 개념이라고 할 수 있다. 그래서 중국의 디지털 경제에 대한 접근 방법을 과거 인터넷의 외연으로 파악하면 틀리지는 않으나 오해할 수 있는 여지가 생긴다.

우선 인터넷 인프라만 보아도 중국은 미래형 인터넷 기술을 시험하기 위해 베이징에서 대규모 실험 네트워크를 시작했다. 중국 칭화대학교에 본부를 둔 '미래 인터넷 기술 인프라'는 기존의 인터넷보다 고속인 네트워크로서 40개의 주요 연구 대학을 연결하여 사용한다. 이 CENI(the China Environment for Network Innovations)가 2023년에 완공되면 컴퓨터에서 거리에 있는 자동차에 이르기까지 거의 모든 것을 연결하는 '미래 인터넷'이 될 것이라고 한다. 그리고 그 기저에서는 CENI 인프라 AI가 통제를 한다. 이 내용을 '중국이 속도가 빠른 인터넷 기술을 개발하는구나.'라고 이해하기보다는 서방 세계와는 다른 기술 표준일 수 있는 인터넷 기술을 개발하고 있다는 의미로 해석해야 한다. 이것은 현재 중국 정부가 소리를 높이고 있는 '정보 보안', '사용자 데이터 보호' 등과 맥락을 함께하는 일이다.

중국 정보통신연구원이 발행한 2021년도 중국 디지털 경제 발전 백서에 따르면 미·중 무역전과 코로나 19 팬데믹 상황에서도 중국의 디지털 경제는 같은 기간 명목 GDP 성장률의 3.2배가 넘는 9.7%의 높은 성장을 기록했다. 또한 중국 정부는 제14차 5개년 계획에서 경제 정책의 중점이 디지털 경제에 있음을 분명히 하고 있다. 독자들 입장에서는 알리바바, 텐센트, 디디추싱에 대한 중국 정부의 압박을 떠올리고 위화감을 느낄지도 모르겠다. 그러나 이들 기업들은 바로 '독과점' 그리고 '반농단'이라는 관점에서 압박을 받은 것이고 디지털 경제 그 자체는 중국 정부가 장려하고 있는 산업이다. 류허 부총리가 민간 인터넷 기업을 정부가 압박한다는 시각에 대해서 시진핑 국가주석이 디지털 경제 발전을 중시한다며 민간 경제의 발전을 지원하는 정책은 변하지 않을 것임을 강조한 바도 있다.

중국 정부의 디지털 경제라는 개념의 출발 선상에 있는 중요한 키워드 중 하나가 디지털 배당(数字红利)이다. 디지털 배당은 기존 산업, 기술, 프로세스, 체계 등을 디지털로 전환하면서 얻게 되는 이익 및 효익을 총괄하는 개념이다.

제14차 5개년 계획에서 '데이터 요소'의 시장화도 강조되고 있다. 중국 정부는 데이터 요소 시장의 발전은 디지털 배당을 초래하고 새로운 기회를 포착하게 해 주며 디지털 경제의 새로운 추진력을 자극하는 중요한 출발점으로 본다. 데이터가 새로운 기술 혁명과 산업 변혁의 핵심 생산 요소가 되고 있다는 것이다.

중난 재정정법대학(中南财经政法大学)의 판허린(盘和林) 교수는 데이터 요소는 디지털 기술이 작동하는 기반이라고 규정한다. 데이터 요소 시장의 발전은 데이터 요소의 공급을 늘리고 좋은 기반을 만들 수 있고 또한 데이터 요소의 자원 할당 효율성을 향상시킬 수 있으며 데이터 요소의 효율적인 흐름과 거래는 디지털 기술의 영향과 후속 산업 발전 수준을 결정한다고 본다.

즉 중국은 디지털 트랜스포메이션을 통해 국가의 생산 방식과 국제 경제 구조의 변화를 촉발하려 하는 것이다. 국가의 경우 데이터가 글로벌 경쟁에서 우위를 점하기 위한 중요한 전략적 자원이 되었고 기업의 경우 데이터는 기술 및 사업 개발의 핵심 자산이 되었다. 따라서 데이터 요소 시장의 발전을 가속하는 것은 새로운 디지털 기술 혁명의 기회를 포착하고 디지털 경제의 새로운 추진력을 자극하기 위한 핵심 조치라고 볼 수 있다.

중국은 이제 인구 감소가 시작되어 전통적 '인구 배당'은 사라지고 있는 반면, '데이터 배당'은 오고 있다고 보고 있다. 전통적인 요소는 규모에 대한 수익이 감소하지만 데이터 요소는 복제, 공유할 수 있다. 따라서 데이터의 유통과 활용만이 배당금을 방출할 수 있는 방법이며, 시장 지향적인 유통과 활용은 요소 배분의 효율성을 높이는 방법이라는 시각이다.

중국은 초대형 데이터 자원이라는 장점이 있어 데이터 시장의 발전 잠재력이 크다. IDC에 따르면 중국의 전 세계 데이터 점유율은 2018년 23.4%에서 2025년 27.8%로 증가할 것이라고 한다. 산업용 빅데이터는 전 세계 빅데이터 시장의 50%를 넘어 가장 높은 비중을 차지하고 있다. 동시에 중국의 디지털 인프라는 비교적 완성도가 높거니와 정부가 모든 접근권을 가지고 있고 국가 차원의 데이터 활용에 대한 제한이 사실상 없어 미국 등 선진국과의 경쟁에 절대적으로 유리하다. (그림 4-20 참조)

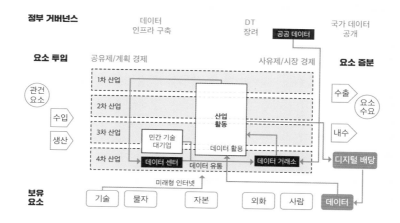

정부 거버넌스

데이터
인프라 구축

DT
장려

공공 데이터

국가 데이터
공개

요소 투입

공유제/계획 경제

사유제/시장 경제

요소 증분

관건
요소

1차 산업

수출

요소
수요

수입

2차 산업

산업
활동

3차 산업

민간 기술
대기업

데이터 활용

내수

생산

4차 산업

데이터 센터

데이터 유통

데이터 거래소

디지털 배당

미래형 인터넷

보유
요소

기술

물자

자본

외화

사람

데이터

[그림 4-20] 산업 전체 효율을 올리는 데이터 배당 효과

　중국 정부는 제14차 5개년 계획에서 데이터 경제를 활성화할 계획이고 이 사업이 미국의 경제 봉쇄와 기술 봉쇄에 대항하여 내순환 경제를 일으킬 주요 정책 수단 중의 하나로 보고 있다. 이를 위해서 중국은 기술 대기업들에게 핵심 데이터를 공유해 줄 것을 요청했는데 이들은 지금까지 수년 동안 거부해 왔다. 자유민주주의 국가라면 그렇게 버틸 수 있겠지만 사회주의 국가, 중국 공산당 통치 아래에 이런 식으로 공산당 정책을 거스르는 것은 이미 정상적인 사고는 아니다. 솔직히 필자는 조금만 관심을 가지면 알 수 있는 중국 당국의 정책을 이 정도로 무시하는 중국 대기업들도 이해하기 어렵다. 지난 기간 권력자들과 결탁하여 지내온 세월이 이들을 자신들이 권력의 한가운데 있는 것으로 착각하게 만들었을지도 모르겠다.

　제14차 5개년 계획에서 기업들은 공유와 온라인 경제의 건전한 발전을 촉진하기 위해 검색에서 전자상거래와 소셜미디어에 이르는 전 분야의 데이터를 개방하도록 되어 있다. 여기에 더하여 중국 정부는 공공과 정부 데이터를 공유하는 플랫폼도 구축하고 있다. 중국 당국은 이들 기업이 데이터를 내놓는 것은 시간문제로 보고 있는 것이다. 우리나라의 경우에도 네이버나 카카오가 온라인과 모바일의 플랫폼을 점령하고는 여러 다양한 서비스들을 추진하면 당연히 대한민국 인터넷 세상에 중소기업이나 새로 창업하는 기업이 설 땅은 없어진다. 우리 정부도 진지하게 생각해 보아야 할 이슈이며 네이버나 카카오도 진지하게 고민해야 할 이슈인 것이다.

　여기에는 경제 문제 외에 국가 안보라는 이슈도 많은 이들이 중국이 다른 국가를 공격하는 상황을 상정하며 논리를 전개한다. 그러나 정작 중국의 지도부는 타국이 중국을 공격하는 상황을 고려하지 않을 수 없으며 게다가 이것이 매우 쉽지 않은 문제이다. 인터넷 세계에서도 중국이 미국의 기술을 탈취하기 위하여 인터넷 해킹을 하는 것은 잘 알려져 있지만 미국과 서방이 중국을 해킹하는 것은 잘 알려져 있지 않다. 그 주원인은 당국 자신이 해킹을 당한 사실을 잘 알리지 않기 때문인데 실은 중국도 제법 해킹을 당하고 있다. 최근 미국이 우한 바이러스 연구소의 바이러스 DNA 배열 데이터를 확보했다는 것도 이를 뒷받침하는 것이다. 결국 중국 당국은 적의 손에 들어가면 곤란한 데이터들을 자신들이 직접 관리하려 하는 것으로 보인다.

　그리고 알리바바의 한 협력사가 2019년부터 사용자로부터 10억 개 이상의 데이터를 빼낸 것이 확인된 일도 있었다. 이 일로 알리바바 주가는 홍콩에서 1% 이상 하락했었다. 2021년 9월 1일부터 발효되는 정보보안법에 따라 중국 당국은 이제 기술 기업들이 핵심 국가 데이터를 잘못 다룰 시에는 회사에 제재를 가하거나 문을 닫게 만들 수 있다. WSJ는 중국 당국이 마윈으로 하여금 그룹이 보유하고 있는 소비자의 신용 관련 정보를 정부와 공유할 것을 권고하고 있다고 보도했다. 결국 이 데이터는 정부가 가져다 사용하기로 결정이 났다. 만일 마윈이나 이들 플랫폼 기업들이 중국 공산당의 정책에 협조적이었다면 오늘날 이런 정보보안법 같은 것도 만들 필요가 없었을지 모른다. 플랫폼 기업이 저항을 했기 때문에 중국 당국이 필요한 법률 수단을 제정하고 정비하는 과정을 모두 거쳤고 드디어 이들의 턱밑에 주먹을 들이대는 데 이른 것이다. 게다가 모든 중국의 디지털 기업들이 당하게 된 것이다. 말하자면 있을 때 잘했어야 했다.

중국 공산당이 추구하는 디지털 배당 효과는 국가 전략상 특히 농민과 무산 계급까지 혜택이 가야 한다. 일차적으로 전시 상황에서의 공급망이 제대로 동작하기 위해서는 농촌이 공급망에 필히 포함될 필요가 있다. 또 이 공급망에서 농민들이 이익을 얻을 수 있어야 공급망에 고착될 것이다. 거기에 한발 더 나아가 농민이 부를 축적하는 계기가 될 수 있다면 시진핑 주석이 외치는 공동부유에 기여를 할 가능성도 있다.

따라서 디지털 경제, 데이터 공유, 특히 전자 상거래는 공동부유를 도울 수 있는 큰 잠재력을 가지고 있다고 본다. 전자상거래의 장점은 지리적 장벽과 공간적 제약 없이 보다 효과적으로 수요와 공급을 연결할 수 있어 과거에 시장 활동에 거의 참여하지 않은 흩어져 있던 개인이 다른 시장 주체와 마찬가지로 시장 네트워크의 노드가 될 수 있다는 것이다. 다시 말해 가난하게 살고 있는 사람들을 전자상거래로 끌어들여 돈의 흐름을 이끌어 공동부유의 달성을 도모할 수 있는 것이다. 그런 의미에서 알리바바나 텐센트의 갑질은 단순한 경제 범죄가 아니라 철저히 분쇄해야 하는 반동적 사상에 의한 행위이기도 하다. 이런 관점은 상당 정도 미국의 리나 칸 미국 연방거래위원회 위원장의 시각과도 상통한다.

중국 당국의 금융 규제가 강화되면서 그동안 앤트 그룹 및 텐센트에 밀려 있던 중소기업들이 약진하고 있는 것도 같은 맥락이다. 나스닥에 상장되어 있는 360 DigiTech(360数科)은 금융 규제가 강화되자 오히려 매출과 주가가 급등했다. LexinFintech(乐信) 등 회사들은 앤트나 텐센트와는 달리 중국 정부 규정대로 자체 자본을 대출에 투입하지는 않고 모두 신용 리스크 심사 기술과 빅데이터를 활용해 고객을 시중은행에 추천하는 온라인 대출 지원의 형태로 서비스를 하고 있다. 앤트가 정부 규제로 상장이 중지되었을 때 360 DigiTech의 주가는 지금까지 거의 세 배나 상승했고 경쟁사인 LexinFintech는 주가가 두 배 이상 상승을 기록했다.

그런데 아름다운 이론은 여기까지다. 실천은 또 다른 이야기이다. 중국 당국은 디지털 대기업에게 경쟁자에게도 자유로운 접근을 허용하라고 지시는 하고 있으나 완전히 개방된 연결을 하면 중국 당국의 인터넷 통제가 어렵다. 그러니 실무적으로 어떤 방식으로 접근을 하게 해야 할지 중국 규제 당국 내에서도 의견이 통일되지 않고 있다고 한다. 공신부는 인터넷 산업의 건전한 성장에 주안점이 있으나 사이버 보안 규제 기관은 콘텐츠 보안에 중점을 두고 있으며 공안 부서는 온라인 사기 등 범죄에 대해 우려하고 있다는 것이다.

그러나 이런 실무적 어려움에도 불구하고 중국이 국가적 데이터 자산을 서방과의 경쟁에서 이기기 위한 전략 자산으로 삼는 것에는 변함이 없다. 우리는 세계 다른 국가에서는 찾아 볼 수 없는 이들 정책에 주의하면서 그 파급 수혜를 어떤 업종, 어떤 기업들이 받을 것인가를 파악하면 된다.

가장 먼저 시작된 것이 이미 국가나 기업이 보유하고 있는 데이터 자산을 활용 가능하게 만드는 일이다. 중국이 기술 대기업들에게 핵심 데이터를 공유해 줄 것을 요청한 것은, 이는 이미 강화된 반독점 조사로 영향을 받고 있는 회사들에게는 거부하기 어려운 압력이 될 것이다. 제14차 5개년 계획에서 기업들은 공유와 온라인 경제의 건전한 발전을 촉진하기 위해 검색에서 전자상거래와 소셜미디어에 이르는 분야의 데이터를 개방하도록 권장하고 있다. 중국 정부는 공공과 정부 데이터를 공유하는 플랫폼도 구축하기 시작했다.

대표적 사례로 중국 중앙은행은 앤트 그룹의 가장 소중한 자산인 사용자 신용 평가 관련 데이터를 국유 신용 평가 회사로 이관해 달라고 요청했다. 이 국유 신용 평가 회사는 전직 중앙은행 관리들이 운영할 것이라고 한다. 지난 2021년 1월 중국 중앙은행은 개인 신용 정보 제공 업무를 하려면 정부의 허가를 받도록 하는 규정을 내놨다. 그리고 현재까지 국유 기업 3개에만 허가를 해 주었다. 당연히 앤트 그룹은 신용 평가 서비스를 할 수 없다. 민간 기업인 앤트가 지금까지 경쟁사에 대한 전략 우위의 근원이자 소액 대출을 가능하게 한 원천인 개인 평가 데이터를 제공하기가 쉬운 일이 아니다. 하지만 회사가 망하는 것보다는 어려운 것이 낫다는 판단을 한 모양이다. 2020년 6월 말 기준 앤트의 미상환 대출 잔액은 1조 7천억 위안으로 중국 어느 은행보다 크다. 앤트는 이런 큰 규모의 대출금을 제공하면서 은행에서 수수료 또는 이자를 받아 왔는데 데이터가 국유화되면 이제 이 수익 모델은 성립하지 않을 것이다. 중국 당국 입장에서는 민간 대기업한 회사가 독점하던 데이터를 공유하여 수많은 혁신 기업들이 탄생되도록 하는 조치이다.

2021년 11월 상하이에 데이터 거래소를 설립 후 중국이 거래를 시작한 것을 보면 국가 차원의 데이터 공유가 현재 진행 중임을 알 수 있다. Asia Times는 이 일이 4차 산업혁명의 혁명적 사건 중 하나일 수 있다고 보도할 정도로 의미심장하게 평가하였다. 상하이 데이터 거래소에 따르면 초기 데이터 제공 상품은 중국 동방 항공, 코스코 해운, 차이나 모바일 인사이트 등 20여 개 중국 기업들의 데이터 제품이다. 즉 이들 대형 국유 기업의 데이터를 제공하는 것이다. 여기에는 상하이 소재 전력 소비 추적 데이터, 공상은행의 차용인 신용 교차 확인용 데이터, 차이나 텔레콤의 통신 수요 데이터, 또 ChinaScope(数库科技有限公司)가 제공하는 임의의 두 회사 간의 관계를 알려 주는 차트 데이터 등도 있다. 이렇게 국가가 나서서 데이터 수집 및 판매를 투명하게 함으로써 상하이 거래소는 수집하는 기업의 비즈니스 가치를 극대화하는 동시에 구매자는 신뢰성 높은 데이터를 사용하여 비즈니스 생산성을 높일 수 있도록 하려는 것이다. 이런 중국의 이니셔티브는 투명한 거래를 통해 확립된 규정에 따라 데이터를 거래하려는 세계 최초의 시도이다. 만일 성공하면 이런 정보의 경제적 효율 기여도는 서구의 잘 통제된 자본 시장의 창출과 비슷한 수준일 것이라고 한다. 즉 정보 자산이 금융 자산과 유사한 역할을 할 것이라고 보는 것이다.

하지만 비전과 실제 사이에는 큰 격차가 있는 법이다. 지난 6년 동안 중국에는 약 30개의 빅데이터 거래 플랫폼이 설립되었으며 그중 최소 7개는 지방정부 소유이다. 2015년 4월에 중국 최초의 빅데이터 거래소인 구이양 데이터 교환소가 설립되었다. 당시 중국 정부는 3~5년 내에 일일 거래량이 100억 위안에 이를 것이라며 기세등등했지만 결과는 참담했다. 결국 1억 위안에도 못 미쳐 1%도 안 되는 성과였던 것이다.

이러한 결과는 수요를 고려하지 않고 잘 정제되지 않은 미숙한 데이터의 제공에서 비롯된 것으로 보인다. 상하이 데이터 교환소의 의의는 이번에는 수요를 의식하고 상품성이 상대적으로 높은 데이터를 제공한다는 점이다. 2021년에 들어서 베이징에 국제 빅데이터 교환소가 만들어졌다. 이것은 앞으로 중국 전국 데이터를 통합하는 기능과 국제 시장에 나서기 위한 준비로 보인다. 실로 야심 찬 계획이다.

데이터 활용 활성화를 위하여 기술 기업들이 사용자들로부터 수집한 방대한 양의 데이터를 어떻게, 언제 사용할 수 있는지에 대한 경계가 분명한 '디지털 차이나'를 구축하겠다는 정책도 추진 중이다. 리커창 총리는 연설에서 '우리는 디지털 차이나 이니셔티브를 추구하면서 디지털 사회, 디지털 정부, 건강한 디지털 생태계를 개발하기 위해 더 빨리 노력할 것'이라고 말한 바 있다. 가장 먼저 도입된 것은 개인정보 보호법과 데이터 보안법이다. 개인정보 보호법은 개인정보 보호에 초점을 맞추고 있는 반면 데이터 보안법은 국가 보안 보호, 데이터 시장 및 정부의 데이터 수집 및 처리 방식 등에 관한 규정을 제정하는 데 더 목적이 있다.

개인정보 보호법에 대해서는 상당한 오해가 있는데 중국 정부의 주 목적은 두 가지이다. 하나는 알리바바나 텐센트 같은 독점적 지위에 있는 플랫폼 기업이 일정 수준 이상 수집한 개인정보를 기초로 자동화된 의사 결정, 예를 들어 거래 가격 및 기타 거래 조건에서 부당한 차별 대우를 하는 것을 막는 것이다. 다른 하나는 이들 빅테크가 가진 데이터를 개방하게 하여 많은 중소기업들이 사용할 수 있도록 하는 것이다. 이런 방법을 통하여 특정 기업에게 데이터와 영향력이 집중되는 것을 막아 공동부유 쪽으로 기업 활동이 작용하게 하려는 것이다.

중국 정부가 고려하는 국가 정보 자산은 비단 데이터뿐이 아니다. 중국 정부는 사람들이 그동안 출원한 지적재산권도 자산으로 만들려 한다. 중국의 대학들이 출원한 특허는 미국보다 많다. 예를 들어 선전 대학의 경우 the University of California와 MIT에 이어 252건을 특허 출원하여 세계 3위를 기록하고 있다. 그러나 중국 대학의 특허 중

상업화된 것은 8.4%에 불과한 반면 미국의 경우 40%에 달한다. 중국 특허의 질이 아무래도 부족한 모양이다. 그리고 미국의 경우 특허가 잘 상품화되어 있지만 중국은 비정형적 형태인 것도 원인이라고 한다. 말하자면 지재권 내용이 상업화로 이어지기 어려운 것이다. 중국 정부는 지재권 대국이 될 수 있는 로드맵을 2021년 말까지 제시할 예정이다. 그러니 이제 데이터 거래소에 이어서 중국의 지재권 거래소가 나올 것이다. 그때는 많은 기업들이 중국의 지재권 속에서 보물찾기를 할 것이고 그중에는 정말 보물이 나올지도 모른다.

중국 정부가 조성하는 이러한 대규모 데이터의 개방과 공유로 가장 큰 수혜를 받는 것이 빅데이터와 AI이다. 세계 어느 국가보다도 거침없이 개인정보를 포함하여 방대한 데이터를 확보하고 통제하는 중국의 데이터는 데이터의 규모와 사례의 다양성이 그 결과를 결정하는 빅데이터와 AI 러닝에 직결된다. 필자는 단적으로 말해서 지금과 같은 상황에서는 일부 특정 영역을 제외하면 앞으로 중국의 빅데이터와 AI 분야에 중국 기업을 누를 수 있는 서방 기업은 나오기 어렵다고 본다. 우리 기업들도 만일 빅데이터나 AI를 지향한다면 하루라도 빨리 중국과의 협력을 도모하는 것이 바람직할 것이다.

반론이 없는 것은 아니다. 화동정법대학(华东政法大学)의 화융 교수는 빅데이터가 경제를 발전하는 데 중추적인 역할을 했지만 당 간부가 '데이터의 신화'에 빠져서는 안 된다고 지적했다. 그는 빅데이터 분석에 지나치게 의존하는 의사 결정은 데이터 분석은 어디까지나 지원할 뿐이라는 역할을 분석자가 혼동하는 위험을 초래할 수 있다고 지적했다. 그는 인적 요소를 고려한 공공 의사 결정의 가치와 합리성을 포기하는 일은 없어야 한다고 강조했다. 이는 현재 중국 정부가 도처에서 빅데이터를 활용하고 있다는 것을 알려 주는 말이며 이미 중국 사회

각 분야에 빅데이터가 침투되어 있다는 것을 시사한다.

빅데이터의 양이 방대하고 질이 높으며 쉽게 접근할 수 있다는 것은 딥러닝이 용이해지고 따라서 AI의 개발이 손쉬워진다는 것을 의미한다. 중국 인터넷 발전 보고서에 따르면 2020년 중국의 AI 산업 규모는 약 3,031억 위안으로 전년 대비 15% 증가, 클라우드 컴퓨팅 시장은 약 1,781억 위안으로 33.6% 성장한다고 했으며 빅데이터 산업 규모는 약 718억 위안으로 전년 대비 16.0% 증가하여 세계 빅데이터 시장의 성장을 주도할 것이라고 한다. 텐센트 산하의 AI, 빅데이터 업체인 Yidu Tech(医渡科技)가 홍콩 상장 후 148% 상승하여 기염을 토한 바도 있다. (표 4-13 참조)

중국 AI 연구가 논문 인용 횟수에서 중국은 2020년 처음으로 미국

번호	기업명(한글)	기업명(중문)
1	화웨이	华为技术有限公司
2	텐센트	腾讯
3	알리바바	阿里巴巴
4	ZTE	中兴通讯股份有限公司
5	샤오미	小米集团
6	바이두	百度
7	Glodon	广联达科技股份有限公司
8	디지털 차이나	神州数码信息服务股份有限公司
9	레전드	联想集团
10	Sugon	中科曙光

[표 4-13] 중국 주요 빅데이터 기업

을 추월한 것도 이를 시사한다. 영국 클래리베이트(Clarivate)의 통계에 따르면 2012년 이후 중국의 AI 논문은 24만 건으로 미국의 15만 건을 넘어섰다. 세계 최고 수준의 AI 국제회의 'NeurIPS'의 2019년도 연설을 보면 중국계 비율이 29%로 미국(20%)보다 높은 1위를 기록했다. 중국의 AI 응용 분야는 매우 광범위하고 군사 영역에서는 상당한 수준에 이르러 미국의 군사 기술을 위협하고 있다는 말도 있다.

우리에게는 자동차의 자율주행이 AI 사례로 가장 피부에 와 닿는다. 이 분야에서 가장 앞서 있는 바이두는 오토파일럿에서 자사의 경쟁 우위를 찾는다. 바이두는 이미 오래전부터 바이두 지도라는 지도 서비스를 운영하고 있었기 때문에 일단 내비게이션 기능에서 우위가 있다. 그리고 전자 맵을 보유하고 있다는 것은 오토파일럿 기능에서 중요한 경쟁력을 가지게 한다.

Pony.ai(小马智行)는 바이두와 토요타가 만든 JV인데 세계 최초로 베이징 시내 일부에서 로봇 택시 자율 운영 라이센스를 획득하는 개가를 이루었다. 천안문 광장에서 차량 100여 대가 약 30분 거리의 베이징 고수준 자율주행 시험장이라고 불리는 60㎢ 구내를 주행하고 있다. 바이두는 이를 위해 67가지의 허가를 받았다고 하니 이가 갈릴 지경일 것이다. 이 로봇 택시는 오전 7시부터 오후 10시까지 600개 이상의 승하차 지점 사이를 이동한다. 이들은 이어서 최초의 유료 상용화 서비스에 들어갔다. 베이징 남부 이좡(亦庄)이라는 지역 내에서 서비스하며 한 번에 최대 2명의 승객만 태울 수 있다. 2021년 11월 라이선스를 받아 유료 운영을 수행하는 최초의 회사가 되었다.

상용차 영역에서는 단연 앞서 소개한 위통이 치고 나가고 있다. 2021년 7월 허난 정저우에서 무인 버스의 시범 서비스를 시작했다. 10인승이며 1.5km 거리에서 정류장 3개 사이를 오간다. (그림 4-21 참조)

중국 주식 투자 비결

[그림 4-21] 허난 정저우 무인 버스

사실 위통이 가장 먼저 버스 자율주행을 시작한 것은 아니다. 벤처 기업인 WeRide가 광저우에서 온라인 탑승 허가를 받아 중국 최초로 서비스를 인가받은 자율주행 회사이다. 이 회사는 2019년부터 광저우 바이윈(白云) 택시 및 사이언스 시티 광저우 투자 그룹(科学城(广州)投资集团有限公司)과 함께 합작 회사를 만들고 40개의 자동 주행 차량으로 서비스를 시작했다. 이 회사는 자율주행 미니버스인 Mini Robobus도 테스트 중이다.

틱톡으로 유명한 바이트댄스가 투자한 자율주행 스타트업 Qraft(轻舟智航)도 있다. QCraft의 기술은 후베이 어저우(鄂州) 등 중국 일부 지역과 해외 10개 도시의 미니버스에서 시험되고 있다.

지금 중국 내 자율주행에서 빼놓을 수 없는 회사가 디디추싱이다. 디디추싱은 자율주행이 완성되면 지금의 유인 자동차 공유가 아닌 무인 자동차 공유로 전환한다는 전략을 가지고 있다. 디디추싱은 상하이에서 로보 택시 시범 운영을 한 지 9개월 만에 광저우 정부와 계약을 맺고 자율주행 택시의 테스트를 실시하고 있다. 디디추싱은 2030년까지 플랫폼을 통해 100만 대 이상의 자율주행차를 운영하겠다는 야심찬 포부를 2019년 8월 자율주행 분야 진출 3년 만에 자율주행 사업부를 독립 기업으로 분사했다. 현재 500여 명의 연구원들이 자율주행차의 핵심인 시각 인식, 고화질 매핑 등의 기술을 개발하고 있다.

이렇게 승용차, 택시, 버스에 자율주행 기술을 도입한 것에 이어 트럭에 자율주행 기술을 도입하고 있는 회사도 있다. 자율주행 트럭 스타트업인 TuSimple이 동종 업계 최초로 2021년에 나스닥 상장에 성공하였다. 이 회사는 미국과 중국 두 나라에서 소규모의 무인 화물차를 운영하고 있다고 한다. 투자자들은 이 기술을 인간 트럭 운전자들의 장거리 운전에 대한 한계를 극복하기 위한 방안으로 보고 있는 것이다.

[그림 4-22] 물건을 배송하는 NEOLIX

　　　　　　　　　　　　중국 주식 투자 비결

여객용이 아닌 물건을 배송하는 영역에도 자율주행 기술이 도입되고 있다. NEOLIX(新石器龙码(北京)科技有限公司)라는 회사가 베이징의 무인 배송 허가를 획득한 것이다. NEOLIX는 인구 감소에 대응한 중국 당국이 노동 대치를 위한 자동화의 가능성을 보고 있어 베이징의 거리에 더 많은 로봇이 출몰할 것으로 보인다. 필자가 살고 있는 곳에서도 심심찮게 이 회사의 로봇이 음식을 배송하는 것을 볼 수 있다. 다음 사진은 필자가 집 근처에서 발견한 NEOLIX의 모습(그림 4-22)이다. 옆의 자동차와 비교하면 로봇의 크기를 짐작할 수 있다.

자율주행 기술에 집중하는 회사도 있다. 자동 운전 AI 스타트업 Momenta(初速度) 같은 경우 2021년 2억 달러를 유치했다. 또 이러한 자율주행을 효율적으로 하기 위한 인공지능 칩을 개발한 Horizon Robotics(地平线机器人)도 주목할 만하다. 이 회사의 칩은 이미 상하이 자동차, 장안 자동차, 리샹 등에서 채택하고 있어서 양산이 되면 중국 자율주행 인공지능 칩을 독과점할 가능성이 있다.

디지털 위안

다른 의미에서 디지털 경제의 새 국면을 가져올 기술이 디지털 위안이다. 중국 당국은 디지털 위안화 관련하여 베이징에 디지털 자산 거래소 설립을 고려하고 있다. 국무원은 디지털 위안화의 더 빠른 시험을 요구하고 있고 대형 은행에 e-CNY 운영 회사를 설립할 것도 촉구하고 있다. 중국의 디지털 경제에는 데이터 자산, 지재권 외에 디지털 위안이라는 새로운 이슈가 있는 것이다.

중국이 디지털 위안화를 발표한 후 공식적으로는 서두르지 않는다는 입장을 표명하고 있지만 실제로는 도입을 서두르고 있어 보인다. 이 디지털 위안은 초기에는 CBDC라고 공식 이름을 붙였으나 잘 정착이 되지 않고 있다가 최근에는 e-CNY라는 표현이 주로 사용된다. 2020년 4개 도시에서 e-CNY 시험 운영을 시작한 중국 인민은행은 베이징, 상하이 등 대도시로 확대했다. 특히 베이징 동계 올림픽을 통하여 디지털 위안을 전 세계에 홍보하기도 했다. 이에 따라 스타벅스에도 디지털 위안을 사용할 수 있도록 하라는 지시가 내려왔다고 한다.

디지털 화폐를 정식 국가 정식 화폐로 채택하는 경향은 세계적으로 분명히 나타나고 있다. 국제결제은행(Bank for International Settlements)에 따르면 2021년 기준 60개 이상의 국가가 디지털 통화를 실험했으며 이는 1년 전의 40개 이상에서 50%가 증가한 것이다. 디지털 크로나를 실제 사용 중인 스웨덴과 디지털 화폐인 샌드 달러를 모든 국민이 이용할 수 있도록 만든 바하마 등이 선행 국가이다.

다만, 경제 규모가 큰 주요 국가 중에 디지털 화폐를 도입한 것은 중국이 유일하다. 중국이 디지털 위안을 도입하는 배경과 목적에 대해서는 사실 명확하지 않은 부분이 많다. 중국 정부는 화폐 발행 비용의 감소 등의 이유를 내걸고 있다.

그러나 이전에 디지털 위안 개발 책임자인 무창춘(穆长春)은 개발 및 도입 목적을 '디지털 위안은 우리의 재정주권 및 법적 화폐 지위를 보호하기 위한 것이다. 우리는 곤경에 처하기 전에 앞서 계획을 해야 한다.'라고 말한 적이 있다. 다시 말해 중국의 디지털 화폐 도입은 21세기를 선도하는 장밋빛 미래를 위한 것이 아니라 앞으로 닥칠 어려움을 해결하기 위하여 선행적으로 도입하는 것이라는 점을 시사한다.

브런치 : 중국의 디지털 화폐 전략

　　　　　　　　　　　　　　　中국 주식 투자 비결

디지털 위안의 도입 전에 화폐 개혁의 소문이 있었던 것은 의미심장하다. 화폐 개혁을 하는 이유는 대개 화폐 가치가 너무 떨어져 새 단위가 필요하거나 숨은 돈이 나오게 하려는 목적이다. 중국의 경우 장롱 속의 돈, 지하실 금고의 돈 그리고 부정부패를 저지른 전직 고관들의 집을 수색할 때 나오는 트럭 몇 대 분의 현금이 연상되기 마련이다.

　여기에 중국이 최근 실시한 다액 현금 관리라는 것이 있다. 이것은 은행 고객들이 한 번에 큰 금액을 인출하지 못하게 한 것이다. 지방에 따라 다르지만 대체로 5만 위안에서 10만 위안 사이이다. 이 이상의 금액을 인출하려면 은행에 예약을 하고 만나서 왜 이 돈이 필요한지를 소명해야 한다. 일반인들에게도 성가신 일이겠지만 음식점이나 노점 등 현금 장사를 하는 사람들에게는 엄청난 타격이다. 결국 중국은 시장에 가서 달걀 한 개를 사도 현금이 아니라 위챗페이(wechat pay)나 알리페이(Alipay) 같은 전자 결제를 하는 상황이 정착되었다. 이런 사전 정지 작업은 디지털 위안이 도입되면 모든 현금 흐름을 정부에서 장악하게 되는 결과를 가져올 것으로 보인다.

　중국 정부가 신중하게 단계적 접근을 하는 것은 이 기술에 문제가 발생할 가능성을 우려한 것도 있지만 사회적 반응을 걱정하기 때문으로 보인다. 예를 들어 디지털 위안이 매우 편리해지면 사람들은 대규모로 은행 계좌의 돈을 디지털 위안 지갑으로 옮길 수 있다. 중국의 은행이 지급하는 이자라는 것은 정말 미미한 수준이기 때문에 은행 이자를 고려하는 중국 사람은 거의 없다. 또

이박사 중국 뉴스 해설
디지털 위안 뒤의 중국 국가 전략

사용자 입장에서는 은행 계좌에 있으나 디지털 지갑에 있으나 아무런 차이가 없다.

그러나 14억 인구 중 상당수의 사용자들이 은행 계좌의 돈을 디지털 지갑으로 옮기면 은행 입장에서는 대규모 뱅크런이 일어나는 것과 똑같다. 거래가 대부분 디지털 위안으로 일어나게 되면 기업 간의 큰 금액도 디지털 위안으로 결제할 수 있다. 그렇게 되면 은행의 금융 중개 서비스도 큰 타격을 받는다. 간단히 말해 섣불리 디지털 위안을 도입하면 은행 시스템이 붕괴할 수 있는 것이다. 따라서 중국은 매우 조심스럽게 디지털 위안의 저변을 넓혀 가고 있다. 중국 인민은행은 먼저 일부 시범 지역을 선정하고 소수 관계자들이 개발된 디지털 위안을 테스트하도록 했다. 그 후 시범 지역 외에 상하이(上海)·하이난(海南)·창사(長沙)·시안(西安)·칭다오(靑島)·다롄(大連) 등 6개 시범 지역을 추가했다.

이박사 중국 뉴스 해설
쑤저우, 디지털 위안화 온오프 라인 시범 프로모션 실시

디지털 위안 당시에는 NFC 칩 부착 스마트폰만을 이용하였는데 농촌이나 노인들 중에는 스마트폰 사용이 어려운 사람들이 있다는 것을 발견하고 신용카드 같은 크기에 NFC 칩을 탑재한 디지털 위안 카드가 나왔다. 이렇게 되면 휴대폰이 없는 사람, 노인이나 아이들도 디지털 위안을 사용할 수 있게 된다. 중국의 디지털 위안 시범 사업은 이제 선전시에서 2백만 명, 쑤저우시에서 2백만 명 이상이 사용했고 베이징에서도 2백만 이상이 가입할 것으로 예상된다.

생각지 못한 파급 효과로 중국의 디지털 위안화 계획이 비트코인의 최대 시장을 위태롭게 할 수 있다는 말도 나온다. 암호화폐 유동성 제공 업체인 B2C2 재팬의 필립 길레스피(Phillip Gillespie)에 따르면 중국이 디지털 위안화를 본격적으로 출시하면서 암호 화폐를 단속할 경우 암호 화폐 시장이 휘청거릴 수 있다고 한다. 그는 새로운 규정이 디지털 코인과 거래하는 플랫폼의 유동성을 빨아들일 경우 패닉 매도가 일어날 수 있다고 보았다. 필자가 보기에는 중국은 기타 암호 화폐를 근절할 것임에 틀림없다. 부정부패든, 개인의 목적이든 모든 수단을 총동원하여 중국 내 자산을 해외 도피하는 규모가 매우 크며 중국 당국은 이를 단계적으로 억제해 나가고 있기 때문이다. 다만 과거 어설프게 외화 반출에 나섰다가 고생한 경험이 있어 점진적으로 시행하는 것으로 보인다.

리보(李波) 중국 인민은행 부행장은 디지털 위안화에 대한 그간의 성과를 세 가지로 요약하여 발표하였다.

- 중앙은행과 발권 은행을 이중화하면서 리스크를 최소화할 수 있었다는 점
- 소액은 익명, 대액/다량 거래는 추적 가능한 방식이 가능했다는 점
- 전자 거래 방식과 디지털 위안화 등을 은행 계좌, 또는 준 계좌 시스템 그리고 화폐 시스템을 연계하여 활용할 수 있었다는 점

이런 중국의 미심쩍은 디지털 위안화 추진 배경에 대해 맷 포팅거 전 트럼프 행정부 국가안보 부보좌관은 디지털 위안화의 광범위한 사용은 잠재적으로 중국의 중앙은행에 대규모 금융 거래 데이터를 제공할 수 있고, 공산당의 권력을 강화하는 동시에 경제를 위한 정책을 미세 조정할 수 있도록 한다고 말했다. 많은 서방의 기업과 정부가 중국의 의도를 걱정하고 있는 것인데 예를 들어 특정 국가, 특정 기업의 상품을 사지 못하도록 하는 등의 상황이다. 이런 시각은 전시 상황이 되면 디지털 위안화가 공급망 통제에 사용될 것이라는 해석을 낳기도 하였다. 예를 들어 한 사람당 살 수 있는 식량의 규모를 제한하는 등의 방식이다.

이렇게 디지털 위안화의 도입을 둘러싸고 온갖 추측이 난무하는 가

운데 IMF는 기축통화의 영향 요인 중 결정적 요소는 통화 사용의 관성과 금융 연관성이고 무역 연관성은 상대적으로 중요도가 낮다면서 디지털 위안화가 위안화의 국제화에 중요한 돌파구가 될 것으로 보인다는 의견을 발표했다. BIS의 보고서 《Multi-CBDC Arrangements and the Future of Cross-border Payments》에 의하면 각국의 중앙은행들이 자국 디지털 화폐를 연계하는 통일 표준을 구축하여 인터넷상에서 예탁증을 발행하고 장부를 교부할 수 있게 하면 달러 기반의 SWIFT 체제를 우회해 통화 약소국가의 주권을 보호할 수 있다는 것이다. 이는 디지털 위안화가 달러 경제권에서 제외되는 국가들을 규합하여 위안화 경제권을 구축할 수 있는 가능성을 시사한다.

이런 시각은 서방 학자들에서도 찾아볼 수 있다. 역사학자 니얼 퍼거슨(Niall Ferguson)은 디지털 위안화를 미국 금융 패권에 대한 잠재적으로 치명적인 도전으로 보고 마이클 하센스탭(Michael Hasenstab)은 세계 외환 보유 화폐로서의 달러의 역할을 해칠 수 있다고 본다. 바이든의 백악관이 디지털 위안화의 미국의 국익에 대한 잠재적 위협을 분석하고 있다는 뉴스도 있었다.

그러나 정작 중국인들의 반응은 시큰둥하다. 싱가포르에 본사를 둔 컨설팅 펌 Kapronasia의 제논 카프론(Zennon Kapron)에 따르면, 디지털 위안이 국제 통화 점유율 1%포인트 이상 될 것 같지가 않다고 한다. 중국인들 입장에서는 디지털 위안이 도입된다고 해서 특별히 이득을 얻을 수 있다고 보이지 않는 것이다.

남들이 뭐라든 디지털 위안화는 실용화가 진행되어 알리바바의 PG 서비스, 즉 인터넷 결제 서비스인 알리페이에 디지털 위안화가 제공되기 시작했다. 이로서 디지털 위안화는 알리바바의 10억 사용자들에게의 채널을 확보한 것이다. 이제 중국의 디지털 위안 사용자가 거

중국 주식 투자 비결

의 2,100만 명에 달했고 7,070만 건 이상의 거래에 시험 거래액도 345억 위안에 달했다. 2021년 11월 11일의 광쿤지에 행사에서 중국 건설은행과 징동은 협력하여 베이징, 선전, 다롄, 시안, 청두 등 10여 개 도시 지역에서 디지털 위안을 선물로 제공했고 디지털 위안으로 구매를 할 수 있도록 했다. 상하이의 전닝(鎭宁) 야채 시장 같은 전통 시장도 디지털 위안을 사용하기 시작했다. 베이징은 2021년 6월부터 지하철 이용 시 디지털 위안을 사용할 수 있다.

반면 전통적인 디지털 경제의 기능이었던 PG(Payment gateway)는 점점 설 자리를 잃을 것으로 보인다. 그동안 중국의 PG 시장은 앤트 그룹의 알리페이와 텐센트의 위챗페이가 90% 이상을 점유해 왔지만 디지털 위안이 진입하고 개인의 위챗 PG를 영업용 목적으로 사용할 수 없게 하면서 이 민간 기업들의 PG는 영향을 받을 것으로 보인다.

반면 무디스는 중국의 디지털 위안화가 중국의 은행들이 지불 부문에서 경쟁력을 갖추는 데 도움이 될 것으로 전망했다. 분석가 제드릭 청(Zedric Cheung) 등은 보고서에서 e-CNY의 채택은 데이터 수집 능력을 향상하고 사용자 기반을 확대할 것이기 때문에 지불 시스템에서 은행의 위치를 강화하는 데 도움이 될 것으로 기대한다.'라고 평가했다.

필자는 개인적으로 디지털 위안은 한 가지 목적이 아니라 여러 목적을 두루두루 담고 있다고 생각한다. 그리고 그 출발점은 무창청이 한 말대로 재정 주권 및 법적 화폐 지위를 보호하기 위한 것이다. 그것은 위안화를 보호한다는 목적이며 다시 말해 미국 등 서방 국가로 인한 자국 화폐 체계의 가능한 피해를 막겠다는 목적이 출발점인 것이다. 나머지 것들은 부대적인 응용이라고 보는 것이 합리적이다. 그리고 이런 관점에서 보면 디지털 위안의 가장 큰 영역은 무역 지불과 외환일 수밖에 없다.

그렇게 보면 홍콩이 디지털 화폐 발행에 대한 연구에 착수한 것이며 홍콩 통화 당국이 관련 기술, 정책, 법률 문제를 연구하기 위해 내부 부서간 실무 그룹을 구성한 것은 디지털 위안이 홍콩의 디지털 화폐 그리고 더 나아가 PEG제에도 영향을 끼칠 수 있음을 시사한다. 국제 금융 허브인 홍콩은 이미 Aurum 프로젝트에서 은행 간 결제 은행인 아시아 금융 허브 영역에서 협력해 오고 있었으며 디지털 화폐의 기술적 측면과 구조에 집중해 왔다.

세계 8대 무역국인 한국은 중국과 '위안 - 원화 직접 결제'도 운영하고 있다. 미·중 간의 경제 분리가 심화되면 기축통화인 달러 외에 위안화를 어떻게 다룰 것인지에 대한 이슈가 대두될 것이다. 만일 미·중 간의 디지털 화폐 전쟁이 일어나게 되면 기타 암호 화폐의 가치는 어떻게 될까? 필자는 암호 화폐들은 미·중 양국 정부 모두에 의해 압박을 받을 가능성이 크다고 생각한다. 미국 입장에서 암호 화폐를 양성화하면서 디지털 위안을 배제하기 어렵고 중국 입장에서 디지털 위안화를 추진하면서 다른 암호 화폐를 허용하기 어렵기 때문이다. 그래서 필자는 암호 화폐에는 투자할 생각이 없다.

암호 화폐와 함께 붙어 다니는 키워드 중에 블록체인이 있다. 엄밀히 말하면 블록체인 기술을 암호 화폐에 이용하는 것이지 블록체인과 암호 화폐가 같은 것은 아니다. 중국의 경우 암호 화폐는 불법이지만 블록체인은 장려하는 기술이다. 따라서 암호 화폐와 블록체인이 함께 나오는 정보를 읽을 때는 주의해야 한다.

중국은 자국의 이니셔티브인 블록체인 기반 서비스 네트워크(BSN)를 통해 전 세계 개발자들에게 필요한 디지털 인프라를 제공하는 등이 분야에 매우 적극적이다. 연간 수백 달러의 저가에 서버 공간, 블록체인을 만들기 위한 프로그래밍 도구, 가장 중요한 일부 기본 기능을 표준화하기 위한 템플릿 등을 제공하고 있다. 암호 화폐를 불법으로 규정하고 단속하는 중국이 블록체인은 왜 지원할까? BSN 프로젝트를 이끈 허이판(何亦凡)같은 사람은 이 BSN을 다음 단계의 인터넷이라고 정의하기도 한다. BSN은 운영된 지 1년이 조금 넘도록 2만 명의 사용자와 수천 개의 블록체인 관련 프로젝트를 자랑한다. BSN은 중국 국가 개발 개혁 위원회가 관리하고 있다. 아마도 디지털 위안과 관련된 것으로 생각된다.

대표적인 관련 중국 기업으로는 OneConnect(金融壹账通)가 있는데 중국 핑안 보험의 핀테크 및 블록체인 부문이 스핀오프한 경우라고 한다. 암호 화폐 지갑 앱 기술 회사인 항저우의 ImToken도 유명하다. 미상장이지만 주의해서 볼 만하다. 다만 이 블록체인 분야는 중국의 정보 안보, 미국의 대중 정보 보안 등의 영향으로 당분간 상호 투자를 기피할 가능성이 높다. 따라서 대상 기업별로 양 진영의 수용 가능성을 심도 있게 파악해야 할 것이다.

콘텐츠와 게임

지난 시간 동안 음악, 영상물, 게임 등 인터넷에서 즐기는 콘텐츠에 대한 중국의 명성은 그야말로 전 세계를 관통한다. 필자는 이전에 매장에 음악 스트리밍을 제공하는 회사에서 일한 적이 있다. 당시 스타벅스에 매장 음악을 제공하는 글로벌 계약을 맺고 있는 PlayNetwork라는 미국 회사가 시애틀에 있었고 필자가 다니던 회사는 그들의 하청을 받아 중국 내에 서비스를 하고 있었다. 이 회사 사람들이 중국에 출장을 오면 메일을 확인하지 않는다. 그리고 어떤 콘텐츠도 다운로드하지 않는다. 중국은 믿을 수 없다는 것이다.

그러나 이제 상황은 많이 변했다. 중국 테크 기업들이 음악 사업에 뛰어들면서 중국 정부가 적극적으로 이런 IP를 관리하기 시작한 것이다. 온라인 불법 복제로 수년간 방해를 받은 중국은 한국에 이어 세계에서 7번째로 큰 음악 시장으로 변모했다. 10년 전에는 중국 디지털 음악의 99%가 불법 복제되었지만 지금은 대부분의 중국 소비자가 라이선스 음악을 듣는다. 즉, 합법적으로 스트리밍되고 있다. 온라인으로 음악을 듣는 중국인의 수는 지난 10년 동안 80% 증가하여 6억 5천만 명 이상이다. 이렇게 발전한 원동력 중 하나는 중국 음악 스트리밍 플랫폼이 무료라는 점이다. 중국 플랫폼은 라이브 스트림, 광고, 콘서트 티켓 판매 및 더 나은 음질을 제공하는 'VIP' 멤버십을 통해 돈을 번다.

텐센트 계열사인 텐센트 뮤직은 2021년 홍콩에서 2차 상장을 약 50억 달러 규모로 추진했다. 텐센트 뮤직은 2018년 이미 뉴욕 시장 상장을 했으며 이미 가격은 두 배 가까이 올라 기업 가치는 420억 달러에 달한다. 이것은 이제 중국에서도 음원 사업이 수익성을 확보했다는 뜻이다. 이제 중국의 젊은이들 수와 상대적으로 수준이 낮은 중국 대중음악을 고려하고 미국이나 서방 음악에 대한 반감이 앞으로 점증할 것임을 감안한다면 K-POP도 꽤나 유망하다고 볼 수 있다. 그리고 커넥티드 카와 같이 새로운 비즈니스 모델들이 나오고 있어서 이 분야의 기업들도 관심을 가지고 지켜볼 만하다.

반대로 부정적인 면도 있다. 중국은 퇴근 후 과음하는 술자리 문화를 단속할 방침이고 중국 문화부는 노래방 시설이 마약, 도박, 종교적 신념을 받아들이게 할 수 있는 가사를 포함하여 '법규에 의해 금지된 내용'이 포함된 노래를 유포하지 못하게 할 계획이라고 밝혔다. 중국의 주권을 위협하는 것으로 간주되는 콘텐츠도 포함된다. 그래서 문제가 될 수 있는 가사를 사전에 신고할 것을 권고했다. 이런 식으로 음악과 오락에서 이념을 통제하기 시작하면 관련 기업은 위축될 수밖에 없다.

음악 산업 정책에도 독과점이나 갑질을 막는 정책이 들어오는데 이것이 산업 규모의 성장으로 향할지 위축으로 작용할지 미묘하다. 중국 당국이 텐센트에게 음악 독점권을 포기할 것을 지시하여 텐센트는 음악의 독점 스트리밍 권리를 포기하고 50만 위안의 벌금을 부과받은 일을 보라. 텐센트가 2016년에 China Music이라는 회사의 지분을 인수할 때 '부분적으로' 당국에 보고하지 않았기 때문에 규정 위반이라는 것이다. 그러나 주된 이유는 이 거래를 통해 텐센트는 QQ Music과 China Music을 합병하여 텐센트 뮤직을 만들었고 이 회사가 사실상 중국 시장을 독점한 데서 비롯한다. 당국의 입장에서 볼 때 텐센트의 이런 행태는 바로 '디지털 잉여'를 독점하는 행위이며 대다수 산업 내 중소기업들의 생존을 위협하는 것이다. 그래서 당국은 높은 선불금 제공과 같은 관행을 통해 음원을 독과점하는 행위를 중단할 것을 명령했다. 이런 정책 집행은 대기업의 전횡을 막는 효과가 있지만 영세한 업체들만 남게 되면 역시 산업 발전이 어렵다는 문제도 만든다.

동영상 관련해서는 나스닥에 상장된 빌리빌리와 홍콩에 상장된 콰이쇼우(快手)를 포함한 소셜 비디오 사이트들이 자체적으로 저작권 조사를 강화하고 있다. 국가 신문출판광전총국(国家新闻出版广电总局)은 여러 단편 비디오 플랫폼에서 발견된 저작권 침해에 대한 감독을 강화할 것임을 천명했다. 이 조치는 틱톡과 같은 여러 플랫폼에서 무단으로 비디오를 복제하여 사용하는 것을 막고자 하는 것이다. 이렇게 되면 동영상 저작권을 기반으로 한 산업이 폭발적으로 성장할 것으로 기대된다.

게임은 중국뿐만 아니라 글로벌 시장의 대부분을 텐센트가 석권하고 있다. 개발 초기에 투자하는 방식으로 입도선매하는 텐센트 등 중국 민간 대기업의 전략은 결과적으로 게임 산업에서의 독과점으로 나타나고 있다. 중국 당국은 게임 산업이 국제적으로 유명해지고 외화를 획득하는 것에 대해서는 긍정적이지만 청소년들이 대부분의 시간을 게임으로 보내는 것은 국가적인 문제라고 보고 있다.

앞서 지적했지만 중국 당국은 미성년자는 일주일에 3시간만 온라인 게임이 가능하다는 조치를 도입했다. 온라인 게임 회사는 미성년자를 대상으로 할 경우 금, 토, 일 및 법정 공휴일 오후 8시부터 9시까지 1시간의 서비스만 제공할 수 있도록 엄격히 규정한 것이다. 중국 규제 당국이 게임 산업에 대한 통제를 극적으로 강화할 준비를 하고 있다는 우려가 커지면서 당시 시장은 민감하게 반응하여 텐센트와 왕이는 600억 달러 이상의 주가 하락을 겪었다.

이런 식으로 보면 중국의 게임 산업은 엄청난 타격을 입고 금방이라도 망할 것처럼 보이지만 오히려 중국 업체들은 이제 성인용 그리고 해외에서도 먹힐 수 있는 내용 개발에 더 전념하고 있다고 한다. 그러니 투자자의 입장에서는 이런 현실과 미디어 수용 태도의 격차는 좋은 투자 기회를 제공하는 것으로 볼 수 있을 것이다.

중국 제조 4.0

중국은 트럼프 대통령 시절 인더스트리 4.0을 내세우다 무역 전쟁을 맞이한 바 있다. 그 후 중국은 국가 계획 등에 명시적으로는 인더스트리 4.0을 내세우지 않고 있지만 내용상 바뀐 것은 없다. 즉, 중국은 여전히 인더스트리 4.0, 중국식으로는 중국 제조 4.0을 추진하고 있다는 뜻이다.

향후 세계에서의 중국의 위치를 결정할 베이스라고 평가되는 제조업은 중국의 관건 영역이며 중국 정부가 누누이 강조하고 있는 실체경제의 핵심이기도 하다. 따라서 제조 분야의 전반적 생산성 향상을 도모할 수 있는 제조 4.0 관련 영역은 그야말로 변치 않는 유망 분야라고 할 수 있다.

중국의 제14차 5개년 계획은 제조 부문의 임금 인상, 새로운 제조산업 개발, 제조 및 서비스 통합에 초점을 맞추고 있다. BBVA의 쎠러(夏乐) 아시아태평양 수석 이코노미스트는 향후 10~15년 동안 중국의 성장 목표인 약 5~5.5%를 달성하기 위해서는 GDP에서 제조업이 차지하는 비중이 더 이상 떨어지지 않아야 한다고 지적하고 있기도 하다. 이는 제조업이 상당 기간 중국에게 있어 가장 중요한 산업이며 동시에 관련 산업이 유망하다는 말이기도 하다.

중국 공신부는 2035년까지 일정 규모 이상 제조 기업의 전면 디지털화를 이루겠다고 발표했다. 이 내용을 보면 2025년까지 일정 규모이상 제조 기업의 디지털화를 기본 달성하고 중점 산업의 핵심 기업들은 초보적인 스마트 제조 상태에 돌입한다는 내용이다. 2급 이상기업은 50% 이상, 중점 산업 기업은 20% 이상, 3급 이상 기업은 15% 이상 달성한다고 한다. 이는 중국에 거대한 스마트 팩토리 시장이 준비되어 있다는 뜻이다.

사실 스마트 팩토리를 가장 적극적으로 구현해 온 것도 중국이다. 세계경제포럼(WEF)이 발간한 백서에 따르면 2021년 전 세계에서 가장 선진적인 기술을 갖춘 69개 공장을 국적별로 보면 중국이 20개 공장, EU가 19개, 미국 7개, 일본 5개의 순으로 나타났다. 컨설팅 회사 맥킨지와 함께 조사한 2020년에는 중국과 EU가 각각 15개씩이었고, 미국과 일본도 각각 5개씩 동률을 이룬 바 있다.

따라서 공업 지능화와 관련된 기업들의 전망은 근본적으로 바뀐 것이 별로 없고 이 분야는 여전히 유망하다고 볼 수 있다. 중국에 진출한 삼성 IT 계열사의 P 씨도 중국 쪽으로부터 이 분야에 대한 정보 및 기술 소개 요청을 많이 받고 있다고 말하고 있다.

또한 제조업의 보수적 성격상 새로운 기술이나 제품, 특히 생산 라인에 투입되는 장비 기술은 신규 진입이 어렵다. 그 결과 중국 본토 기업은 이 분야에서 아직 기술적으로 두각을 나타내는 기업이 많지 않다. 역으로 이 분야를 잘 모니터링하면 좋은 기업을 발굴하기가 좋다는 말이기도 하다.

공장의 현장에서 생산 관리를 돕는 MES 같은 솔루션도 기술 자체의 난이도가 엄청난 것은 아니지만 장비 기술 경험과 센서 기술 그리고 무엇보다도 생산 관리의 노하우가 접목되어야 해서 특히 중국 같은 상황에서는 토종 솔루션이 나오기가 쉽지 않다. 그중 하나가 MES 업체 Black Lake Technologies(黑湖智造)이다. 이 회사는 중국의 여러 투자자를 비롯해 테마섹으로부터도 투자를 유치하고 있다. 이 영역에서 뚜렷한 경쟁자들이 많지 않기 때문에 성장 공간이 커서 조만간 상장에 들어갈 것으로 보인다.

　　　　　　　　　　　　　　　중국 주식 투자 비결

5장

중국 주식 성공은
ETF가 답이다

1

중국 투자를 원한다면?
ETF를 추천한다

국내에서 중국의 개별 종목에 투자하는 것은 가능하지만, 아직까지는 거래가 불편하다. 중국은 내국인 거래 전용인 A 주, 외국인만 거래할 수 있는 B 주로 구분되어 있다. 본래 외국인은 B 주만 살 수 있었으나, 2014년 후강통(상해 - 홍콩 증시 연계 거래), 2016년 선강통(선전 - 홍콩 증시 연계 거래) 제도라는 것을 통해 이제 외국인도 A 주를 거래할 수 있게 되었다. 하지만 중국 주식은 미국 주식과 달리 주문이 까다롭고 거래 가능한 종목이 수시로 변경되어 투자 안정성이 떨어진다. 또한 일일 투자 한도와 보유할 수 있는 주식의 수량도 제한되는데, 특히 매수 시 주문 수량 단위가 100주 단위라 소액 투자자들에게는 부담이 될 수밖에 없다. 거래 시간도 짧은 편이다. 오전장 2시간, 오후장 2시간으로 총 4시간밖에 안 되기 때문에 투자자들이 개별로 대응하는 데 한계가 있다. 그래서 중국에 투자하려면 개별 종목보다는 ETF가 접근성이나 편의성이 더 좋다고 볼 수 있다.

한국거래소에 따르면 2021년 한 해 동안 개인이 순매수한 ETF 규모는 10조 원에 육박한다. 2020년 개인 순매수 규모가 5조 5,318억 원인 것을 감안하면 무려 4조 원 넘게 늘어난 것이다. ETF 상장 종목 수와 시가총액도 증가하고 있다. 2021년 초 468종이던 상장 ETF는 534종으로 66종이 늘었고, 시가총액도 52조 8,777억 원에서 73조 9,675억 원으로 20조 원 넘게 늘었다. 2022년 들어 증시가 하락하면서 1조 원 가량이 빠졌지만 그럼에도 올해 ETF 순자산은 90조 원을 육박할 전망이 나오고 있다.

한국은 전 세계 시장과 비교하면 ETF 시장에선 후발 주자지만 투자자들의 수요가 계속 늘고 있어 빠르게 성장할 것으로 전망된다. 증권가에서는 주식시장 시가총액 대비 ETF 순자산총액 비율이 다른 해외시장에 비해 낮아서 아직 상승 여력이 크다고 보고 있다.

이런 상황에서 대형 자산 운용사들은 ETF 총보수(수수료)를 잇따라 인하하고 테마 ETF를 출시하며 마케팅 전략을 펼치고 있다. 2022년 자산 운용사들이 동시에 출시한 테마 ETF는 중국판 나스닥으로 불리는 '과창판 ETF'다. 작년 중국 정부의 규제로 기술주가 폭락하면서 투자자들이 이전처럼 중국 투자에 적극적으로 나서지 않고 있지만, 과창판은 중국 정부가 적극 육성하는 시장이라는 점에서 주목되면서 관련 ETF가 주목받고 있다.

이 밖에도 중국의 대표 지수들인 CSI, 항셍, 항셍테크, China A50 등의 지수를 이용한 다수의 ETF 상품이 있다. 또 지수를 이용한 선물 상품도 있고, 레버리지, 인버스 상품과 같은 파생 상품도 있어 중국 투자 시 ETF를 활용하는 것도 좋은 투자 전략이 될 수 있다. 전기차, 바이오테크, 클린에너지, 반도체, 태양광 등의 주제별로도 ETF가 상장되어 있기 때문에 단일 기업의 리스크를 최소하면서 골고루 중국의 유망 산업에 투자하기에 편리하다.

중국 주식 투자 비결

중국 ETF를 시작하기 전에

[TIGER 차이나 CSI300 레버리지 (합성) H]

ETF 상품의 이름을 자세하게 살펴보면 선두에는 운용사(TIGER-미래에셋자산운용, KODEX-삼성자산운용, SOL-신한자산운용, KBSTAR-KB자산운용, KINDEX-한국투자신탁운용)가 표시되어 있음을 알 수 있다. 중간 부분에는 투자 지역이 적혀 있고 그 뒤로는 관련 섹터 순서별로 구성되어 있다.

두 배로 움직이는 것은 펀드 명에 '레버리지'가 붙는다. '인버스'는 하락장에 수익을 거두는 펀드다. 특정 지수를 추종하는 펀드가 패시브(Passive) 펀드라면 펀드매니저가 시장 상황에 따라서 ETF의 구성을 실시간으로 변경하는 걸 액티브(Active) 펀드라고 한다. 펀드매니저의 성향에 따라 더 능동적으로 포트폴리오를 관리하기 때문에 패시브 ETF보다는 수수료가 높은 편이다.

국내에 상장된 ETF는 이자와 배당소득세 15.4%를 내야 한다. 본인의 연간 이자와 배당 소득세가 2,000만 원이 넘으면 금융소득 종합과세 대상이 될 수 있다. 따라서 일·월간 거래량이 많은 종목이 좋다. ETF는 거래 가격이 있고, NAV라는 가격이 있다. NAV는 펀드의 실제 가치를 나타내지만 일반적으로 투자자들이 홈트레이딩시스템(HTS)에서 보는 '주가'는 거래가다. 따라서 갑자기 수요가 몰려 거래 가격이 급등하더라도 NAV는 움직이지 않을 때가 있다. NAV와 거래 가격의 괴리율이 적을수록 좋고 운영 수수료도 저렴할수록 좋다. 무엇보다 ETF의 수익률이 중요하므로 조금 더 수수료를 내더라도 성과 좋고 안전한 ETF를 고르는 것이 더 나은 선택이다.

2
중국 본토 시장 대표지수 추종 펀드

CSI300

중국 본토 상하이와 선전 거래소에 상장되어 있는 주식 중, 시가총액, 거래량, 유동성, 재무 현황 등을 심사해서 선정된 중국의 대표 주식 300개 종목으로 구성되어 있다. 중국 증권지수유한공사(CSI:China Securities Index Company)는 이를 6개월마다 변경한다.

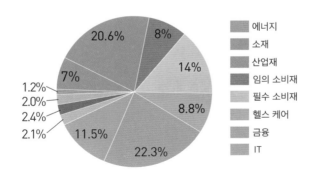

[그림 5-1] 교환 내역과 섹터 내역

중국 주식 투자 비결

Ticker	Name	Sector	Exchange	Weight
600519	Kweichow Moutai Co Ltd	consumer staples	shanghai	5.78%
300750	Contemporary Amperex Technology co., Limited.	Industrials	shanghai	4.04%
600036	China Merchants Bank Co Ltd	Financials	shanghai	2.97%
601318	Ping An Insurance (Group) Company of China Ltd	Financials	shanghai	2.64%
000858	Wuliangye Yibin Co Ltd	consumer staples	shanghai	1.88%
000333	Midea Group Co., LTD	consumer Disc.	shanghai	1.75%
601166	Inderstrial Bank	Financials	shanghai	1.48%
601012	Longi Green Energy Technology Co., Ltd.	Industrials	shanghai	1.48%
300059	East Money Information Co Ltd	Financials	shanghai	1.27%

[표 5-1] CSI300 지수 상위 10개 종목 구성 요소

섹터별로 보면 금융이 22.3%로 비중이 가장 높고 다음으로는 산업재가 높다. 이 밖에 필수소비재와 헬스케어도 비중이 높다(그림 5-1 참조). CSI300 지수의 상위 종목에는 중국 주류회사인 귀주모태주, 배터리 회사 CATL, 중국 초상은행과 핑안보험 등이 포함되어 있다(표 5-1 참조).

KINDEX 중국본토CSI300 (국내)

종목 코드	168580
종목명	KINDEX 중국본토CSI300
순자산총액	203,638
1Y 평균 거래 대금	991
1Y 평균 거래량	31,408
총보수	0.70%

[표 5-2] 금액 단위: 백만 원, 거래량 단위: 좌

한국투자신탁운용에서 2012년에 가장 먼저 출시한 CSI300 ETF다. 운용 자산은 약 2,040억 원인데 거래량이 다른 동일 상품에 비해 적은 편이다. 총보수는 0.70%다.

TIGER 차이나CSI300 (국내)

종목 코드	192090
종목명	TIGER 차이나CSI300
순자산총액	194,732
1Y 평균 거래 대금	2,531
1Y 평균 거래량	212,983
총보수	0.63%

[표 5-3] 금액 단위: 백만 원, 거래량 단위: 좌

2014년에 출시됐으며 현재 운용 자산은 약 1,950억 원이다. 연 평균 거래 대금은 약 25억 정도로 거래량은 타사 대비 많은 편이다. 총보수는 0.63%다.

KODEX 차이나CSI300 (국내)

종목 코드	283580
종목명	KODEX 차이나CSI300
순자산총액	99,542
1Y 평균 거래 대금	860
1Y 평균 거래량	59,619
총보수	0.12%

[표 5-4] 금액 단위: 백만 원, 거래량 단위: 좌

가장 최근인 2017년에 출시됐다. 운용 자산은 995억 원, 1년 평균 거래 대금은 약 8억 7천만 원이다. 총보수는 0.12%로 가장 낮은 것이 장점이다.

KraneShares CSI China Internet ETF (해외)

종목 코드	KWEB
종목명	KraneShares CSI China Internet ETF
순자산총액	$7,772.65
평균 거래량	16,799,516
총보수	0.70%
상장시장	NYSE AMEX(미국)

[표 5-5] 금액 단위: 백만 달러, 거래량 단위: 좌

위 ETF는 CICC 자산 운용사가 운용하는 ETF로 중국 대형 기술주에 투자하는 펀드다. 미국 상장 중국 펀드 중 시가총액 1위(8조 6천억 원)이다. CICC는 중국 중심의 ETF를 개발해서 투자자를 유치하고 있는 중국 투자 전문 운용사로 중국에 주로 집중하고 있는데, 자산운용 규모 또한 테마별 중국 ETF 중 가장 크다. 자사 홈페이지에 가면 '우리는 글로벌 제도적 흐름이 향후 5년 동안 중국 주식 및 채권 시장으로 크게 증가될 것이라고 믿는다'라고 적혀있다. 중국에 관심 있는 투자자라면 이 자산 운용사의 ETF를 살펴볼 필요가 있다.

해당 펀드는 중국에 있거나 중국 내 수익이 50% 이상 발생하는 종목 중에서도 시가총액 5억 달러 이상의 회사들을 추종하는 지수(CSI Overseas China Internet)를 기반으로 한다. 텐센트와 중국의 아마존인 메이투안을 시작으로 중국 여행 정보를 제공하는 트립닷컴까지 상위 10개 종목의 비중이 60% 가까이 된다. 다만, 정부가 최근 기술 기업에 대해 강력히 규제를 시행하면서 이 펀드의 최근 1년 수익률이 -54%다. 수익률이 절반 이상 떨어진 상황이라 저가 매수 전략이 적합할 수 있다. 연간 운용 보수는 0.7%이고 배당을 주고 있어 장기 투자에 적합한 ETF다.

Xtrackers Harvest CSI300 China A-Shares ETF (해외)

종목 코드	ASHR
종목명	Xtrackers Harvest CSI300 China A-Shares ETF
순자산총액	$3,151.95
평균 거래량	4,255,396
총보수	0.65%
상장시장	NYSE AMEX(미국)

[표 5-6] 금액 단위: 백만 달러, 거래량 단위: 좌

이 ETF는 도이치방크가 운영하는 자산 운용사가 런칭한 것으로 현재 미국에 상장한 중국 ETF 중 네 번째로 규모가 크다. 총 292개 기업이 ETF에 포함되어 있는데 이 중 10개 기업이 차지하는 비중이 22.04% 이며 50개 기업이 차지하는 비중이 52.02%로 다른 ETF들에 비해 지수를 추종하는 만큼 특정 기업의 편중이 덜하다. 중국의 삼성전자 주식이라 불릴 정도로 큰 인기를 누리고 있는 종목인 주류회사 귀주모태주 (Kweichow Moutai) 비중이 5.88%로 가장 높으며, 중국의 배터리 회사 CATL 비중은 4.08%다. 중국의 대표 상업은행인 초상은행이 3.00%, 중국 대표 보험사인 핑안보험은 2.65%의 비중을 차지한다. 이 밖에도 주류회사인 우량예이빈, 태양광 글로벌 1위 기업인 융기실리콘도 있다.

> **투자 Tip**
>
> 국내 상장된 CSI300 ETF 모두 같은 인덱스를 추종하는 펀드이기 때문에 어떤 것을 선택해도 된다. 펀드 운용에 대한 수수료를 아끼려면 <KODEX 차이나 CSI300> ETF를 선택하면 된다. 보다 안정적으로 운용되는 ETF를 고른다면 운용 자산과 거래량이 높은 <TIGER 차이나 CSI300> ETF를 선택할 수 있다.

중국 주식 투자 비결

FTSE CHINA A50

영국 파이낸셜타임스(Financial Times)와 런던증권거래소(LSE) 가 공동 설립한 FTSE 인터내셔널에서 산출하는 지수로, 중국 본토 상하이와 선전 거래소에 상장되어 있는 주식 중에 기사 총액 상위 50개 종목으로 구성된다. 중국 우량주에 집중하고 싶은 글로벌 투자자들이 선호하는 지수다. 다수의 국영기업을 포함한 중국 초우량 기업 주식들로 구성되어 있어 글로벌 투자자들이 선호하는 중국 본토 지수다. 비교적 투명한 회계기준을 따르는 대기업과 대형금융사의 비중이 높아 상대적으로 안전하다는 평가다. 지수는 매년 4회 정기변경이 이뤄진다.

KODEX 차이나A50 (국내)

종목 코드	169950
종목명	KODEX 차이나A50
순자산총액	30,798
1Y 평균 거래 대금	256
1Y 평균 거래량	11,171
총보수	0.12%

[표 5-7] 금액 단위: 백만 원, 거래량 단위: 좌

FTSE China A50 Index 추종 펀드로 국내에서는 삼성자산운용의 KODEX 차이나A50가 가장 유명하다. 다만, 중국 정부가 승인한 외국인 투자자 한도를 소진하였을 경우, 추가 한도를 취득하기 전까지 싱가포르 거래소에서 거래되는 A 주 선물과 홍콩에서 거래되는 A 주 ETF에 투자할 수 있다. 수수료는 연 0.12%으로 저렴한 편이며 시가총액은 약 308억 원 정도로 아직 규모는 작다.

iShares China Large-Cap ETF (해외)

종목 코드	FXI
종목명	iShares China Large-Cap ETF
순자산총액	$6,020.93
평균 거래량	33,610,136
총보수	0.74%
상장시장	NYSE AMEX(미국)

[표 5-8] 금액 단위: 백만 달러, 거래량 단위: 좌

　블랙록 자산 운용사에서 운용하는 대표적인 중국 ETF로 시가총액이 무려 7조 원에 달한다. 이 펀드는 홍콩 주식시장에 상장된 중국 기업 중 시가총액이 큰 50개 기업에 투자한다. 시가총액은 약 6조 9,000억 원에 달하는 규모가 큰 ETF이다. 수수료는 0.74%로 높은 편이고 배당률은 1.59%로 낮은 편이다. 보유 종목은 KWEB와 비슷하다. 알리바바, 텐센트, 메이투안, 징동, 바이두 등이 겹치고 중국건설은행, 평안보험, 공상은행 등은 다르다. 단, KWEB가 홍콩, 미국 상장 종목이 중심이었다면 FXI는 홍콩 상장 주식들이 주로 구성되어 있다.

ProShares Ultra FTSE China 50 (해외)

종목 코드	XPP
종목명	ProShares Ultra FTSE China 50
순자산총액	$15.25
평균 거래량	9,773
총보수	0.95%
상장시장	NYSE AMEX(미국)

[표 5-9] 금액 단위: 백만 달러, 거래량 단위: 좌

중국 주식 투자 비결

XPP 외에도 2배 레버리지 상품을 원한다면 ProShares Ultra FTSE China 50 ETF를 선택할 수 있다. 보유종목을 보면 텐센트(9.27%), 알리바바(9.23%), 메이투안(8.72%) 등 기술 기업들이 주를 이루며 다음으로 중국 건설은행과 공상은행 등 금융주 비중이 높다.

홍콩 H(HSCEI) 지수

HSCEI(Hang Seng China Enterprises Index) 지수는 홍콩증권거래소에 상장된 중국 기업(H 주, P-chip, Red-Chip) 중 시가총액, 거래량 기준으로 선별된 50개 종목으로 구성되어 있다. 미래에셋이 운용하는 TIGER 차이나 HSCEI ETF는 환헤지를 실시하지 않는 반면 KB가 운용하는 KBSTAR 차이나HSCEI(H) ETF는 환헤지를 실시한다. 투자자 입장에서 홍콩달러 대비 원화가 강세면 헤지형이 유리하며, 반대라면 헤지를 하지 않는 상품이 유리하다.

투자 Tip

H 주, P-chip, Red-chip이란?

H 주: 홍콩증권거래소에 상장되어 있는 중국 본토 상장기업의 주식이다.

P-chip: 홍콩증권거래소에 거래되고 있는 중국 외 지역에 설립된 기업들로, 이들은 비국유 자본 소유이며 주요 매출 발생 지역이 중국 본토인 기업이다.

Red-chip: 홍콩증권거래소에 거래되고 있는 중국외 지역에 설립된 기업들로, 이들은 국유(주 정부 또는 지방자치단체에 의해 소유된 기관들 또는 기업들) 자본으로 설립되었으며, 주요 매출 발생 지역이 중국 본토인 기업이다.

KBSTAR 차이나HSCEI(H) (국내)

종목 코드	250730
종목명	KBSTAR 차이나HSCEI(H)
순자산총액	10,137
1Y 평균 거래 대금	54
1Y 평균 거래량	5,021
총보수	0.40%

[표 5-10] 금액 단위: 백만 원, 거래량 단위: 좌

2016년 출시되었고 자산 규모는 약 101억 원, 연 평균 거래 대금 5,400만 원 정도로 타사 ETF 대비 규모가 가장 적다. 최근 1년 수익률은 +4.23%다.

TIGER 차이나HSCEI (국내)

종목 코드	245360
종목명	TIGER 차이나HSCEI
순자산총액	62,946
1Y 평균 거래 대금	263
1Y 평균 거래량	22,351
총보수	0.35%

[표 5-11] 금액 단위: 백만 원, 거래량 단위: 좌

2016년 출시되었고 자산 규모는 약 630억 원, 연 평균 거래 대금은 2억 2,300만 원 정도다. 1개월 수익률은 +4.74%다.

KODEX 차이나H (국내)

종목 코드	099140
종목명	KODEX 차이나H
순자산총액	62,107
1Y 평균 거래 대금	323
1Y 평균 거래량	16,518
총보수	0.12%

[표 5-12] 금액 단위: 백만 원, 거래량 단위: 좌

삼성자산운용이 2007년에 가장 먼저 출시한 해외 ETF이자 중국 ETF이다 추종 해당 ETF를 출시했다. 자산 규모는 약 621억 원으로 연 평균 거래 대금 3억 2,300만 원 정도다. 1년 수익률은 +4.74%, 연 보수율이 타사 대비 낮은 연 0.12%이다. 외국인 보유 비율이 약 24%로 높은 것 또한 특징으로 꼽을 수 있다.

투자 Tip

국내 상장

HSCEI 지수 추종 ETF 상품에는 삼성자산 운용사와 한국투자증권이 내놓은 인버스와 레버리지 상품도 출시되어 있다. 3개의 ETF 모두 상위 종목이 다음과 같은 금융주로 구성되어 있다.

- CHINA CONSTRUCTION BANK-H (중국 건설은행)
- BANK OF CHINA LTD-H (중국은행)
- ND & COMM BK OF CHINA-H (중국 공상은행)
- AGRICULTURAL BANK OF CHINA-H (중국 농업은행)

중국판 나스닥, 과창판STAR50

상품명	KODEX 차이나과창판 STAR50(합성)	TIGER 차이나과창판 STAR50(합성)	SOL차이나육 성산업액티브 (합성)	KINDEX 중국과창판 STAR50
자산 운용사	삼성자산운용	미래에셋자산 운용	신한자산운용	한국투자신탁 운용
기초지수	SSE Science and Technology Innovation Board 50 Index(Price Return) (약명 : STAR 50 Index)			
지수산출기관	China Securities Co., Ltd.			
신탁원본액(E)*	2,350억 원	2,810억 원	120억 원	100억 원
1좌당 가격(E)*	10,000원	10,000원	10,000원	10,000원
총보수 (운용보수)	0.09% (0.065%)	0.09% (0.059%)	0.55% (0.49%)	0.50% (0.44%)
AP/LP	키움, KB, 메리 츠, 신한, 이베 스트, 한투, 한 국에스지, 미래	삼성, 키움, KB, 메리츠, 신한, 이 베스트, 한투, NH, 미래	키움, 메리츠, NH, 미래	키움, 한투, NH, 미래

[표 5-13] 과장판STAR50 상품 설명 요약

해당 상품은 STAR50 지수에 투자하는 펀드인데 이 지수는 시진핑 국가주석이 직접 지시해 만들었다. 과창판은 중국의 기술 혁신기업의 자본조달을 위해 2019년 상하이거래소에 독립적으로 개설된 증권시장이다. 여기는 중국 본토, 홍콩 대표지수들과 비교하면 정보기술(IT), 헬스케어, 신소재, 로봇사업 등의 비중이 높은 편이다.

현재 과창판 시장은 개인의 직접투자가 제한되어서 ETF를 활용해 투자할 수 있다. STAR50는 과창판 종목 중에서도 우량주 50개를 선별해 담고 있다. 지난해 말 기준 비중 상위 산업은 반도체(36.2%), 인프

중국 주식 투자 비결

라(17.8%), 헬스케어(14.7%), 재생에너지(11.4%), 2차 전지(8.9%) 등 순이다.

　2022년 1월 중국 기술주 중심의 '중국판 나스닥' ETF 상품 4종이 출시됐다. 삼성자산운용, 미래에셋, 신한자산운용, 한국투자신탁운용 등에서 출시한 '과창판STAR50' ETF다. 해당 ETF를 보면 각각 다른 점을 알 수 있는데 우선 삼성·미래에셋·신한자산운용의 ETF는 합성형 상품이고, 한국투자신탁운용의 ETF는 주식형 상품이다. (표 5-13 참조)

KODEX차이나과창판STAR50 (합성_국내)

종목 코드	415340
종목명	KODEX 차이나과창판STAR50(합성)
순자산총액	213,438
1Y 평균 거래 대금	2,539
1Y 평균 거래량	260,702
총보수	0.09%

[표 5-14] 금액 단위: 백만 원, 거래량 단위: 좌

연 평균 거래 대금이 약 25억으로 타사 ETF 중 가장 적다.

TIGER차이나과창판STAR50 (국내)

종목 코드	414780
종목명	TIGER 차이나과창판STAR50(합성)
순자산총액	292,001
1Y 평균 거래 대금	5,980
1Y 평균 거래량	623,199
총보수	0.09%

[표 5-15] 금액 단위: 백만 원, 거래량 단위: 좌

과창판 ETF 중 규모가 가장 크다. 자산 규모는 약 2,900억 원, 거래 대금도 60억 원 정도로 가장 많다. 수수료는 KODEX와 같은 0.09% 으로 낮은 수준이다. 비슷한 상품으로는 규모는 작지만 'KINDEX 중국과창판 STAR50'도 있다.

SOL차이나육성산업액티브 (국내)

종목 코드	415760
종목명	SOL 차이나육성산업액티브(합성)
순자산총액	10,855
1Y 평균 거래 대금	1,253
1Y 평균 거래량	127,691
총보수	0.55%

[표 5-16] 금액 단위: 백만 원, 거래량 단위: 좌

해당 ETF는 자산의 70%는 기초지수를 추종하고 나머지 30%는 전문가의 판단에 따라 중국 육성산업 테마주식과 ETF에 투자한다.

투자 Tip

과창판 vs 항셍테크

TIGER와 KODEX 모두 좋지만 수수료가 가장 낮고 시가총액도 가장 크고 거래량도 KODEX 대비 훨씬 많은 TIGER 차이나과창판STAR50(합성)가 나은 선택일 수 있다. 과창판 ETF를 중국의 나스닥이라 하는데, 이미 항셍테크가 투자자들에게 알려진 상황에서 무엇이 다른지 혼란스러울 수 있다. 과창판은 IT 하드웨어 기업 등 중국 정부가 육성하는 기업이 있다. 항셍테크 ETF는 과창판과 달리 텐센트 같이 투자자들에게 익숙한 중국 빅테크 기업이 있다. 2021년 규제로 중국의 빅테크가 어려움을 겪어서 중국 정부가 밀어주는 산업 기업에 투자하는 것이 안정적일 수 있다. 장기적인 관점에서 성장성이 높은 것은 과창판이고 항셍테크는 이미 많은 투자자들이 들어가 있어 규모가 크며 지난해 관련 ETF가 수익률이 절반 이상 떨어진 상황이라 단기적으로 반등할 여지가 있다.

MSCI China 지수

MSCI는 모건스탠리캐피털 인터내셔널사가 작성하고 발표하는 주가지수다. MSCI에서 산출하는 중국 관련 지수로 전 세계에 상장된 중국 신경제 관련 종목에 집중 투자하는 지수라고 보면 된다. 홍콩에 상장된 H 주, Red Chip(홍콩에 상장된 해외등록 중국 국영기업), P-chip(홍콩에 상장된 중국민영기업), ADR(미국 예탁 증권) 및 본토 A 주까지 편입한 지수다. 상위 보유 종목에는 텐센트, 알리바바, 메이투완, 징둥닷컴(JD.COM) 등이 포함되어 있고 소비재 종목이 29.51% 커뮤니케이션 서비스 종목이 18.32%를 차지하고 있다.

KBSTAR 중국MSCI China(H) (국내)

종목 코드	310080
종목명	KBSTAR 중국MSCI China(H)
순자산총액	11,556
1Y 평균 거래 대금	76
1Y 평균 거래량	5,397
총보수	0.60%

[표 5-17] 금액 단위: 백만 원, 거래량 단위: 좌

KB 자산운용이 2018년에 출시한 MSCI 차이나 ETF로 자산 규모는 약 116억 원이다. 상위 종목은 텐센트가 12.36% 비중을 차지하고 있고 블랙록 자산 운용사의 iShares MSCI China ETF를 두 번째로 많이 담고 있으며 세 번째로는 알리바바가 비중이 높다.

iShare MSCI China ETF (해외)

종목 코드	MCHI
종목명	iShares MSCI China ETF
순자산총액	6,639.54
평균 거래량	5,882,956
운용보수	0.57%
상장시장	미국(나스닥)

[표 5-18] 금액 단위: 백만 달러, 거래량 단위: 좌

앞서 KBSTAR ETF에서 비중이 두 번째로 높은 종목이다. 대표적인 MSCI ETF로 미국 상장 중국 ETF 중에서도 자산 규모가 8조 원 정도로 두 번째로 높다. 상위 종목을 보면 텐센트, 알리바바, 메이투안, 징둥닷컴, 중국 건설은행, 핑안보험, 바이두 순으로 기술 기업과 금융주가 골고루 포함되어 있다.

3
눈여겨볼
각 테마별 ETF

전기차

글로벌 전기차 선두주자인 테슬라가 올해 중국 베이징에 디자인센터를 짓겠다고 발표했다. 그만큼 테슬라는 중국 시장의 가능성을 높게 보고 계속 중국 시장 확대에 주력하겠다는 신호다. 우리나라 기업뿐 아니라 전 세계 전기차 생산업체들이 중국 시장 확대에 눈독을 들이고 있다. 중국의 신에너지차 보급률은 아직 10%대이지만 2025년에는 25%까지 늘어날 전망이며 국가적으로도 전기차 보급 확대에 힘을 쓰고 있다. 그 결과 중국 전기차는 내수 수요와 함께 글로벌 시장까지 점점 확대하고 있다. 대표적으로 우리가 잘 아는 중국 전기차 배터리 회사 CATL는 세계 점유율 1위, 중국 전기차 생산업체 BYD는 글로벌 점유율 3위를 차지하고 있다. 중국은 완성차뿐 아니라 2차전지 밸류체인 기업들도 경쟁력을 강화하고 있다. 하지만 많은 중국 기업들이 외국인 개인투자자의 투자를 제한하고 있기 때문에 중국 전기차와 2차전지에 골고루 투자하기 위해서는 ETF를 선택하는 것이 최선이다.

TIGER 차이나전기차SOLACTIVE (국내)

종목 코드	371460
종목명	TIGER 차이나전기차SOLACTIVE
순자산총액	3,069,794
1Y 평균 거래 대금	77,501
1Y 평균 거래량	4,599,415
총보수	0.49%

[표 5-19] 금액 단위: 백만 원, 거래량 단위: 좌

2021년 12월에 상장하여 국내에서 가장 잘 팔리는 ETF로 전기차에 집중 투자한다. 국내 상장된 해외주식형 ETF 최초로 순자산 3조 원을 돌파했다. 모든 국내 ETF 중 두 번째로 큰 규모다. 이 펀드의 기초지수는 SOLACTIVE 중국 전기차 지수다. 중국 A 주·항생지수·미국 거래소에 상장된 중국 전기차 및 관련 공급망 20개 기업에 투자한다. 중국 대표 배터리 업체인 CATL와 BYD를 비롯해 세계 3위 리튬 생산 기업 강서강봉이업이 있다. Global X 홍콩이 지난해 1월 상장한 Electric Vehicle and Battery ETF와 추종 지수가 동일해 투자자들에게 인기가 좋다.

Global X China Electric Vehicle and Battery ETF (해외)

종목 코드	2845(HKD), 9845(USD)
종목명	Global X China Electric Vehicle and Battery ETF
순자산총액	$898.90
평균 거래량	115,147
운용보수	0.68%
상장시장	홍콩

[표 5-20] 금액 단위: 백만 달러, 거래량 단위: 좌

해당 ETF는 전기차뿐 아니라 리튬배터리와 같은 EV 구성 요소, 장비를 생산하는 회사를 포함하여 전기차의 보급 확대로 혜택을 볼 중국 회사에 집중 투자하고 있다. 특히 리튬 및 코발트와 같은 배터리 생산 및 핵심 배터리 소재에 투자하는 ETF를 찾고 있다면 이 ETF가 적합하다. 상위 목록을 보면 쟝시깐펑 리튬(JIANGXI GANFENG LITHIUM CO)이 10.28%로 비중이 가장 높고 그 다음은 자동차회사 비야디, 배터리 회사 CATL이 각각 9.56%, 9.52%로 비중이 높다.

종목 코드 2845는 홍콩달러로 거래되고 9845는 미국 달러로 거래된다. 거래 화폐만 다르고 둘 다 홍콩시장에 상장되어 있으며 페그제로 USD와 동일하게 움직이기 때문에 무엇을 사든 상관 없다.

테크놀로지

2021년 중국의 전자상거래 규모는 약 2조 달러를 넘어서며 세계에서 가장 큰 온라인 시장을 보유하고 있다. 중국 중산층의 내수 소비 증가로 전자상거래 시장은 더 커질 것으로 보고 있다. 지난해 중국의 규제로 알리바바, 텐센트 등 중국 대표 기술 기업들의 주가가 많이 빠졌지만 장기적으로 중국 기술 기업들이 유망하다고 생각한다면 지금이야말로 중국 기술 기업에 투자할 시기가 될 수도 있다.

HSTI(Hang Seng Tech Index)를 추종하는 ETF가 국내에서도 잇따라 출시되고 있다. 항셍이라는 말은 홍콩의 항셍은행의 이름을 본따서 만든 지수의 이름이다. 우리가 흔히 알만한 알리바바, 텐센트, 메이투안, 샤오미 등이 이 지수에 있다. 이들을 ATMX(Alibaba, Tencent, Meituan, Xiaomi)라고도 부른다. 단돈 1만 원으로 중국의 빅테크 기업에 분산투자를 할 수 있다.

TIGER 차이나항셍테크 (국내)

종목 코드	371160
종목명	TIGER 차이나항셍테크
순자산총액	342,988
1Y 평균 거래 대금	5,509
1Y 평균 거래량	624,033
총보수	0.09%

[표 5-21] 금액 단위: 백만 원, 거래량 단위: 좌

국내 출시된 항셍테크 ETF 중 수수료가 0.09%로 가장 낮다. 자산 규모도 약 3,430억 원으로 가장 많고 거래량도 가장 많다.

KODEX 차이나항셍테크 (국내)

종목 코드	372330
종목명	KODEX 차이나항셍테크
순자산총액	149,524
1Y 평균 거래 대금	3,402
1Y 평균 거래량	366,724
총보수	0.12%

[표 5-22] 금액 단위: 백만 원, 거래량 단위: 좌

항셍테크 ETF 중 자산 규모는 약 1,500억 원으로 두 번째로 크고 수수료는 0.12%다. 거래량은 두 번째로 많다.

중국 주식 투자 비결

KBSTAR 차이나항셍테크 (국내)

종목 코드	371150
종목명	KBSTAR 차이나항셍테크
순자산총액	6,598
1Y 평균 거래 대금	196
1Y 평균 거래량	21,313
총보수	0.14%

[표 5-23] 금액 단위: 백만 원, 거래량 단위: 좌

자산 규모는 66억 원이며 수수료는 연 수수료는 0.14%다.

KINDEX 차이나항셍테크 (국내)

종목 코드	371870
종목명	KINDEX 차이나항셍테크
순자산총액	4,330
1Y 평균 거래 대금	76
1Y 평균 거래량	8,576
총보수	0.25%

[표 5-24] 금액 단위: 백만 원, 거래량 단위: 좌

자산 규모는 약 43억 원으로 적으며, 연 수수료는 0.25%로 비싸다.

투자 Tip

국내 상장 항셍테크는 가격도 구성도 모두 비슷한 수준이다. 규모별로 보면 TIGER 와 KODEX가 크다. 보수는 TIGER가 0.09%로 가장 낮다. 그래서 이왕 같은 종류의 ETF라면 규모가 크고 보수가 낮은 TIGER를 추천한다.

KraneShares Hang Seng TECH Index ETF (해외)

종목 코드	KTEC
종목명	KraneShares Hang Seng TECH Index ETF
순자산총액	$6.11
평균 거래량	9,419
총보수	0.69%
상장시장	NYSE AMEX(미국)

[표 5-25] 금액 단위: 백만 달러, 거래량 단위: 좌

　해외에서 항셍지수를 추종하는 대표 펀드다. 이 펀드는 홍콩 증시에 상장된 중국의 대형 기술 기업들과 중국 중산층의 소비 증가에 이익을 보는 기업들과 홍콩에 상장된 5G 및 반도체 기업 등에 투자하고 있다. 운용보수는 연 0.69%로 한국에 비해 다소 비싸다. 수수료, 세금, 환율를 고려한다면 같은 인덱스에 투자하는 국내 ETF가 낫다.

Invesco China Technology ETF (해외)

종목 코드	CQQQ
종목명	Invesco China Technology ETF
순자산총액	$1,373.42
평균 거래량	291,486
총보수	0.70%
상장시장	NYSE AMEX(미국)

[표 5-26] 금액 단위: 백만 달러, 거래량 단위: 좌

　QQQ 펀드를 운영하고 있는 Invesco에서 내놓은 중국판 기술주 ETF다. 이 상품의 특징은 알리바바가 포함되어 있지 않다는 것이다. 메이투안, 텐센트, 바이두 비중은 약 30%를 차지한다.

친환경

중국은 2060 탄소중립을 선언하고 클린 에너지 사업을 가속화하고 있다. 특히 '신재생 에너지 산업'에 정부가 관심을 가지고 지원을 하고 있으며 투자 업계에서도 해당 산업에 투자를 하고 있다. 신재생에너지 산업에서 전 세계 1위는 어디일까? 흔히 유럽 등 서방국가라고 생각하지만 중국이다. 중국은 전 세계에서 가장 많은 신재생 에너지 설비 용량을 갖추고 최대 전력을 생산하고 있으며 글로벌 신재생 에너지 투자 규모의 30% 이상은 중국에서 나오고 있다. 특히 중국의 태양광과 풍력 산업은 정부 지원 아래 미래 주력 산업으로 성장하고 있다.

TIGER 차이나클린에너지SOLACTIVE (해외)

종목 코드	396510
종목명	TIGER 차이나클린에너지SOLACTIVE
순자산총액	57,977
1Y 평균 거래 대금	1,358
1Y 평균 거래량	129,750
총보수	0.49%

[표 5-27] 금액 단위: 백만 달러, 거래량 단위: 좌

전 세계 신재생에너지 산업을 선도하는 중국 클린에너지 기업 중에서 순수 신재생에너지 기업에 투자할 수 있는 좋은 방법이 있다. Solactive China Clean Energy 지수는 중국과 홍콩, 미국에 상장된 중국 클린에너지 기업 중에서 시가총액 상위 20종목을 선별한다.

2017년 6월 2일을 기준일로 하는 지수다. 이 지수를 추종하는 ETF

는 홍콩과 국내에 있다. TIGER 차이나클린에너지SOLACTIVE ETF 는 2021년 8월 10일 국내 증시에 상장됐다. 운용 자산은 590억 원이고 운용보수는 0.49%다. 이 ETF는 미래에셋 자산 운용사가 인수한 미국의 자산 운용사 Global X에서 2020년 1월에 홍콩 증시에 상장한 ETF를 운용보수를 낮춰 국내에 상장한 것이다.

SOL 차이나태양광CSI (합성_해외)

종목 코드	413220
종목명	SOL 차이나태양광CSI(합성)
순자산총액	9,819
1Y 평균 거래 대금	107
1Y 평균 거래량	11,164
총보수	0.50%

[표 5-28] 금액 단위: 백만 달러, 거래량 단위: 좌

　　SOL 차이나태양광CSI(합성) ETF는 중국의 태양광 밸류체인 기업에 집중 투자하는 상품으로 국내에서는 처음으로 선보이는 태양광 산업 투자 ETF다. 태양광 산업은 중국 정부가 육성하고자 하는 대표 산업으로 연평균 20% 이상의 성장이 기대되는 분야다. SOL 차이나태양광CSI(합성) ETF의 주요 종목으로는 융기실리콘자재(601012 CH), 양광전력(300274 CH), 통위(600438 CH) 등이 있다. 융기실리콘자재는 글로벌 태양광 시장 성장의 최대 수혜주로 꼽히는 기업으로 웨이퍼·셀·모듈 생산부터 발전소 건설까지 수직계열화를 이룬 글로벌 1위 태양광 종합업체다. 통위의 경우 폴리실리콘과 셀 부문에서 성장하고 있으며 글로벌 폴리실리콘 1위의 생산기업이다.

KraneShares MSCI China ESG Leaders Index ETF (해외)

종목 코드	KESG
종목명	KraneShares MSCI China ESG Leaders Index ETF
순자산총액	$9.28
평균 거래량	2,969
운용보수	0.58%
상장시장	NYSE AMEX(미국)

[표 5-29] 금액 단위: 백만 달러, 거래량 단위: 좌

중국은 지속적인 경제 성장을 위해 보다 엄격한 환경 규제와 보호에 노력하고 있다. 그래서 중국에 투자한다면 환경, 사회 및 지배구조(ESG) 섹터를 보는 것도 추천한다. KESG 펀드는 동종 업계에 비해 ESG 등급이 높은 기업에 중점적으로 투자하고 있다. 중국 내에서도 ESG 기업에 투자할 계획이라면 이 펀드를 참고하면 좋다. 중국의 중대형 기업이 골고루 구성되어 있는 게 특징인데, 이 펀드는 투자의 다양성을 보장하기 위해 개별 종목 가중치를 10%까지로 제한하고, 섹터는 구성 요성 요소의 40%까지로만 제한한다. 운용 보수는 연 0.58%이다.

바이오

중국은 세계에서 가장 빠른 속도로 바이오테크 시장을 키우고 있다. 2023년까지 글로벌 바이오 시장이 연평균 11.2% 성장할 것으로 보는 가운데 중국은 연평균 19.4% 성장할 것으로 추정된다. 최근 맥

킨지(McKinsey) 보고서는 '중국 헬스케어 부문은 지금 세계에서 가장 흥미로운 상황'이라고 평가했다. 중국 국내총생산(GDP)의 5.35%가 헬스케어 부문에 지출되고 있다. 다른 국가들을 살펴보자면 미국의 헬스케어 지출은 16.89%, 독일 11.43%, 일본 10.95%, 영국 10%, 루마니아 5.56%, 러시아 5.32%이다.

TIGER 차이나바이오테크SOLACTIVE (국내)

종목 코드	371470
종목명	TIGER 차이나바이오테크SOLACTIVE
순자산총액	62,747
1Y 평균 거래 대금	1,054
1Y 평균 거래량	88,298
총보수	0.49%

[표 5-30] 금액 단위: 백만 원, 거래량 단위: 좌

'TIGER 차이나바이오테크SOLACTIVE' ETF는 중국 내 바이오산업에 투자하는 ETF로 독일에 있는 Solactive AG에서 산출하는 Solactive China Biotech 지수를 기초로 한다. 중국 헬스케어 산업 내 생명공학 섹터에 속한 기업들로 포트폴리오를 구성한다. 중국, 홍콩, 미국 거래소에 상장된 중국 생명공학 기업들 최대 30개를 편입했다. 현재 가장 높은 비중(20%)을 차지하는 종목은 Global X China Biotech로 미래에셋 자회사가 자산 운용사에서 운영하는 ETF인데, 해당 ETF와 겹치는 기업들이 꽤 많이 있어 두 개 중 하나만 투자하는 것을 추천한다. 중국 최초로 항암제를 개발한 베이진(BeiGene Ltd)의 비중도 두 번째로 높다.

KraneShares MSCI All China Health Care Index ETF (해외)

종목 코드	KURE
종목명	KraneShares MSCI All China Health Care Index ETF
순자산총액	$128.04
평균 거래량	45,695
운용보수	0.65%
상장시장	NYSE AMEX(미국)

[표 5-31] 금액 단위: 백만 달러, 거래량 단위: 좌

위 펀드는 중국의 헬스케어 부문에 투자한다. 2018년 1월에 시작된 이 펀드는 MSCI China All Shares Health Care 10/40 Index를 추종한다. 펀드가 투자하는 곳은 주로 제약, 바이오, 의학 연구, 헬스케어 등에 집중된다. 상위 종목 중 1위는 WUXI BIOLOGICS CAYMAN INC로 중국의 대표적인 바이오 CDMO(연구 개발 위탁 및 생산) 플랫폼 기업이다. 그 다음은 심천시에 본사를 두고 있는 SHENZHEN MINDR-A라는 중국의 대표 의료기기 회사다. 보수율은 연 0.65%로 다소 높은 편이다.

반도체

중국은 전 세계에서 IT 기기를 가장 많이 만드는 곳으로, 반도체 생산도 열심이다. 중국의 반도체 산업은 2020~2025년간 연 13.7%의 성장률을 기대한다. 특히 중국의 최대 약점인 반도체 기술력 부재를 해소하고자 정부 주도하에 지원하고 있으며 2025년까지 국내에서 사용되는 반도체의 70%를 내수로 공급하고 2030년까지 수입품을 완전히 국

산으로 대체하는 것을 목표로 한다. 자국 반도체 기업에 세금 감면 혜택을 부여하고 투자 자금을 빌려주면서 중국 정부가 직접 개입하고 있다는 점에도 앞으로 유망한 산업으로 꼽히고 있다.

TIGER 차이나반도체FACTSET (국내)

종목 코드	396520
종목명	TIGER 차이나반도체FACTSET
순자산총액	26,484
1Y 평균 거래 대금	658
1Y 평균 거래량	69,148
총보수	0.49%

[표 5-32] 금액 단위: 백만 원, 거래량 단위: 좌

Tiger 차이나반도체 Factset은 중국 정부에서 적극적으로 밀어주고 있는 중국 내 반도체 기업 25개에 투자하고 있다. 가장 비중이 많은 종목은 미래에셋에서 운용하는 Global X China Semiconductor ETF다.

KraneShares CICC China 5G & Semiconductor ETF (해외)

종목 코드	KBUY
종목명	KraneShares CICC China 5G & Semiconductor ETF
순자산총액	$54.80
평균 거래량	7,170
운용보수	0.68%
상장시장	NYSE AMEX(미국)

[표 5-33] 금액 단위: 백만 달러, 거래량 단위: 좌

중국 주식 투자 비결

이 ETF는 중국의 5G 장비, 반도체, 빅데이터 등 5G 및 반도체 관련 사업 등 폭넓게 투자하는 상품이다. 중국은 특히 5G에 많은 돈을 쏟고 있는데 2025년까지 중국은 4억 명 이상의 5G 사용자를 보유할 것으로 예상한다. 이는 전 세계 총 사용량의 40%를 차지한다. 5G 산업과 함께 반도체 산업에 함께 투자하고 싶다면 이 ETF를 살펴보자.

임의소비재

임의소비재는 필수소비재(음·식료품)와 다르다. 'Discretionary'란 임의라는 뜻으로 필수는 아니지만 경기상태나 소득 상황에 따라 소비가 달라질 수 있는 것을 뜻한다. 이를테면 의류, 가구와 같은 소비재들이다. 최근 중국 증시에서는 금리 상승 우려로 인해 성장주에서 가치주로 이동하고 있는데 특히 소비재 관련주가 주목을 받고 있다. 딜로이트가 발표한 보고서에 따르면 중국에선 코로나 이후 소비 채널이 오프라인에서 온-오프라인으로 전면적인 전환이 이뤄졌다. 따라서 이런 흐름에 따라 임의소비재 섹터에 투자하는 것도 좋은 전략이다.

Global X MSCI China Consumer Discretionary ETF (국내)

종목 코드	CHIQ
종목명	Global X MSCI China Consumer Discretionary ETF
순자산총액	$384.67
평균 거래량	201,675
운용보수	0.65%
상장시장	NYSE AMEX(미국)

[표 5-34] 금액 단위: 백만 달러, 거래량 단위: 좌

이 펀드는 시가총액이 중대형 규모인 임의소비재 기업에 투자한다. 중국의 중산층이 성장하면서 가계 지출이 커지면 임의소비재 부문은 수혜를 얻을 수 있다. 이 펀드는 총 83개 종목을 보유하고 있고, MSCI China Consumer Discretionary 10/50 Index를 추종한다. 직접 마케팅 소매(32%)가 가장 큰 비중을 차지하고 그 다음으로는 자동차 제조사(22%), 교육 서비스(12%) 순이다. 상위 10개 종목이 순자산 7억 5,800만 달러 중 54%를 차지한다.

상위 종목 중에는 전자상거래 그룹 징동닷컴(JD.COM)과 핀듀오듀, 식품 배달 플랫폼 메이투안, 자동차 제조사 니오와 비야디가 포함된다. 징동닷컴과 메이투안 등은 글로벌 증권사인 UBS가 올해 확신 매수 종목으로 선정한 곳으로 미국 월스트리트에서도 중국의 임의소비재 시장을 유망하게 보고 있다. 소비재 중심 중국 기업의 강세를 예상하는 장기 투자자들에게 맞는 상품이다.

중국 주식 투자 비결

4

국내 ETF와 해외 ETF 세금 차이는?

국내 주식시장에 상장된 중국 ETF를 구매할 때와 뉴욕 주식시장에 상장된 중국 ETF를 구매할 때의 차이점을 알아보자. 분배금에 대한 배당소득세 그리고 매매차익에 대한 양도소득세 이 두 가지를 먼저 알아야 한다.

분배금에 대한 배당소득세

ETF는 주식과 달리 증권거래세를 내지 않지만 배당소득세가 있다. 주식은 연말까지 보유하고 있으면 주주총회를 열어 한 주당 배당금을 넣어 준다. ETF는 주식을 기초자산으로 하며 투자를 하면 이 주식에서 배당금이 나온다. 채권 ETF는 채권이자 펀드이다. 따라서 자산운용을 하면서 발생한 운용이익을 나눠주는데, 이를 분배금이라고 한다. 배당소득세는 이 분배금에 대해 발생하며 15.4%의 세율이 적용된다. 이 배당소득세는 원천징수되어 증권사에서 배당소득세를 제한

나머지 금액을 계좌로 받게 된다. 예를 들면 내가 보유한 ETF에서 100만 원의 분배금이 발생했다면 세금 15.4%를 제외한 84만 6천 원(100만 원 - 15만 4천 원)이 들어온다. 물론 모든 ETF가 분배금을 주는 것은 아니기 때문에 ETF 선택 전 분배금 여부를 확인해 보자. 분배금에 대한 과세는 해외상장 ETF도 15.4%가 일반적이지만 국가에 따라 약간의 차이가 있다.

매매차익에 대한 양도소득세

국내 주식에 투자하는 ETF에는 현재는 양도소득세가 없지만 해외에 투자하는 ETF에는 국내 상장 ETF에도 배당소득세 15.4%가 붙는다. 해외상장 ETF는 미국 주식과 같이 22%의 양도소득세가 붙지만, 연 250만 원을 기본으로 공제해 준다. 매매차익이 250만 원 이하면 배당금의 15.4%만 세금으로 내면 되는 것이다.

예를 들면 국내 상장 A 중국 ETF에 투자해 100만 원의 매매차익을 얻었다면 15만 4,000원의 양도소득세를 내야 한다. 미국 상장 B 중국 ETF에 투자해 100만 원의 매매차익을 얻었다면 양도소득세는 내지 않아도 된다. 연 250만 원까지는 공제되기 때문이다. 하지만 매매차익이 250만 원이 넘어가면 그때부터는 22%의 양도소득세가 부과되는 것이다.

국내 ETF로 연간 이자나 배당소득이 2,000만 원 이상이라면 금융소득종합과세 대상이 되어 유의해야 한다. 2023년 부터는 금융투자소득세가 도입되어 금융투자상품에서 실현된 모든 소득과 손실을 합산해 20% (3억 원 초과분은 25%) 세율이 적용돼 금융투자소득으로 분류과

세될 전망이다. (단, 향후 정부 방침에 따라 달라질 수 있다.) 이에 따라 향후 국내 주식형 ETF에 적용되던 비과세 혜택이 사라지게 된다면 해외 주식형 ETF로 투자 수요는 더 몰릴 수 있다.

구분	국내 상장 해외형 ETF	해외 상장 ETF
매매차익 과세	배당소득세 15.4%	양도소득세 22%
분배금	배당소득세 15.4%	배당소득세 15.4%
금융소득종합과세	대상	대상 아님(분배금은 대상)
연간 손익 통산	적용 안 됨	적용
장점	낮은 수수료, 시차 없음	다양한 상품, 풍부한 유동성
단점	세금 과다, 유동성 부족	높은 수수료, 환전 비용, 시차

[표 5-35] 국내 상장 ETF와 해외 상장 ETF에 세금 차이

투자 Tip

- 국내 ETF로 해외에 투자한다면 매매차익에 대한 15.4%를 세금으로 떼지만 금융소득종합과세 대상이 된다.
- 해외 ETF로 해외에 투자한다면 매매차익에 대한 22% 세금을 떼지만 손익통산과세 대상이 된다.

현재 기준으로 본다면(2023년 금융투자소득세 도입 이전 시나리오) 금융소득 2천만 원 이하, 이익과 손실을 합산해 주는 손익통산과세가 필요하지 않다면 국내 ETF가 유리하다. 금융소득이 2천만 원 이상, 투자 종목 중 손실 가능성이 있어서 손익통산과세가 필요하다면 해외 ETF가 유리하다.

- 이익금 규모와 세금 비교 시 ETF 선택 우위
- 0만 원~800만 원 - 해외 상장 ETF 유리
- 800만 원~2,000만 원 - 국내 상장 ETF 유리
- 2,000만 원 이상 - 해외 상장 ETF 유리

6장

중국 주식의
미래 전망

1
베이징 증권거래소는
새로운 기회일까?

　시진핑 주석은 2021년 8월 중소기업들이 투자자들로부터 직접 자금을 조달할 수 있는 혁신적 플랫폼이 될 새로운 국가 증권거래소 계획을 발표했다. 당시 한 관계자는 베이징 증권거래소를 위한 풍부한 상장 자원이 있다며 공신부가 2019년 6월부터 고품질 혁신 중소기업 4,922개를 파악했지만 이 중 중국 본토에 상장된 곳은 300여 개에 불과하다고 말했다. 즉 베이징 증권거래소는 혁신 중소기업들이 자금을 조달할 수 있도록 만들어 주는 역할로 중국 지도부가 만든 것이라는 뜻이다.

　이 계획 발표 후, 중국 장외 주식시장의 주가가 급등했다. 베이징 거래소가 오픈할 당시 대상이었던 신삼판 정선층(신삼판에 상장된 중소기업 중 최상위 평가를 받은 계층)에는 66개의 회사가 있었는데 베이징 거래소 오픈 전에 이미 66개 회사의 시가총액이 수일 만에 20% 증가하고 거래량은 38억 위안으로 4배 이상 증가했다.

　그 후 2021년 11월 베이징 증권거래소가 개장하였는데 과연 정선층(精选曾) 기업에다 별도로 상장이 결정된 10개 회사의 주식으로 거래가 시작되었다. 참고로 그 10개 사는 헝허(恒合股份), 커다즈콩(科达自控), 징사이커지(晶赛科技), 통신촨동(同心传动), 중셔즈쉰(中设咨询), 광다오가오신(广道高新), 중환(中寰股份), 즈셩신시(志晟信息), 다디엔치(大地电气), 한신커지(汉鑫科技) 등이다. 이들은 대부분 매출액이 한화로 수백억에서 2~3천억 수준이며 기술 분야의 중소기업들이다.

새로운 증시의 출현에 총 112개 증권사가 회원 자격을 취득하여 베이징 증권거래소의 정회원이 되었다. 11월 12일 거래 개시 당시 이미 총 210만 명 이상의 투자자가 예약을 했다. 한 달 후인 12월에는 투자자 수가 460만 명을 넘어섰다. 왜 이렇게 베이징 거래소에 사람이 몰리는가? 그리고 상장한 기업들이 상하이나 선전의 기업들보다 우수한가?

절대로 그렇지 않다. 상하이와 선전에 상장된 회사들은 베이징에 상장된 회사들보다 규모, 지명도 등이 비교할 수 없으리만큼 우월하다. 그럼에도 불구하고 투자자들이 몰리는 것은 상하이나 선전 증시에 상장한 기업들은 장쩌민, 후진타오 시대에 주로 상장한 기업들인 반면, 이번 베이징 거래소에 상장하고 있는 기업들은 시진핑 그룹의 후원하에 상장하고 있는 기업들이기 때문이다.

중국이라는 국가 체계하에서는 정부의 지원을 받는 기업은 소수의 예외가 있기는 하지만 대부분 미래가 보장되는 것이며 앞으로 대부분의 국가 정책의 수혜를 받을 기업으로 생각되기 때문이다. 외국인은 몰라도 중국인들은 모두 이 점을 잘 알고 있기 때문에 투자가 몰리고 있는 것이다.

중국 증권규제위원회(CSRC)는 베이징 증권거래소에서 거래되는 주식

중국 주식 투자 비결

은 첫 거래일에는 가격 변동 한도를 30%로 정했다. 이는 기존 상하이, 선전 증시의 10%에 비해 변동 폭을 대폭 늘린 것이다. 이 또한 베이징 거래소의 흥행을 성공시키기 위한 정책 당국의 배려이다.

과연 11월 15일 첫날 장이 열리자 투자자들의 열띤 매매가 시작되었다. 그리고 앞서 지목한 10개 기업들은 모두 거의 500%에 가까운 가격 상승을 보였다. 거래액은 95억 7,300만 위안으로 대성공이었다. 이들 주식 중 일부는 신삼판에서 만들어진 기업 가치 평가 대비 50% 정도에 불과한 가격으로 상장되었다. 인타이 증권(银泰证券)의 장커량(张可亮) 같은 전문가들은 그래서 새로 상장되는 10개 사의 평가치가 신삼판의 평가치에 비해 이렇게 상대적 저평가를 할 경우 상승 폭은 50%에서 100%에 달할 수도 있다고 기회를 강조하기도 했다. 기존 신삼판에서 베이징 거래소로 옮겨온 기업들의 주가는 시장 변경 이전에 이미 기존 시세의 2배 이상으로 껑충 뛰어 있는 상태가 되었는데 바로 이런 사람들의 기대가 반영되었기 때문이다. 그러나 이렇게 500%까지 상승한 것은 지금까지 필자가 주장하는 대로 중국 당국의 정책적 지원이 이들 기업에게 제공될 것이라는 예상 때문이다.

베이징 난산 투자(北京南山投资)의 설립자인 저우윈난(周运南)은 베이징 증시가 경매, 블록 딜, 합의 양도 등 다양한 방식을 허용할 것이라고 했다. 이렇게 다양한 거래 방식을 허용하는 것은 그만큼 벤처성이 강한 이들 기업들의 성격을 시장 메커니즘에 반영한 것이다.

이미 상하이와 선전에 주식시장을 가지고 있는 중국이 다시 세 번째 주식시장을 설립할 필요가 있는지에 대한 의문을 제기하는 사람이 많았다. 중국 당국은 왜 이렇게 베이징 증시를 만들어야 했는지 내부 권력 투쟁 시각에서 보는 사람들은 시진핑 그룹이 기존 상하이방이 장악하고 있는 상하이 증시와 선전 증시를 장악하는 데 어려움이 있어 아예 새로 만들었다고 해석하고 있다. 그런가 하면 화동, 화남 지역은 증시로 인하여 해외의 대규모 자본이 들어와 경제에 활력을 주고 있는데 화북 지역은 그러지 못하여 베이징에 새로 증시를 만들었다고 보는 시각도 있다.

이러한 시각에서 보는 요인도 충분히 합리적이라고 본다. 그러나 필자가 볼 때 가장 중요한 요인은 역시 중국의 국가 전략이다. 미국이 주도하는 서방의 대중 기술 억제와 압박에 대항하여 거국적으로 기술 자립을 해야 하기 때문이다. 이번에 상장과 함께 거래될 81개 기업도 17개가 소위 '강소기업'이며 신경제형 기업이 87%를 차지한다. 중소기업들임에도 불구하고 기업당 연구 개발 비용이 평균 2,536만 위안, 즉 한화로 47억 정도를 사용하고 있다는 점을 보면 필자는 중국 정부가 베이징 증시를 중소기업, 그중에서도 '기술 기업'에 중점을 둔다는 점에서 이런 국가 전략의 일환이라고 본다.

이 베이징 증시에는 금융, 부동산, 과잉 생산 기업[14], 교육 기업 등의 상장이 금지되어 있는데 이 또한 시진핑 주석 그룹의 정책 방향이며 기존 상하이 및 선전 증시에 대한 무언의 과시이기도 하다. 베이징 거래소의 상장 규칙에 따르면 후보자의 시장 가치의 최소 요구 사항은 2억 위안으로, 커창반(STAR Market/ChiNext, 科创板) 보드가 10억 위안으로 설정한 것보다 상당히 낮다. 게다가 이론상 신청에서 거래소 등재까지 6~8개월밖에 걸리지 않는다.

베이징 거래소는 중소기업의 자금 조달 어려움과 비용을 완화하는 것 외에도 개발 초기 단계에서 완전한 기업 지배 구조 및 표준 세금 시스템을 구축하도록 기업들을 유도할 것이다. 미국의 SEC가 미국에

---

14) 철강, 금속처럼 과잉 생산을 하여 중국 국내 경제는 물론 해외 덤핑으로 부담이 되고 있는 기업들을 말한다.

상장하는 중국 기업들에게 지배 구조를 완벽하게 알릴 것을 요구하는 것과 같다.

이 베이징 거래소는 기본적으로 신삼판에 먼저 거래하는 기간을 두고서 상장 신청을 받는다. 이는 베이징 거래소뿐만 아니라 지금까지 활성화되지 못했던 신삼판의 활성화도 도모하겠다는 의도로 보인다. 역으로 기업들 입장에서는 일단 신삼판에 등판하여 회사 내용을 시장에 선보이고, 어느 정도 이상의 평가를 받은 후 베이징 거래소에서 정식 상장을 하는 방식이 될 것이다.

베이징 거래소는 다양한 거래 방식은 물론 다양한 EXIT 방법을 제공할 것이라고 한다. 전통적인 은행 중심의 간접 금융 시스템은 다이나믹한 테크 기업들에 대한 투융자가 어렵기 때문에 초기 사모펀드 및 벤처 캐피털 회사 같은 민활한 금융기관들을 통한 EXIT 같은 수단을 제공할 것이다.

그런 면에서 볼 때 홍콩 정부가 싱가포르에 이어 홍콩 증권거래소가 특수 목적 인수 회사 SPAC을 포함하는 새로운 상장 옵션을 도입하자는 제안을 수용한 사실이나 홍콩 증시에서도 SPAC는 상장 시 최소 10억 홍콩 달러 조달과 개인 투자자는 참여 금지 조건으로 허용된 것을 주목할 만하다. 필자는 우리나라에서도 국내 기술 중소기업들을 대상으로 중국의 베이징 거래소 등에 SPAC을 통한 상장 방식을 우리 정부가 중국에 제안할 필요가 있다고 본다.

그리고 중국 당국은 이제는 베이징 거래소를 향후 미국 증시, 특히 나스닥에서 퇴출되어 중국 역내 재상장을 해야 하는 기업들을 수용하는 역할로 활용하려 한다. 미국 장외 시장에 상장된 비상장 레드칩 기업과 중국 기업의 경우 커창반에서의 시장 가치 임계치는 50억 위안에서 100억 위안 사이이다. 베이징 거래소가 안정되면 미국 상장 중국 기업들의 역류를 수용하기 위해 시장 가치 임계 값이 적절하게 낮아질 가능성이 있다고 한다.

2

중국은 기술 자립에
성공할 수 있을까?

아무래도 중국 정부의 발상은 크고 원대해 보인다. 중국 공산당 중앙위원회와 국무원은 2021년 '국가표준화발전계획'을 발표하여 향후 15년 동안 중국 표준화 발전의 목표와 청사진을 제시했다. 그런데 여기서 말하는 표준화는 기술 표준이나 산업 표준이 아니다. 그들의 발표문을 보면 주택 및 부동산 서비스에서 신에너지 자동차, 무인 운전, 플랫폼 경제, 공유 경제 및 기타 분야에 이르기까지 완벽한 표준화 구축을 추진할 것이라고 한다. 즉 전국 어디서나, 어떤 제품 및 서비스든 표준화를 추진한다는 것이다. 이는 내순환 경제의 공급망 정비를 위한 것일 수도, 독자적인 기술 기준을 가지고 가는 것으로 해석할 수 있어서 지금 당장 판단하기는 어렵다.

현재도 하이테크를 둘러싼 미·중 진영 간의 충돌은 계속되고 있다. 서방이 추진하는 경제 분리는 단기간 내에 가능한 일이 아니거니와 아예 근본적으로 불가능하다고 보는 이들도 적지 않다. 그러나 첨단 과학기술 분야로 집중하여 중국을 견제하는 것은 가능해 보이기도 하고 중국의 반응도 대단히 민감하다. 어떤 이는 지금까지의 경제를 분리하기가 어렵기 때문에 기술 제재를 통하여 지금부터의 경제를 분리하는 것이라고 해석하기도 한다.

중국은 이른바 '목 졸림 당하는 기술(卡脖子技术)' 제재에 대응하여 자주 개발을 천명하고 있다. 이 목 졸림 기술은 중국에서는 누구나 다아는 것이 되었는데 2020년 말에 중국과학원의 류윈(刘云) 교수가 현재 중국이 뒤쳐지고 있는 35개 관건 기술을 발표하면서 유명해졌다. 이 35개 기술은 표 6-1과 같고 이들은 대부분 미국의 제재로 중국으로의 공급이 불가능하다.

분야	기술	중국 현황
반도체	반도체	중국은 14나노급을 제조 가능하며 평균 28나노급이다. 저속 광칩과 전기칩 정도가 국산화되어 있다.
	EUV	90나노급 기술이었으나 EUV 28나노급 개발에 성공했다. 하지만 고정밀도 EUV는 네덜란드 ASML만이 가능하다.
	진공 증착기	OLED 제조 핵심 설비로 일본과 독일이 장악하고 있다. 캐논 토키(Canon Tokki)는 유기발광 소재를 기판까지 증착 오차를 5μm 이내로 줄인다. 중국은 관련 기술이 없다.
	포토 레지스트	LCD용 포토 레지스트는 거의 전량 수입에 의존하고 있으며 핵심 기술은 TOK, JSR, 스미토모화학, 신에쓰화학 등 일본 업체가 독점해 왔다.
IT	OS	휴대폰과 PC 등에 중국 자체 OS는 없으며 화웨이의 홍몽 등 공개 소스 기반하에 추가 개발한 정도이다. 비상 상황 시 미국이 공급을 중단하면 곧바로 사회 전반에 문제가 발생한다.
	핵심 공업용 소프트웨어	산업용 S/W 기술의 부재로 스마트 팩토리 사업에 지장을 받고 있다. 칩 설계에 필수적인 EDA의 경우 카덴스와 시놉시스, 멘토는 세계 연간 총수입의 70%를 차지하고 있다.

IT	코어 알고리듬	코어 알고리듬이 산업용 로봇의 안정성, 고장률, 용이성 등을 제공한다. 고급 로봇은 보통 6대 이상의 서보 시스템을 동시에 갖추고 있어 코어 알고리듬이 필요하다.
	DBMS	데이터베이스를 운영하는 DBMS는 모두 미국 제품이다. 중국산이 없는 것은 아니지만 성능, 안정성이 낮다.
항공우주	제트 엔진 하우징	하우징은 제트 엔진 원가의 1/4을 차지한다. 엔진을 보호하며 제빙 능력을 갖추어야 한다. 중국은 제조 능력이 없다.
	운항 가능 표준	항공기 엔진이 인가를 얻으려면 적항 표준 체계 검증을 받아야 한다. 현재 FAA와 유럽항공안전국(EASA)의 운항적성 검정 영향력이 가장 크고 인정도가 가장 높다. 중국은 인정받지 못하고 있다.
	항공 설계 소프트웨어	항공 설계에는 열몇 종의 전문 소프트웨어가 필요한데, 모두 서방 국가 제품이다. 중국은 인계 철선을 머리에 붙인 상황으로 자칫 항공산업 전체가 마비될 수 있다.
전자핵심부품	촉각 센서	산업용 로봇의 핵심 부품이다. 중국은 관련 기업은 백여 개가 있지만 기술 확보된 곳은 한 곳도 없다.
	휴대폰 RF 모듈	휴대전화의 메인보드에 있는 공간의 3분의 1은 주파수 회로이다. 프리미엄 제품은 스카이워크스와 코보, 브로드컴 등 3개 사가 독점하고 있고 퀄컴도 자리를 잡고 있다. 중국은 이 모듈 제조 능력이 없다.
	라이다 (자율주행 핵심 장비)	자체 광원으로 능동적으로 레이저를 방출하여 주변 환경을 감지한다. 현재 도로에 오를 수 있는 자율주행차 중 레이저 레이더에 관련된 모든 기술은 거의 다 미국 기술을 사용한다.
	고성능 레지스터, 커패시터, MLCC 등	전자 공업의 강력한 핵심 조역이다. 전기용 시장은 연간 200억 달러, 저항도 100억 달러 규모인데 중국산은 상대적으로 취약하다.
	마이크로 볼	마이크로 볼은 지름이 머리카락 굵기의 30분의 1인 작은 구체로 휴대전화 화면은 1㎟당 100개의 미세한 공으로 2개의 유리 패널을 받쳐 액정을 만든다. 중국은 매년 수백억 위안어치의 마이크로 볼을 수입한다. 전 세계에서 일본 업체 한두 곳만이 공급할 수 있다.
	프리미엄 용접 전원	바닷속 장비가 갈라지는 등 고장이 나면 심해 용접 장비로 고쳐야 한다. 심해 용접은 수중 로봇에 의존한다. 중국은 이 기술이 없다.
	의학영상 장비 소자	국산 의학영상설비 부품의 대부분은 수입에 의존하고 있다. 최소한 10년, 20년은 걸려야 국제 수준에 도달할 수 있다.

바이오	.iCLIP 기술	RNA와 단백질이 어느 위치에서 만나는지, 심지어 위치의 비밀번호까지 읽을 수 있는 기술이다. 선진국들의 기술 경쟁이 각축하는 분야이고 중국은 수준 차이가 크다.
	TEM 전자현미경	전자현미경은 재료, 생물, 의학, 야금, 화학 및 반도체 등 각종 연구 분야와 공업 부문에 광범위하게 사용되고 있으며, 중국 과학 연구와 공업 부문에서 사용하는 스캐너 렌즈는 수입에 크게 의존하고 있다. 주로 미국, 일본, 독일과 체코 등에서 생산된다.
소재	인듐 주석 산화 목표재 (디스플레이 소자)	ITO는 OLED 등 디스플레이뿐 아니라 태양전지와 항정전기 코팅, EMI 차폐에 사용되는 투명전도 코팅 등에 광범위하게 사용된다. 중국은 폭 800㎜를 넘지 않는 것만 만들 수 있어 수요의 절반은 수입에 의존한다.
	항공 금속 재료	항공기는 동체 무게와 수직 방향의 엄청난 충격을 견뎌야 한다. 미국의 300M강이 대표 제품이다. 중국산 초강도 강재의 경우 점상 결함, 황화물 혼합, 굵은 수정, 내부 균열, 열처리 침출 수소 등의 문제가 있다.
	연료전지 핵심 재료	자동차용 연료전지의 부품 생산업체가 거의 없고, 차량용 전력로 생산 회사는 아예 없으며, 연료전지차는 극소량만 상업적으로 운행하고 있다. 일부 실험실 성과는 이미 국제 수준에 이르렀지만 양산라인이 없다. 핵심 재료는 국외에 의존한다.
	리튬배터리 분리막	리튬배터리 4대 핵심 소재 중 양음극재, 전해액은 모두 중국 기술이 있지만 분리막을 못 만들고 있다. 프리미엄 분리막 기술은 상당한 진입 장벽을 갖추고 있고 강력한 연구 개발과 생산진, 숙련된 공정 기술과 높은 수준의 생산 라인이 필요하다.
	에폭시 수지	현재 중국에서 생산되는 프리미엄 탄소섬유는 에폭시 수지를 모두 수입하고 있다. 중국은 T800 등 비교적 고가의 탄소섬유를 생산할 수는 있지만 국제 수준보다 뒤처져 있다.
	고강도 스테인리스 스틸	로켓 엔진에 사용되는 강재는 소재 자체에 의존해 고강도와 녹 방지 능력을 겸비해야 한다. 현재 중국의 수준은 아직 만들지 못한다.
	스캔 전자현미경	재료, 생물, 의학, 야금, 화학 및 반도체 등 각종 연구 분야와 공업 분야에서 미시 카메라로 불리며 스캐너 렌즈는 수입에 크게 의존하고 있다. 주로 미국, 일본, 독일과 체코 등에서 생산된다.
기계	밀링 커터	중국에 설치된 고속철 레일의 정비는 밀링카가 이동하며 수행해야 한다. 핵심 부품인 밀링 커터의 재료는 초강경 합금으로 금속 성분은 알고 있지만 제조 노하우가 없다.

	고성능 볼 베어링	비행기·자동차·고속철뿐 아니라 고정밀 공작기계·계기에도 고성능 베어링이 필요하다. 중국의 공정 기술은 세계 최고 수준에 근접했지만 단자 베어링용 강철은 거의 전량을 수입에 의존한다.
	고압 플런저 펌프(plunger pump)	유압 시스템의 고압 기둥 매개 펌프는 프리미엄 유압 장비의 핵심 소자로 유압 시스템의 '심장'으로 불린다. 중국 유압공업 규모는 2017년 이미 세계 2위가 됐지만 고압 기둥 펌프의 90% 이상을 수입에 의존하고 있다.
	커먼 레일 직접 주사 (Common rail direct fuel injection)	디젤엔진의 '심장'과 '뇌'에 해당하며, 한 나라의 경제성장과 사회 운영을 추진하는 중요한 장비 기반이다. 중국의 전기제어 디젤엔진의 커먼 레일 시스템 시장은 독일과 미국, 일본 등이 대부분을 차지하고 있다.
기 계	터널 굴착기 메인 베어링	터널 굴진기의 심장이라 불리며 굴진기의 작동 과정을 책임지고 있다. 지름이 일반적으로 몇 미터 정도로 구조가 가장 복잡한 일종의 베어링으로 제조에는 백 가지가 넘는 공정이 필요하다. 가장 중요한 주축을 독일의 로테르와 IMO, FAG, 스웨덴의 SKF에 의지한다.
	수중 커넥터	수중 커넥터는 해저관측망 시스템의 구축과 운행, 유지보수에 있어 대체 불가능하다. 현재 중국의 수중 커넥터 시장은 외국에 의해 독점되고 있다. 이 커넥터가 금수품이 되면 해저관측망 전체 구축과 가동이 중단된다.
	초정밀 광택공법	초정밀 폴리싱 공정은 집적회로 제조, 의료기기, 자동차부품, 디지털 부품, 정밀금형, 항공우주 테크놀로지에 필요하다. 미·일의 소재 구성과 제작 공법은 알 수 없고 복제가 불가능하다.
	가스 터빈	기술 보유 기업은 미국 GE, 일본 미쓰비시, 독일 지멘스, 이탈리아 안살도 등 4곳이다. 설계기술이 이전되지 않고, 핵심적인 부품 제조 기술도 이전하지 않고 라이선스만 제공한다는 까다로운 조건이 붙어 있다.

[표 6-1] 중국이 뒤처지고 있는 35개 관건 기술

이 기술들도 대부분 국방 산업에 필요한 것이지만 중국은 군수 기술 영역에서는 더욱 많은 기술 개발 수요를 가지고 있을 것이다. 중국은 당연히 이들 관건 기술들의 개발에 나서고 있고 소위 '거국 동원

체계'를 통하여 이들 기술 개발에 나서고 있다.

중국 정부는 단기간 내에 모든 기술을 확보하지는 못한다는 현실 인식하에서 장기간이 소요되는 정책도 추진하고 있다. 필자는 중국이 이렇게 장기간이 소요되는 정책을 인내심 있게 추진한다는 것이 더 대단하다고 생각한다.

중국은 우선 과학자들에게 보다 많은 예산과 자율권을 부여하기로 하였다. 중국 과기부와 국가개발은행은 중대 과학기술 성과의 산업화 전문 채권의 발행을 추진하고 있다. 100억 위안 규모의 자금을 만들어 과학기술 개발에 지원할 예정이다. 시진핑 주석은 2021년 11월 중앙 전면 개혁 심화 위원회를 열고 실제 과학 연구 조직과 연구자에게 충분한 권한을 부여하고 책임제를 시행한다고 선언하였다. 그리고 '군령(군대 명령)'을 작성하여 관리, 감독, 권한 등을 잘 사용하지 못하거나, 책임을 이행하지 못하는 경우 확실하게 책임을 물어 권한이 하부에 잘 주어지고 잘 쓰일 수 있도록 확실히 해야 한다고 말했다. 즉 권한도 주겠지만 제대로 이행하지 못하면 '군법'에 상응하는 책임을 묻겠다는 것이다.

외부로 나타나는 지원 정책들을 몇 가지 살펴보면 우선 제14차 5개년 기간 중 과학기술 개발을 위해 수입하는 물품에 대한 세금 우대 정책을 들 수 있다. 2021년 1월 1일부터 2025년 12월 31일까지 과학 및 연구 개발 관련 기관에 대하여 수입관세 및 수입절차 부가가치세 면제, 해외에서 구매한 비디오 등의 마스킹 테이프, 하드 디스크 등 기타 과학기술 보급을 위한 작품을 담은 테이프, 디스크 등 국내 생산이 불가능한 자가 사용 용도의 설비, 전시품, 과학기술 보급용 소프트웨어 등에 대해서도 마찬가지로 세제 우대를 제공한다는 내용이다.

장기적 과학기술을 개발하기 위해 시진핑 주석은 중국이 인재풀을 확장하고 과학 및 기술 전문가를 유치해야 한다고 강조했다. 2030년까지 고품질 개발의 요구에 적응할 수 있는 인재 시스템이 기본적으로 형성되어야 하며 2035년까지 인재 확보 경쟁에서 상대적 우위를 확보해야 한다는 것이다. 앞서 칭화대학이 반도체학원을 만든 것 등도 이런 맥락이다.

외부로 나타나지 않은 측면을 보면 중국은 과학기술 자문 위원회라는 전문가 그룹(NSTAC)이 중국의 해외 기술 의존도를 깨기 위한 로드맵을 수립하고 있다고 한다. 위원회의 창설은 2017년 2월 시진핑 국가주석이 처음 제기하여 이루어진 것으로 트럼프 전 미국 대통령 취임 2주 후였다고 한다. NSTAC은 군사 기관, 대학 및 민간 기업의 자원과 전문가를 활용하여 과학적 성과를 상업 제품으로 전환하는 방법에 대해 정부에 제언을 하는 것으로 알려져 있다. 그러니까 과학기술 분야의 국가 전략 싱크 탱크를 만든 것이다.

미국 측은 OUSD(A&S), 즉 The Office of the Under Secretary of Defense for Acquisition and Sustainment를 두고 중국이 첨단 기술에 접근하는 것을 막고 있고 상무부는 전술한 블랙리스트를 운용하고 있다. 그리고 무엇보다도 미 의회가 나서서 중국의 기술 탈취와 확보를 막는 데 노력하고 있다.

미·중 두 나라가 이렇게 기술을 두고 다투는 것은 이제 공공연한 일이다. 현재의 법률과 규정이 어떻게 되어 있는지도 사실은 중요하지 않다. 문제가 되면 법은 바꿀 것이기 때문이다. 그러면 중국은 기술 자립에 성공할 수 있을까? 필자는 반은 맞고 반은 틀리다고 예상한다. 중국은 이미 거국 기술 자립 체제를 가동하고 있고 수억 명의 젊은이들이 국가의 관건 기술, 미국이 목을 조르고 있는 기술을 해결하기 위하여 노력하고 있다. 기술 개발의 인해전술이 진행 중인 것이다. 여기에 중국은 수단과 방법을 가리지 않고 기술과 기술 인력을 확보하고 있다. 조만간 중국은 하나둘, 원하는 기술을 확보할 수 있을 것이다. 확보할 수 없다고 판단되는 기술은 독자 기술 표준을 채택할 공산이 크다. 결국 중국이 소기의 기술을 확보하는 것은 시간의 문제일 뿐이다. 그리고 이 '시간의 문제'야말로 진정한 문제이다. 미국과 서방 그리고 우리나라와 일본 등이 손을 놓고 중국의 추격을 기다리고 있는 것이 아니기 때문이다. 결국 속도의 경쟁이 될 것이다.

앞서 예를 든 35개 기술 분야에서 성과를 내는 중국의 기술 기업은 국민 영웅이 되기 쉽다. 그리고 중국의 체제상 당국의 전폭적인 지원이 쏟아질 것이다. 기업의 규모가 크면 상하이나 홍콩, 작으며 베이징거래소에서 상장할 것은 당연하다. 현재 제도상에서는 이들이 정식 상장하기 전에 신삼판에 올라올 가능성이 높기 때문에 신삼판을 위주로 관찰하는 것도 하나의 전략이 될 수 있다.

3
공동부유와
부유층 위축

아크 인베스트먼트(Ark Investment)의 캐시 우드(Cathie Wood)는 중국은 여전히 매우 혁신적인 국가지만 민간 기업에 대한 최근 규제 공격으로 역동적인 기업가에 대한 인센티브가 줄어들었다는 우려가 있다고 말했다. 그러면서 그녀는 먼지가 진정되고 성장에 대한 인센티브가 다시 나타날 때까지 기다리고 있다고 했다. 이 말은 두 가지 관점을 보여 준다. 서방 자본가의 시각에서 볼 때 중국 국가권력이 민간 기업가를 억압하고 있다는 것이고 다른 하나는 당국의 이러한 행동을 일시적인 것으로 본다는 뜻이다.

그러나 필자가 보기에는 중국 당국의 정책들은 결코 단기적 시각에서 나온 것이 아니어서 장기간 실행될 것이다. 먼지가 잦아들기는커녕 더 짙어질 것이다. 그리고 상황의 진짜 모습은 중국 정부가 민간 기업을 억압하는 것이 아니라 새로운 정책을 실행하고 있는 것에 더 가깝다는 점이 중요하다.

시진핑 주석이 외친 공동부유는 시 주석이 연임에 성공할 경우 상당 기간 중국의 절대적 이념으로 작용할 전망이다. 시 주석은 1차, 2

차, 3차 분배를 지적하면서 '3차 분배', 즉 부자들이 도덕적으로 사회에 출연을 하는 것을 강조했다.

이제 시진핑 주석의 공동부유를 옹호하는 글들이 중국의 매체에서 전파되고 있다. 어떤 글은 공동부유는 심오한 혁명이라면서 다음 목표는 높은 집값과 의료 비용이 될 것이라고 했다. 또 자본 시장은 더 이상 자본가들이 하룻밤 사이에 떼돈을 벌거나 예쁘장한 스타들이 돈을 버는 곳이 되지 않을 것이라고 하면서 대중은 이제 서방 문화를 숭배하지 않는다고 했다.

이러한 조류에 대해 화중전자보의 편집장인 리광만(李光滿)은 SNS에 '붉은색이 돌아왔다, 영웅이 돌아왔다, 피 냄새가 돌아왔다'라는 글을 올렸다. 이 글이 국영 매체를 통해 신속히 확산되자 제2의 문화 대혁명이 발생하는 것이 아닌지 사람들이 우려하고 있기도 하다. 이런 상황은 공동부유가 실행되는 방법이 경제적으로는 부동산, 의료 산업에 향할 것이고 문화 산업 측면에서는 서방 문화가 아니라 사회주의 혁명 문화를 강조할 것이라는 뜻이다.

부동산을 보면 중국인에게 있어 성공적인 삶은 권력을 가진 직장, 훌륭한 주택으로 대변되는 재산의 축적 그리고 자식이 명문 대학 또는 해외 유학 등으로 좋은 교육을 받는 것이다. 그런데 2021년 3, 4선 도시에서 1선 도시의 교외로 확산되는 주택 가격의 광범위한 하락과 사교육에 대한 단속이 있었다. 나중에 보류되기는 했지만 연말 보너스에 최대 45%의 개인 소득세가 적용된다는 새로운 세금이 도입되어 이는 많은 부유층과 고액 자산가들 사이에 위기감을 불러일으켰다. 중상류층 학부모들은 국제 학교가 줄어들고 있고 자녀의 유학 준비 비용도 크게 증가하고 있어 걱정을 하고 있다.

게다가 과거와 달리 중국의 부유층들이 해외 이민을 가거나 국적을 확보할 수 있는 여건이 악화되고 있다. 이러한 상황에서 부유층들의 투자 심리는 위축될 수밖에 없다. 그리고 부유층의 심리 위축은 리스크 회피 경향을 강화할 것이고 그 결과는 역시 투자 판단에 있어 중국 당국의 정책 방향에 크게 의존하게 될 것이다.

이렇게 중국 정부의 정책 방향에 따라 중국 부자들의 투자 심리는 신중해지고 일부는 탈출구를 찾고 있다. 교육에 대한 단속, 집값의 하락은 그동안 해외 투자와 이민을 보류했던 부유층에게 상황이 바뀌었다고 느끼게 한다. 많은 사람들이 여전히 부를 해외로 계속 이전하고 해외 영주권을 취득해야 한다고 생각하지만 이제는 가능성이 별로 없고, 할 수 있더라도 비용이 훨씬 더 많이 든다. 유럽의 은행에서 일하는 필자의 친구에 따르면 상담하러 오는 부자들의 첫 번째 질문은 모두 '어떻게 하면 재산을 해외로 이전할 수 있나?'라고 한다.

시진핑 주석의 다소 갑작스러운 공동부유 제창과 부자들의 불안한 행동들은 전문 관료들이 진화에 나서게 하였다. 중앙재정경제위원회 부국장 한원슈(韩文秀)는 공동부유를 위한 국가의 추진은 '특정 격차의 존재'를 허용한다면서 부자에게서 빼앗아 가난한 사람들에게 주기 위한 것은 아니라고 말했다. 그는 공동부유를 달성하는 것은 어렵고 복잡한 장기 목표이며 안정적이고 점진적인 진전이 필요하다고 지적했다.

하지만 민간 대기업들은 '3차 분배'를 실행하기 시작했다. 핀둬둬(拼多多)가 총액이 100억 위안(약 15억 달러)에 도달할 때까지 모든 수익을 기부하고 주가가 22% 상승할 때까지 기부하기로 약속했다. 텐센트도 사회적 책임 프로그램에 대한 지출을 두 배로 늘리겠다고 약속했고 이어서 1,000억 위안을 사회에 기여하겠다고 하였다. 알리바바는 '공동부유'를 지원하기 위해 2025년까지 1,000억 위안을 투자하여 정책을 지원할 것이라고 발표했다. 이는 1천억 위안을 약속한 텐센트의 뒤를 이은 것이다. 또한 알리바바는 200억 위안의 공동부유 기금을 설립할 것이라고 했다. 필자뿐만 아니라 많은 사람들이 이런 광경을 보면서 우리나라의 5공 시대를 떠올렸을 것이다. 무슨 말을 해도 돈을 벌기 위해 평생을 뛰어온 이 사람들이 갑자기 이렇게나 큰 금액을 내놓는 것은 절대 자연 발생적인 것일 리가 없지 않은가.

공동부유의 한 일면을 보여 주는 것이 재산세 논쟁이다. 여기서 재산세는 사실상 부동산 보유세이다. 재산세는 부동산을 많이 보유한 사람들에게 매년 일정 비율을 과세하자는 세금인데 수십 년에 걸쳐 추진이 시도되었으나 성공하지 못했다. 다만 총칭과 상하이에서 두 번째 주택이 고가일 경우에만 시범 도입을 하고 있다. 이 재산세를 중국 당국이 도입하려 하는데 말이 많은 것이다.

왜냐고? 힘 있고 빽 있고 돈 있는 사람들에게 절대적으로 불리한 제도이기 때문이다. 10년도 전에 산시성의 한 친구가 필자에게 산시성의 한 지방 공무원이 베이징에 왔다가 구속되었다는 소식을 전했다. 그 공무원은 산시성의 한 현, 그 현 아래의 한 시 정부의 광산국 소속으로 높지도 낮지도 않은 자리에서 일하는 사람이었다. 이 친구가 베이징에 부동산을 사러 왔다가 덜미가 잡힌 것이다. 거래 상대방이 베이징에 집을 살 정도의 인물이 아닌 것 같은데 계약을 하자고 하자 걱정이 되어 공안에서 일하는 친구에게 이 사람에 대한 조사를 부탁한 것이다. 그런데 이 산시성의 평범한 공무원이 베이징에 보유하고 있는 집이 127채였다. 광산국은 탄광을 관리하기 때문에 많은 뇌물을 받는 것으로 짐작되었지만 127채라니!

재산세가 시행이 되면 그 비율이 얼마가 되든 이런 사람들이 내야 하는 세금의 규모는 엄청난 액수가 된다. 또 그것이 재산세 도입 목적이기도 하다. 천문학적인 재정 적자를 가지고 있는 지방정부들이 이

중국 주식 투자 비결

재산세 수입으로 재정 건전화가 가능할 것으로 추정되기 때문이다. 동시에 그렇기 때문에 관료 집단, 기득권층의 대대적인 반대에 부딪히는 것이다.

전문가들에 따르면 중국의 재정 문제를 위해서는 부동산세의 도입이 불가피하다고 한다. 중앙재경대학의 차이창(蔡昌) 교수는 부동산세의 도입은 의심의 여지가 없으며 이슈는 단지 방법이라고 말하고 있다. 재정부장 쟈캉(贾康)은 선전이나 하이난 같은 곳이 충칭과 상하이에 이어 대상이 될 수 있다고 언급한 바 있다.

재산세(부동산세) 개혁에 대한 논의가 2021년 5월 중국 재정부, 최고 입법부, 주택부, 세무국 관계자들에 의해 열린 세미나에서 논의되었을 때 애널리스트 옌위진(严跃进)은 중국 정책 입안자들이 수년 동안 부동산세에 대한 공식적인 입법을 추진하였지만 부동산세 시범 적용을 언급한 것은 이번이 처음이라고 말했다. 사실 중국 정부는 제14차 5개년 계획의 일환으로 재산세 입법을 추진하겠다고 공약했지만, 별다른 진전이 없었다.

결국 시진핑 주석이 이 재산세의 전면 시행을 들고나왔을 때 필자는 과연 시 주석이 이 재산세 정책을 시행할 수 있을지 무척 흥미로웠다. 예상대로 사회 기득권의 전면적인 저항이 발생했다. 심지어 한정 같은 상무위원들에서도 반대 의견이 나왔다고 한다. 그들의 논리는 재산세를 갑자기 도입하면 조세 저항에 부딪히고 부동산 경기가 하락하여 그러지 않아도 팬데믹으로 엉망인 경제가 더 충격을 받는다는 것이다. 그것보다는 공동부유 취지에 맞게 보장성 임대 주택 정책을 더 강력하게 추진하는 것이 현재 시점에서는 최선이라고 주장했다.

한정은 지방정부를 포함하여 정부 재정을 책임지는 인물이다. 사실인지 알 수 없으나 이런 인물이 지방정부 재정 적자를 메워줄 재산세 도입에 반대를 했다고 볼 수 있다. 결국 적용 범위를 줄여서 집행하는 선에서 시진핑 주석의 체면과 반대 세력들의 양보로 절충이 되었다고 한다. 이렇게 외부에서 보기에는 절대적인 권력을 휘두르는 것처럼 보이는 시진핑 주석도 한계가 있는 것이다. 언제나 적은 내부에 있는 법이다. 그리고 적용 범위를 좁혀서 시행하자는 안도 헝다를 비롯한 부동산 기업들의 도산을 보면서 다시 연기하려는 움직임이 있다.

외국에서는 공동부유를 시진핑 주석이 과거의 마오쩌둥 방식의 공산주의로 회귀하는 조짐이라고 보는 경향이 많다. 그러나 필자가 보기에 완전히 나쁘거나 좋은 것은 없다. 무슨 일이나 좋은 면과 나쁜 면이 있기 마련이다. 필자는 시진핑 주석과 그의 정치사상에 동의하지 않지만 이 재산세에 반대하는 중국 공산당 내 세력에는 더욱 동의할 수가 없다. 그리고 이런 상황에서 나타나는 시진핑 주석의 생각은 중국 내 수많은 인민들이 시진핑 주석을 좋아하는 이유가 되기도 하는 것이다. 적을 이기려면 먼저 적을 이해해야 하지 않겠는가?

얼핏 보면 공동부유와 별 관계 없어 보이지만 사실은 상당히 관계가 있는 것이 마카오 도박장에 대한 조치이다. 마카오는 게임법 개정에 들어갔다. 새 게임법에 따르면 도박장들에 대한 조사가 강화된다. 이것은 그동안 부자들이 마카오의 도박장을 이용하여 재산의 해외 도피를 한 것을 겨냥한 것이다. 이들은 도박장과 짜고 큰 액수의 도박 빚을 진다. 그리고 나서 중국 내의 자산을 담보로 마카오의 불법 조직으로부터 도박 자금을 빌려 갚는다. 그리고 정해진 비율만큼 도박장에서 되 따는 것이다. 그리고 도박장에서 딴 돈은 마카오나 홍콩의 은행을 거쳐 원하는 국가로 송금한다. 불법 조직은 중국 내 자산을 자신들의 방식으로 회수해 간다.

따라서 마카오의 도박장을 투명하게 만드는 것은 부자들의 재산 회피를 막고, 불법 조직의 자금 흐름을 파악하고 차단하는 효과가 있다. 그리고 결정적으로 이들 자금에 대한 소명을 당국이 요구할 수 있게 되고 제대로 소명하지 못한다면 '공동부유'에 돈을 내놓아야 할 것이다.

또 학자들이 공통적으로 제시하는 것이 공동부유가 확산되면 향후 중국의 상품이 중저가 위주가 주력이 된다고 한다. 적어도 고가품, 사치품 시장은 억제된다는 의미이기도 하다.

4

부채로 쌓아 올린 부,
해소할 수 있는가?

　중국에서 재무부 장관을 지낸 로우지웨이(楼继伟)는 미국의 공격적인 경기부양 정책의 여파, 팬데믹으로 인한 세계 경기 둔화, 중국 인구 고령화, 국내 지방정부 부채 증가 등으로 "중국 재정 상황이 극도로 심각하다"고 경고한 바 있다. 로우지웨이는 중국에서는 드물게 정부에 쓴소리를 자주 하는 사람이다.

　실제 중국 정부의 재정 적자는 천문학적이다. 텐센트가 지난 10월 5일 86개 도시를 대상으로 조사한 2020년 중국 85개 도시의 부채 비율이 100%를 넘었고, 75개 도시의 부채 비율은 2019년의 2배가 되었다. 부채 비율 상위 10개 도시는 부채율이 500%를 넘는다. 구이양, 하얼빈, 쿤밍, 시안, 난닝, 톈진, 우한, 창춘, 충칭, 란저우 등인데 가장 부채율이 높은 구이양의 부채 비율은 929%에 달한다. 그리고 팬데믹의 영향으로 2021년 상하이를 제외한 모든 중국 지방정부가 적자 재정이 되었다.

　중국은 지방정부 재정 적자의 주원인으로 지목되는 사회 간접 자본 투자 프로젝트를 지목하였다. 이들은 대개 특별 목적 채권으로 재원을 마련하는데 이에 대한 감시를 강화하고 채권 자금 사용을 정기 점검하겠다는 것이다. 그러면서 성과목표에서 크게 벗어나는 특별채권 사업에 대해 자금 배분이 중단될 것이라고 말했다. 특수목적채권은 일반적인 재정 수입에서 은퇴할 수 있는 일반 채권과 대조적으로, 투자된 사업에서 창출된 수입으로 갚게 되어 있다. 그런데 중국 경제의 삼두마차는 수출, 투자, 소비이며 이 소비는 주로 정부의 인프라 투자에 의한 것이다. 지방정부가 바라보는 중앙정부의 지시는 '수익성이 매우 좋고 공공의 이익을 추구하면서 대규모 투자가 필요한 프로젝트를 발굴하여 특수 목적 채권을 통해 재원을 확보해서 집행하고 그 수익으로 채권을 갚고 재정 적자도 메워라'라는 내용이다. 아마 스티브 잡스나 아담 스미스가 다시 살아 돌아와도 방법을 찾을 수 없는 목표일 것이다.

정부 재정 적자는 그렇다 치고 기업이나 가구는 빚이 얼마나 될까? 정부, 기업, 가구 등을 모두 합친 중국 전체의 채무를 확인하기는 어렵지만 2019년 1월 1일부터 2021년 8월까지의 사회융자 증가분 합계 통계에서 짐작해 볼 수는 있다. 사회융자라는 것은 정부, 기업, 가구가 가지고 있는 모든 부채의 합을 말한다.

중국 정부 통계표에서 합산을 해 보면 82조 3,040억 위안이다. 3년이 안 되는 시간에 한화로 약 1경 5,282조 원 규모의 부채가 증가한 것이다. 그러니 대략 매년 한화로 5천조 이상의 부채가 증가하고 있다고 볼 수 있다. 2020년 중국 GDP가 14.72조 달러이다. 한화로 약 1경 7,605조 정도이다. 그러니까 GDP 규모의 35% 이상의 채무가 발생하고 있는 것이다. 1년에 한국 예산의 약 10배에 해당되는 빚이 중국이라는 나라에 쌓이고 있다. 3년이면 중국 GDP만 한 빚이 된다. 21세기 들어선 후로만 계산해서 20년이 되었다고 가정하고 빚의 규모는 점차 커졌을 것이니 18년분으로 계산해 보자. 3년이면 GDP 100% 정도의 빚이 정부, 기업, 가계에 쌓인다. 18년이면 GDP의 600%에 해당되는 빚이 중국 전체에 쌓인다고 하겠다.

사람이든 국가든 빚을 갚으려면 돈이 있어야 한다. 그래서 일차적으로 중국이 돈을 버는 능력이 중요하다. 그러나 미국과 서방이 중국을 경제적으로 조이면 중국의 무역 수지가 악화될 줄 알았지만 결과는 그 반대였다. 2021년 중국은 엄청난 수출 호조를 맞이하지 않았는가?

그래서 서방이 중국과 경제 분리를 하지 않는 이상 중국이 무역으로 돈을 버는 것을 막는다는 것은 거의 불가능에 가깝다. 그럼 서방이 경제 분리를 하면 되지 않는가? 그것은 더 불가능하다. 중국은 글로벌 핵심 자원을 지난 20년간 확보하고 다녔다. 그리고 이제는 장악한 전략 자원을 서방에 대해 사용 가능하도록 준비하고 있다. 예를 들면 새로 만들어진 희토류 그룹과 물류 그룹이 이에 해당된다. 이런 전략 자원들은 중국이 미국에 공급하지 않겠다고 위협할 수는 있어도 미국이 중국에게 사지 않겠다고 위협하기는 어려울 것이다.

게다가 월스트리트의 금융기관들은 미국 행정부의 정책이 어떠하든 일단 자기의 이익을 위해 중국에 거대 자본을 투자하고 있다. 이들의 투자는 상당 규모의 중국 자산으로 변모해 있다. 즉 월스트리트를 통해 모은 여러분들의 돈이 중국 기업의 주식, 중국의 부동산 등의 지분으로 바뀌어 있는 것이다. 중국과의 경제 분리가 어려운 또 하나의 이유이다.

전쟁이 나면 어떻게 될까? 당연히 중국은 전쟁 상대인 미국 및 서방의 빚을 갚을 의무가 없다고 당당하게 선포할 것이다. 이에 따라 서방의 지분뿐만 아니라 여러분의 주식도 휴짓조각이 될 것이다.

필자가 보기에 그런 일은 일어나기 어렵다. 바이든 행정부도 중국

중국 주식 투자 비결

을 압박하여 장시간에 걸쳐 고사하게 만들려는 것이지 단기간 내에 난폭한 수단을 동원하려는 것으로는 보이지 않는다. 그렇기에 앞서 언급한 기술 봉쇄가 유력한 수단이 되는 것이다. 새로운 기술과 아이디어 등 혁신으로부터 중국이 뒤쳐지기 시작하여 서방의 자본과 기술이 점진적으로 중국을 떠나 결국 중국에는 전형적인 개발도상국 경제, 즉 저임금 위주의 제조업 국가가 되도록 말이다. 결국 미·중은 기술 위주로 경쟁하게 될 것이다. 첨단 기술과 혁신의 상징인 미국, 국가 자본주의 방식의 거국 체제로 기술 개발에 나선 중국 어쩌면 이 두 나라가 모두 승자가 될지도 모른다. 우리가 가만히 앉아서 두 나라의 혁신을 보고만 있으면 말이다.

5
인구 감소와
실업의 영향

중국 국무원은 2021년 5월 제7차 인구 센서스 결과를 발표했다. 닝지저(宁吉喆) 국가통계국장, 리샤오차오(李晓超) 국가통계국 부국장 및 기타 관계 간부들이 모두 참석하였다. 중국 정부는 2020년 중국 인구는 전년 대비 약 18% 감소한 1,200만 명이 출생했고 그 결과 14억 1,178만 명이라고 발표했다. 이날의 발표는 여러 가지로 이전과는 사뭇 달랐다. 거주지와 호적 소재지의 불일치가

이박사 중국 뉴스 해설
중국 정부 공식 2020년
인구 센서스 발표

일반화돼 2020년 중국의 호적지 외 거주 인구는 4억 9,300만 명으로 전체 인구의 약 35%라고 한다. 이중 유동 인구는 3억 7,600만 명으로 10년 새 70% 가까이 늘었다는 것이다.

인구 센서스는 원래 매년 연초에 발표하던 전통이었지만 중국 정부는 데이터 취합 미비를 이유로 4월에 발표한다고 했다가 4월 정례 통계 발표회에서도 발표를 하지 않았다. 그리고는 4월 29일 단 한 줄을 발표했다. 이는 '2020년 중국 인구는 증가하였다.'라는 내용이었

중국 주식 투자 비결

다. 이에 대해 보원사(博闻社)라는 미디어는 내부자
정보라며 보도했는데 그 내용인즉 2020년 중국
인구가 감소했으며 이를 보고 받은 중앙정치국
상무위원들이 경악했다는 것이다. 중국 당국은
인구 감소라는 놀라운 상황 앞에 어쩔 줄 모르다
가 결국 5월이 돼서야 발표한 것이다.

이박사 중국 뉴스 해설
인구-농민공-부동산-호
구제도-토지-채무-내순
환 경제

중국 인구 센서스 결과 출산율 감소 및 인구 증
가 감소는 분명하게 나타났다. 출산율은 1,200만
으로 4년 연속 꾸준히 감소했다. 저출산은 중국이 곧 마이너스 인구 성
장에 직면했거나 할 수 있음을 의미한다. 인구가 마이너스 성장에 진입
하면 정책을 조정하기에는 너무 늦다. 인구 조사에 따르면 헤이룽장성,
지린성, 랴오닝성 등 동북 지역은 지난 10년 동안 인구가 1,000만 명
이상 감소하는 등 가장 큰 인구 감소가 나타났다. 인구 조사에 따르면,
중국의 전체 인구 중 남성은 여성보다 3,490만 명 더 많고, 남성과 여
성의 비율은 105.7로 10년 전보다 낮다. [그림 6-1 참조]

선전시는 중국 주요 도시 중 출산율이 가장 높은 곳이지만 위스콘

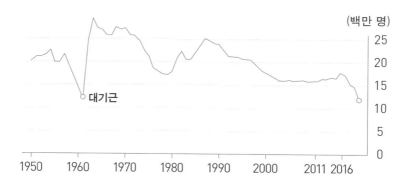

[그림 6-1] 중국 출생 인구 추이

신-매디슨 대학의 중국 인구통계학 전문가인 이푸시엔(易富贤)은 인구 유지를 위해 필요한 여성 1인당 2.1명의 절반에도 못 미치는 것으로 추정하고 있다. 코로나 19 이후에는 출산율이 15%나 감소했다. 중국 경제 폭발의 발상지이자 현재 하이테크의 고향으로 알려진 중국의 '기적의 도시' 선전조차 출산율이 낮다면 선전시보다 자원이 부족한 다른 도시들의 경우 더욱 열악할 것임을 짐작할 수 있다.

여러 가지 의혹이 있었던 2020년이 지나고 2021년이 되자 공식적으로 상반기 중국 인구가 감소했다는 발표가 있었다. 이제 중국은 정식으로 인구 감소에 들어선 것이다. 2020년 신생아 중 여아 100명당 남아는 111.3명이었다. 이 비율은 2010년에는 118.1이었다. 작년 출생한 중국 남아 중 60만 명은 결혼 상대를 찾을 수 없을 것으로 추정된다. 시안 교통대학의 장췬바오 교수는 1980년부터 2020년 사이 3천만에서 4천만에 달하는 수의 남자가 여자보다 더 많이 출생했다고 말했다. 국가통계국은 중국의 출생률이 여성당 1.3으로 현재 인구를 유지하는 수준인 2.1보다 훨씬 적다고 했다. 신생아 인구는 지난 5년 동안 40%(2016년 1,800만 명에서 2020년 1,200만 명으로) 급감했으며 당국은 사람들이 아이를 갖도록 설득하기 위해 모든 수단을 동원하고 있다. 서남재경대학(西南财政大学)의 보고서에 따르면 인터뷰 대상자의 79.4%가 자녀를 가질 계획이 없다고 말했다.

이제 중국의 인구 감소는 공식적으로 현실이 되었고 이는 중국의 소비 성장을 기대하기 어렵다는 것과 동시에 노동 인력의 감소라는 두 가지 문제를 한꺼번에 던지고 있다.

출생 관련하여 중국의 세 자녀 정책이 정식으로 출범했다. 중국 제13기 전국인민대표대회 상무위원회 제30차 회의가 '인구 및 가족계획법' 개정안을 통과시켜 공식적으로 부부가 3명의 자녀를 낳을 수 있도록 했고, 국가가 양육 부담을 줄이기 위해 지원 조치를 취할 것이라고 선언했다. 이 조치에는 사교육 산업에 대한 공식 단속 등 소위 '두 가지 감소(双减)' 정책도 포함된다. 당국은 두 번째 아이의 출생 비율이 2013년의 약 30%에서 2021년에는 50% 수준까지 증가한 것을 강조하며 출생률 증가를 기대했다. 중국은 이 정책을 통해 고령화 사회의 진행에 효과를 기대하고 있지만 낙관할 수 없다.

출산 감소에 대한 해결책으로 교육 비용 절감 정책도 시도하고 있다. 2016년 기준으로 75% 이상의 중국 학생들이 과외를 다니는 등 중국의 교육열은 유명하다. 중국은 출산율 저하의 주원인을 부동산과 교육 부담으로 인지하고 이에 대한 대책을 마련하고 있다. 교육부는 방과 후 과외를 규제하는 부서를 신설하기도 하였다.

시진핑 주석이나 류허 부총리에게 직접 자문을 하는 것으로 알려진 중국 최고 경제학자 중 하나인 베이징 대학 국가발전원(北大国发院) 원장 야오양(姚洋)은 중국은 출산율 감소를 되돌릴 수 없다고 전망했다. 하지만 야오양은 중국이 고령화에도 불구하고 생산성 증가를 통해 향후 10년 동안 5.5~6%의 경제성장률을 유지할 수 있다고 낙관했다.

결국 노동력 감소 속도를 늦추기 위해 중국은 은퇴 연령을 점진적으로 늘리기로 했다. 야오양은 하나의 현실적인 옵션은 향후 5년에 걸쳐 연평균 6개월씩 은퇴 연령을 늘리는 것이며, 그렇게 되면 2025년까지 은퇴 시점이 2.5년 연기될 것이라고 했다.

그러나 인구는 줄지만 실업은 늘고 있는 것이 현실이다. 국가통계국에 따르면 2021년 일사분기 도시 지역 신규 고용이 297만에 달해 연간 목표의 27%를 달성했다. 이 숫자는 25%를 넘기 때문에 괜찮아 보이지만 중국의 대학생들은 가을에 졸업한다. 게다가 2022년에는 대학 졸업생 총수가 처음으로 천만 명을 넘어 역대 최대가 된다.

2021년 중국 취업 시장에는 사상 최대인 909만 명의 대졸자를 포함해 약 1,500만 명의 도시근로자가 진출해 고용 압박이 엄청나게 가중되었지만 뉴스에는 전혀 보도가 되고 있지 않다. 그러나 간접적으로 실업을 우려하는 소리는 새어 나오고 있다.

장지난(张纪南) 인사사회보장부 부장은 고용 상황은 여전히 경제에 '불확실성과 불안감'이 남아 있어 난제가 산적해 있다고 했고 쉬훙차이(徐洪才) 중국정책과학회(中国政策科学研究会) 산하 경제정책위원회 부국장은 정부 보고서에서 새로운 도시 일자리 목표를 2020년 목표인 900만 개보다 높은 1,000만 개 안팎이 될 것으로 보고했지만 이는 팬데믹 전의 1,100만 명보다 적은 수이다. 즉 정부 차원에서도 실업에 뾰족한 대책이 없는 것이다.

그런데 아이러니하게도 실업이 이렇게 극심한 상황에서 인력난도 심해지고 있다. 중공업 영역에서는 여성 노동자가 증가하고 있는 것도 그 한 단면이다. 저출산과 인구 고령화로 인한 노동력 부족으로 인해 중국 여성은 건설, 운송 및 기타 부문에서 고된 노동을 점점 더 많이 하고 있다. 그리고 그들은 일반적으로 남성에 비해 평균적으로 절반 정도의 급여를 받는다. 인구 조사 데이터에 따르면 전체 인구에서 15~59세 사이의 생산 가능 인구는 10년 전 70%에서 2020년 63%로 거의 9억 명으로 떨어졌다.

사회적으로도 '노력해봐야 소용 없다.'라는 탕평(躺平)이라는 풍조가 생기면서 젊은 층이 공장 일자리를 기피하고 많은 농민공들이 팬데믹으로 집에 머물면서 노동력 부족이 중국 전역에서 현실화되고 있다.

그래서 직업 훈련이라는 것이 중국 공산당의 큰 이슈가 되었다. 코로나 19로 소비 부진이 장기화되고 동네 골목길의 음식점과 점포들이 많이 사라지자 소상공인들이 실업자가 되는 것은 물론이고 이들이

　중국 주식 투자 비결

고용하던 점원 그리고 종업원들도 실업에 내몰리게 된 것이다. 반면 기업이 고용을 하려는 스킬이나 자격을 지닌 사람은 구하기가 어렵다. 국가 전반적으로 노동 인력의 공급과 수요가 서로 원하는 것이 맞지 않게 된 것이다.

여기에 인구 감소까지 발생하면서 아이러니하게도 중국 당국은 노동 인력 확보가 절실한 일이 되어 버렸다. 그래서 이를 해결하는 방책으로 직업 교육을 강화하는 정책이 추진되고 있다.

사교육 사업에 대한 단속으로 타격을 입은 사교육 기업들에게 중국 정부는 직업 훈련을 하도록 유도하고 있다. 중국 정부는 농민공, 고졸자, 해고 노동자, 전역자들을 대상으로 5천만 명 이상에게 직업 교육을 할 계획이다. 이런 정부의 직업 교육 진흥 지침 발표 덕분에 훈련 업체부터 교육컨설팅 업체까지 주가가 급등하기도 했다. 정책 발표 당일 장쑤촨즈보커(江苏传智播客)는 10% 한도까지 올랐고 카이위엔 자오위커지(开元教育科技)는 20% 한도까지 올랐다.

중국 인력자원사회보장부는 재정부, 국자위, 중화 전국 총공회, 전국 공상련 등과 함께 '중국 특색 신형 견습생 제도'를 발표했다. 주 대상은 중급 기능공, 고급 기능공, 기사, 고급 기사 등이며 1~2년, 특수 상황에서 3년까지 연장 가능한 견습생 제도이다. 이 제도를 통해 지방정부가 자금을 지원하여 전문적인 직업 훈련을 제공하는 것이다. 사실 어떤 이들은 이런 직업 훈련 제도가 훈련에 무게가 있기보다는 훈련 기간 동안 이들이 실직 상태가 아닌 상태로 행정 처리된다는 데 더 실제적인 목적이 있다고 보기도 한다.

중요한 것은 인구가 줄고 있고, 반면 실업은 늘고 있는데 기업은 원하는 노동력을 구할 수 없는 상태가 지속되고 있으며 그 구조적 문제가 심해지고 있다는 것이다.

중국의 실업이 확대되니 비정규직이 늘고 이 문제가 더 이상 좌시할 수 없는 수준에 이르러 지도부에서도 자주 다루어지고 있다고 한다. 2016년 링크드인 보고서에 따르면 중국에는 약 3천만 명의 프리랜서가 있었다고 한다. 2021년 정부 통계에 따르면 중국 노동력의 거의 4분의 1에 해당되는 2억 명 이상의 사람이 '유연 고용'되어 있다고 하는데, 이 뜻은 프리랜서, 기타 시간제 노동자, 또는 트럭 운전기사를 따라다니며 함께 일하는 기사의 부인처럼 아예 임금을 받지 못하는 비임금 직위를 포괄하는 용어이다.

중국의 도시 청년 노동자 7명 중 1명은 실업 상태에 있으며 중국 도시의 16~24세 실업률은 15.3%로 전국 평균인 5.1%의 3배이다. 중국의 실업률은 농민공 같은 사람들을 제외하고 '창업 중'인 사람을 빼고, '교육 중'인 사람도 빼고, '취업 의사가 없는' 사람도 빼기 때문에 우리가 생각하는 실업률과는 상당한 차이가 있다.

중국 정부가 제14차 5개년 계획에서 제시한 목표는 매년 5,500만 개의 일자리를 제공하는 것이었다. 아무리 팬데믹 상황이라지만 리커창 총리가 주요 국유 기업들의 경영진을 데려다 반 협박해 가며 만들어 낸 일자리가 연간 1천만 개 정도라는 점과 비교해 보면 얼마나 상황이 심각한지 알 수 있을 것이다.

수요 공급 불일치의 구조적 문제를 보면 도시 실업률은 2021년 5월 기준 5%로 하락했을 때 16~24세, 즉 고교 또는 대학 졸업생들의 실업률은 13.8%에 달했다. S&P Global Ratings의 아태 지역 수석 이코노미스트 Shaun Roache는 중국이 수출과 투자로 경기 회복을 주도하여도 일자리는 만들지 못하고 있다고 지적했다. 중국 통계국이 2021년 4월 중순에 9만여 개 기업을 대상으로 실시한 채용 설문 조사에서 역대 최대인 44%의 기업들이 원하는 스펙의 직원을 고용할

중국 주식 투자 비결

수가 없다고 했다. McKinsey Global Institute는 2030년이면 중국 노동자의 30%인 2억 2천만 명 정도의 고기능 노동자가 필요할 것으로 예측했다.

심지어 중국 인민해방군도 출산율 감소에 따른 신병 충원 문제에 관심을 두고 있다. 베이징의 한 싱크 탱크(知远战略与防务研究所)의 연구원인 저우천밍(周晨鸣)은 21세기에 태어난 젊은이들에게는 지난 세기의 엄격하고 독단적인 훈련 방식이 효과가 없다고 말했다. 인민해방군은 최저 신장 기준도 162cm에서 160cm으로 낮추었고 학력 기준도 대졸에서 고졸로 낮추었다. 국방 대학의 류밍푸(刘明福) 교수는 중국 군인의 70% 이상이 한 자녀 가정 출신이며 전투 병력 중에서는 80%로 증가했다고 경고했다. 여성 비율도 5%에서 7%로 증가했다.

우리가 알고 있는 중국은 인구 대국이며 어디를 가든 사람이 많아 발디딜 틈도 없는 나라이다. 하지만 현실은 이렇게 바뀌어 가고 있는 것이다. 이제 중국은 의심의 여지 없이 사람 구하기 어려운 나라다.

여기에 하나 더 큰 쓰나미가 오고 있다. 바로 노령화이다. 2020년 중국의 60세 이상 인구는 총인구 대비 18.7%에 달했다. 10년 전인 2010년에는 13.3%였던 것을 생각하면 무시무시한 숫자이다. 글로벌 평균 9.1%와의 차이를 생각해 보라. 노령 인구의 급속한 증가는 젊은이들의 부담을 극단적으로 증가시킬 것이다.

물론 이를 사업 기회로 여겨 양로 산업에 대한 관심을 가지게 된 기업도 많다. 지난 수년간 많은 중국 기업들이 노령 인구 시장을 개척하려 애를 써왔다. 전문적으로 노인을 위한 휴대폰을 만드는가 하면 각종 양로원, 양로 단지 건설 등이 이어졌다. 중국사회과학원의 예측에 의하면 2020년 7.7조 위안 규모로 추정되는 양로 산업 시장 규모가 2030년이면 13조 위안에 다다를 것이라고 한다.

후이판 UBS 아태 지역 CIO는 세계 공장인 중국의 노령화는 중국이 생산성 향상에 노력하지 않으면 안 된다고 했으며, 자동화, 로봇, 생산시스템 등에 많은 기술 개발과 투자를 가져올 것을 의미한다고 진단한다. 즉 중국이 대규모로 이 방향으로 움직일 테니 제조 자동화, 스마트 팩토리 관련 기업들이 약진할 것이라는 뜻이다. 또한 지금 팬데믹으로 엉망이 된 중국의 소비가 앞으로도 지난한 과정을 거칠 것이라는 의미이기도 하다. 중국 경제 삼두마차는 이제 과거의 수출, 투자, 소비에서 아마도 수출 하나만이 남게 될 것이다. 그렇기에 더욱 중국은 기술과 혁신에 목매지 않을 수 없을 것이다.

중국 주식 투자 비결

6
디지털화를 꿈꾸는
농촌 경제

　중국 농촌의 현실은 대단히 열악하다. 실제 농촌에서 정부가 무슨 사업을 하고 있는지 그 내용을 들여다보면 금방 알 수 있다. 화장실이나 분뇨 처리 등이 주요 사업 아이템이니까 말이다.

　그러나 제14차 5개년에 들어서서 농촌 경제의 중요성이 매우 급부상하고 있다. 미국과의 갈등 상태, 미국 및 서방의 경제 분리 움직임 속에 중국은 기술 봉쇄까지 당하고 있다. 이런 상태에서 소위 내순환 경제를 선택할 수밖에 없었던 중국 정부가 너무나도 침체된 내수를 무슨 방법으로 살리겠는가? 그에 필요한 기술과 자본은 어떻게 조달할 것인가? 상당히 어려운 문제가 아닐 수 없다.

　그런데 농촌이 있는 것이다. 6억 이상의 인구가 살고 있는 농촌 그리고 중국은 21세기 화성 우주선은 몰라도 농사짓는 산골 마을의 경제를 활성화할 기술, 경험 그리고 자본은 가지고 있는 것이다. 단순 계산이지만 만일 농촌의 소득이 현재의 연간 2, 3천 위안 수준에서 두 배가 될 수 있다면 그 순간 중국의 GDP는 미국을 초월하게 된다. 그래서 중국은 농촌을 주 대상으로 정책을 준비하고 있다. 다만 아직

시동이 걸리지 않았고 준비 작업 정도가 진행 중이어서 우리가 체감하지 못하는 것이다. 그렇기에 우리는 이 중국의 농촌 정책과 현황을 모니터링할 필요가 있다. 만일 이 분야에서 성공적인 기업이 나온다면 알리바바나 텐센트보다 몇 배 규모가 큰 기업들이 탄생할 수 있기 때문이다.

중국 정부가 현재 진행 중인 준비 작업들을 보면 일단 농촌의 디지털화를 들 수 있다. 저장성 농업농촌청의 디지털 3농(三農) 전담반의 통계에 따르면 2019년 저장성의 농촌 정보 인프라 면에서 현(市)·구(區)의 인터넷 보급률이 총 90%가 넘는다고 한다. 중국은 농촌 인터넷 보급 및 무인 트랙터, 무한궤도식, 회전식 등 농경 설비들과 지능형 농장, 지능형 양식장 등 정책을 추진하고 있다. 이러한 농촌 IT화는 중국 정부가 진행하는 사업의 전제 조건이다.

여기에 중국은 농촌이 가지고 있는 집체 소유 토지를 활용하려 한다. 리커창 총리가 이미 '중화인민공화국 토지관리법 시행조례' 개정안에 서명했고 2021년 9월 1일부터 시작되었다. 농지 보호, 토지 취득 절차 개선, 농가 권익 보호, 집체 운영 토지의 시장 진입 규제, 토지 이용 절차 최적화 등이 내용이다. 복잡해 보이지만 목적은 하나다. 농촌의 농민들이 공동 소유하고 있는 토지를 쉽게 팔고 빌려주며, 활용할 수 있게 하는 것이다.

농민들은 토지 매각 대금을 손에 쥐고 도시로 이전하거나 농촌의 산업화에 투자하게 될 것이다. 중국식 새마을 운동이 전개될 것으로 보인다. 그 새마을 운동의 과실을 어떤 기업이 어떤 사업을 통해 가져갈 것인지가 중국의 농촌을 보는 투자자들의 핵심이 될 것이다.

7

위안화 국제화는 이루어질 것인가?

전술한 대만구는 자본주의 체계와 사회주의 체계를 연결하고 위안화 경제권과 달러 경제권을 결합하는 세기적인 시험장이다. 홍콩 달러는 달러와 위안 사이에서 완충의 역할을 할 가능성도 있다. 중국은 홍콩 정부에 홍콩 자본 시장에서 중국 통화 사용을 촉진하여 위안화의 국제화에 박차를 가할 것을 촉구했다. 홍콩이 글로벌 위안화 자산 관리, 부가가치 및 위험 관리 통제 센터가 되기 위한 조건과 기반이 있으며 정부는 이 목표를 달성하기 위한 노력을 강화해야 한다는 것이다. 그리고 중국 당국은 여기서 성공을 거두어 위안화 경제권을 성장시키고 싶어 한다. 과연 위안화의 국제화는 이루어질 수 있는가?

서방의 경제 분리 압박이 계속되는 상황에서 중국으로서는 외화를 가져와야만 하는 절실함이 있는 동시에 위안화를 국제 통화로 만들고자 하는 의도가 있을 수밖에 없다. 2009년 국가 간 무역 위안 결제 테스트베드를 시행한 이후 중국은 국제 무역에서 자국 화폐를 사용하기 위한 노력을 계속해 왔다. 그러나 2020년에 이르러서도 위안화 결제 비율은 13.5% 정도에 불과하다.

그러나 각국 정부와 중앙은행이 보유한 외환 보유액에서 달러화의 존재감도 떨어지고 있다. 세계 전체 외환 보유액에서 달러 표시 자산의 비중은 2020년 말 현재 59%로 5년 연속 감소해 25년 만에 최저 수준을 기록했다. 미국 정부의 채무 팽창 등에 따른 달러화 가치 하락 우려로 신흥시장국들이 투자 대상을 분산하고 있다. 또 세계 각국의 외환 보유액 중 달러 이외 통화의 비율도 높아지고 있다. 각국 외환 보유액에서 위안화의 비율도 조금씩 높아져 현재 2%를 넘고 있다. 러시아의 경우 외환 보유액 중 위안화 비율을 빠르게 늘려 2017년 6월 0.1%에 불과했던 위안화 비중이 2020년 9월에는 12.3%로 올라갔다. 이것은 위안화의 영향력이 올라갔다기보다는 달러의 영향력이 내려간 것으로 보는 것이 합당할 것이다.

아무튼 중국 위안화의 국제화 지수가 5년 반 만에 최고치를 경신했다. 중국 주식시장, 중국 국고채 등 위안화 표시 자본 거래가 자극적 역할을 하며 침체된 국제 분위기가 회복되고 있으며, 2030년까지 외환보유고 및 국제 결제 통화로서 엔화를 넘어설 것이라는 전망이 대두된 것이다. 중국 인민대학 국제통화연구소가 최근 인민폐 국제화보고 2021에서 발표한 바에 따르면 2020년 말 인민폐 국제화 지수는 5.02로서 동비 54.2% 증가하여 최고 기록을 경신했다. 위안화는 중국 정부에 의해 조직적이고 체계적으로 국제 기축 화폐로의 길을 걷고 있다.

중국 인민은행은 국내에서도 국제화를 도모하여 상하이가 위안화의 자유로운 사용을 시험하는 데 앞장설 수 있도록 지원하고, 국제 무역과 투자를 위한 자본의 무제한 유입과 유출 그리고 자유무역지대에서의 무제한적 통화 교환을 할 것이라고 한다.

미국 투자회사인 뫼비우스 캐피털 파트너스(Mobius Capital Partners)의 설립자인 마크 뫼비우스(Mark Mobius)는 중국 화폐가 국제 시장에서 입지를 다지고 있어 달러를 대체할 가능성이 있다고 믿는다. 중국은 귀금속을 생산하기 때문에 세계에서 가장 많은 금 및 외환액을 보유하고 있다. 또한 중국은 위안화를 기축통화로 사용하기 위해 우호적인 국가들과 일련의 성공적인 협상을 진행했다. 결과적으로 여러 국가의 준비금이 이미 중국 자산으로 이전된 것이다. SRO 국가금융협회 (National Financial Association)의 바실리 자블로츠키(Vasily Zablotsky) 회장은 위안화의 역할이 커지고 있고 마크 뫼비우스가 말한 시나리오가 불가능해 보이지 않는다고 말했다.

이렇게 중국 위안화의 영향력이 갈수록 증대되고 있지만 기본적으로 중국이라는 국가에 대한 신뢰가 서방 국가에서는 크지 않다. 신뢰는 국제 통화가 갖추어야 할 기본 중의 기본 요건이다. 여기에 중국 정부의 예측할 수 없는 정책과 공격적인 전랑 외교는 중국에 대한 세계적인 반감을 불러일으키고 있다. 통화의 국제화는 단순히 경제 영역의 문제만이 아닌 것이다. 위안화의 국제화는 디지털 위안의 정착만큼이나 먼 길을 가야 할 것이다.

발문 1

필자는 중국의 경제 상황을 논하면서 중국의 국가 전략, 정부 정책, 유망 산업, 유망 기업이라는 계층적 구조를 제시했다. 동시에 국가 경제 운영이라는 시각에서 중국 정부가 산업 가치 사슬을 어떻게 운영하려 하는지도 제시하려 애썼다. 이 모든 작업은 중국 특색 사회주의라는 알 수 없는 단어로 표현하는 사회주의의 이념과 시장경제가 혼합된 상태를 보다 이해하기 쉽게 하려는 의도이다.

여러분들이 한 번에 이 모든 것들을 소화하거나 흡수할 수는 없으리라 생각한다. 그러나 일반적인 주식 투자 안내서를 쓰듯이 여기 유망한 산업이 있고 저기 유망한 주식이 있다고 쓸 수가 없는 것이 중국 주식이라고 생각한다. 논의 이전에 체계가 다른 점을 이해해야만 하기 때문이다.

이 책을 한마디로 요약하라면 중국의 국가 전략과 정책을 이해하라는 것이다. 그리고 만일 독자분이 그래서 어떻게 하라는 거냐고 묻는다면 모든 것은 기술 경쟁으로 집약되고 있다고 말하겠다. 이 기술 경쟁은 미국의 압박으로 시작되었지만 결과적으로 중국으로 하여금 거국적이고 전면적인 기술 자립을 추진하게 만들어 버렸다. 그리고 그 결과는 두 가지 방향을 향할 것이다.

하나는 서방이 독점하던 기술 분야를 중국 자체 개발 기술이 대체해 나간다는 것이고 불행하게도 대체 당하는 기술은 미국이나 유럽의 기술 뿐만 아니라 한국의 기술도 그 대상이 될 것이다. 다른 하나는 서방의 기술 주도를 도저히 중국이 따라가지 못하겠다고 판단될 때 서방의 기술 표준을 더 이상 따르지 않고 중국 자체로 독자적인 기술 표준을 세워나가는 방향이다.

이 두 방향의 진행은 그 어느 쪽도 우리에게 유리하지 않아 우리는 적극적으로 대응해야 한다.

중국은 지금 겉으로는 통제되지만 안으로는 부풀어 오르는 거대한 풍선과 같다. 우리는 이 풍선이 더 커져서 우리를 압박하거나 아니면 아예 터져버려서 쓸 수 없게 되어도 좋을 것이 없다. 우리는 굳은 의지를 품고 부드러운 수단으로 중국을 다루어야 한다. 그러기 위해서는 지금보다는 더 중국을 알아야 하지 않을까? 이 책이 독자의 이해를 돕는 데 유용했다면 필자로서는 그보다 좋은 일이 없겠다.

2022년 2월
수목란정에서 이 철

　최근 중국 경제는 다른 나라와 상반된 길을 걷고 있다. 다른 나라들은 금리를 올리지만 중국은 오히려 금리를 내리고 있으며 경기 부양책을 내놓고 있다. 그래서 올해는 중국증시가 미국증시보다 상승할 가능성이 크다고 본다. 게다가 시진핑 주석이 3연임을 결정짓는 당대회를 앞두고 있기 때문에 기술 기업에 가한 강한 규제를 다시 가하기 어렵다는 관측도 나온다.

　이런 상황을 잘 아는 월가 투자 은행들도 크게 조정을 받은 중국 주식에 주목하라는 의견을 내놓고 있다. 중국에 대한 투자등급을 '비중 확대'로 늘리고 있는 투자 은행들이 서서히 많아지고 있다. 골드만삭스는 중국증시의 PER(주가수익비율)이 14.5에도 미치지 못한다며 MSCI 중국 지수가 올해 16% 상승할 것이라고 분석한다.

　현시점에서는 잠재적으로 억눌린 수요가 있는 영역을 찾는 것이 가장 중요하다. 필자는 규제로 가장 많은 타격을 받은 기술주, 헬스케어, 2차전지, 서비스 업체들을 긍정적으로 지켜보고 있다. 지금부터 비중을 조금씩 가져가면 좋은 저가 매수가 될 수 있다고 본다.

　다만 문제가 하나 있다. 중국 기업들은 미국 기업에 비해 정보의 접근성이 떨어진다는 점이다. 일반 투자자들이 중국 기업들을 하나하나 분석하기엔 주어진 정보가 한정적이며 언어의 장벽도 크다. 필자가 중국 투자에 있어서 ETF를 추천한 것은 이런 이유도 있는 것이다.

　어쨌든 꼭 기억해야 하는 것은 당신이 어지간한 전문가가 아닌 이상, 아니 어지간한 전문가라고 하더라도 주식을 한 번에 사고 한 번에 파는 전략은 좋지 않다는 것이다. 내가 투자 관련 기사를 쓰면서 독자들에게 가장 많이 받은 질문은 '언제 팔고, 언제 사야 하나요?'라는 말이었다. 이에 대한 나의 대답은 늘 분할매수, 분할매도하라는 것이다. 교과서 같은 말이지만 정말 그게 맞기 때문이다.

필자는 캐나다 은행에서 근무한 적이 있다. 그 당시 펀드 업무를 했을 때도 늘 고객들에게 이야기한 것이 있다. 시장의 타이밍을 맞추려는 것은 스스로를 불안함의 늪으로 빠트리는 길이라는 점이다. 시장에 참가한 그 누구도 매번 저점과 고점을 맞출 수는 없다. 워런 버핏도 조지 소로스도 마찬가지다. 항상 저점 매수, 고점 매도하겠다는 것은 그만큼 어려운 일이다.

그래서 가장 좋은 방법은 시장이 하락할 때 조금씩 분할로 매수하는 것이다. 목표 수익률에 도달하면 미련을 갖지 않고 파는 능력도 중요하다. 이 책을 통해 중국 정부가 앞으로 육성할 산업들을 살펴보고 관련 종목을 분할매수한다면 적어도 5년 후에는 의미 있는 수익을 거둘 수 있을 것으로 본다.

단, 한 가지는 기억하자. 코로나 팬데믹 때처럼 모든 주식이 대부분 오르는 기적 같은 상황은 이제 나오기 힘들 것이다. 기꺼이 위험을 감수할 수 있을 정도로 투자를 시작하는 것이 좋다. 올해는 보다 전략적인 접근이 필요하다. 나는 당신이 이 책을 통해 중국의 기업과 산업 그리고 정책에 대해 많이 이해했을 거라고 확신한다. 인사이트가 생긴 것이다. 이제 남은 건 당신의 실행뿐이다. 당신만의 투자 전략으로 중국 투자에 성공을 거두길 진심으로 바란다.

2022년 2월
뉴스포터 신혜리

『중국 주식 투자 비결』의 참고 문헌 및 그림의 출처는
QR을 통해 웹페이지에서 확인이 가능합니다.